Mittmann · Tatz

Wolfgang Mittmann

TATZEIT

Große Fälle der Volkspolizei (2)

Das Neue Berlin

Im Interesse des Schutzes der Privatsphäre verschiedener Personen wurden einige Namen vom Autor geändert. Die mit ihnen im Zusammenhang stehenden Tatsachen sind verbürgt.

INHALT

MORDFALL LEMKE

Die Spur führt nach Berlin
1948

Berlin im Herbst 1948. Eine traurige und lebenshungrige Stadt zugleich, die aus tausend Wunden blutete. Lücken unvorstellbaren Ausmaßes hatte der Krieg in das Häusermeer der Millionenstadt gefräst. Straßenbahnen, U- und S-Bahn fuhren inzwischen wieder. Man konnte, wie früher, für zwanzig Pfennig im Kreis fahren, aber man kam dabei durch vier Sektoren und las Plakate und Tafeln in vier Sprachen. Die Kinos spielten ohne Pause. Während im Westteil der Stadt amerikanische Krimis und Western über die Leinwände flimmerten, warben im sowjetischen Sektor weniger bunte Plakate für verstaubte UFA-Filme oder Streifen aus der neuesten russischen Produktion. Tanzpaläste und zwielichtige Varietés schossen wie Pilze aus dem Boden. Es schien, als versuchten die Menschen alles, was sie in den Nachkriegsjahren bedrückte, in einer überdrehten Amüsierwut auszuleben. Zugleich wuchs die Angst vor einem neuerlichen Krieg. Seit der Einführung der D-Mark in den Westsektoren und der Verhängung der Berlin-Blockade hatten die Spannungen zwischen den alliierten Siegermächten zugenommen. Wie eine Drohung hing das Dröhnen der Rosinenbomber über der Stadt. Westberlin wurde in der »Operation Vittles« über eine alliierte Luftbrücke Frankfurt/Main – Berlin-Gatow versorgt.

Am Sonntag, dem 8. Oktober, kurz vor siebzehn Uhr, stieg der dreiundsechzigjährige Süßwarenkaufmann Heinrich Lemke am Arm seiner weitaus jüngeren Ehefrau Elisabeth am Stettiner Bahnhof aus der Straßenbahn. Die im Alter so unterschiedlichen Eheleute – Frau Lemke zählte fünfunddreißig – überquerten die Invalidenstraße. Heinrich Lemkes Blick glitt über die Ruinen und Schuttberge. Hier hatte eine riesige Mietskaserne gestanden, erinnerte er sich, und dort an der Ecke das Kaufhaus von Hertie. Der Stettiner Bahnhof glich einer geschleiften Festung. Zwischen zwei unversehrten Portaltürmen spannte sich das nackte Gerippe des Hallendaches. Rechts neben dem Eingang hing ein überdimensionales Schild, das für die Produkte von »Bärensiegel – Berlins größte Likörfabrik« warb. Menschengewühl in der Vorhalle, in dem mit Lebensmitteln, Wertsachen und Lustgefühlen gehandelt wurde. Eine Ami-Zigarette kostete zwölf Mark, eine Tafel Schokolade hundertzwanzig, ein Brot achtzig und eine »schnelle Nummer« in einer Ecke vor der Bahnhofsruine war schon für dreißig Mark zu haben.

Stettiner Bahnhof 1946/47. Quelle: Landesbildstelle Berlin

Heinrich Lemke ließ die im Vorverkauf erworbene Fahrkarte nach Angermünde an der Sperre lochen. Seine Frau erstand eine Bahnsteigkarte. Der Geschäftsmann belegte ein Abteil im Erste-Klasse-Wagen; so mußte er sich nicht zwischen die übrigen Reisenden zwängen, die mit Rucksäcken, prallen Taschen und abgewetzten Koffern zur wöchentlichen Hamstertour ins entfernte Berliner Umland aufbrachen. Ein paar Minuten saß das Ehepaar noch im Abteil beisammen.
»Ich hoffe, du hast in Angermünde Erfolg«, sagte sie mit belegter Stimme. Ihr Blick streifte die im Gepäcknetz deponierte Diplomatenaktentasche.
»Ich bitte dich, was soll schon sein«, beruhigte er sie lachend. »Der

Kaufvertrag ist in Ordnung. Formaljuristisch sind wir im Recht. Du wirst sehen, Liesbeth, spätestens morgen mittag bin ich zurück.«
Elisabeth Lemke verabschiedete sich mit einem flüchtigen Kuß. Der Süßwarenkaufmann öffnete das Abteilfenster, er lehnte sich hinaus und blickte seiner Frau nach, die über den Bahnsteig davonging.
»Einsteigen und die Türen schließen!«
Ein langgezogener Pfiff. Die Lokomotive spie Rauch, sie dampfte und zischte. Puffer klirrten aufeinander. Die Räder begannen ihr monotones Klopfen über den Schienenstößen. Das Ruinenmeer der Stadt blieb zurück. Draußen flogen die Telegrafenleitungen vorbei. Friedliche Abendstimmung lag über Feldern und Wiesen.
Heinrich Lemke lehnte sich zuversichtlich in die Polster zurück. Nach und nach hatte sich das Abteil mit Passagieren gefüllt. Er musterte die verschlossenen Mienen seiner Nachbarn. Diese Reise würde Klarheit bringen in eine Angelegenheit, die ihn seit Jahren bedrückte. Lemkes Gedanken schweiften zurück bis in die dreißiger Jahre, die sich wohl als die glücklichsten im Leben des Kaufmannes Heinrich Lemke erwiesen hatten. Mit dem Gespür des erfolgreichen Geschäftsmannes war es ihm gelungen, eine Kette von sieben Süßwarenfilialen in allen Teilen der Stadt zu etablieren. Binnen weniger Jahre wurde der Firmenname »Schokoladen-Lemke« zu einem Begriff für Berlin. Das Unternehmen warf beträchtlichen Gewinn ab. Lemke investierte ihn im Jahre 1938 in den Erwerb zweier Wohnhäuser, die der jüdische Besitzer Siegfried Mendelsohn ihm für die Kaufsumme von 90 000 Reichsmark übereignen mußte. Erst der Krieg hatte Lemkes Geschäftsaufstieg ein Ende gesetzt. Von seinem kleinen Imperium waren ihm 1945 nur das Stammhaus in der Schönhauser Allee 115 und ein kleineres Geschäft in Neukölln erhalten geblieben. Nun verkaufte er Kekse, Lakritze oder Vitalade, für bevorzugte Kunden aber auch Schokolade und Kaugummi amerikanischer Produktion, deren Herkunft sich im undurchdringlichen Dschungel des Schwarzen Marktes verlor. Langsam und stetig ging es wieder bergauf. Lemke trug sich bereits mit dem Gedanken, erneut zu expandieren. Ein drittes Geschäft wollte er in der Charlottenburger Kantstraße eröffnen, als die amtliche Mitteilung, daß der in England lebende Siegfried Mendelsohn Rückübertragungansprüche beim Magistrat von Groß-Berlin angemeldet habe, alle Pläne über den Haufen warf.
Heinrich zog den Brief hervor, der ihm vor zwei Tagen mit der Geschäftspost ins Haus geflattert war. Er las ihn trotz der neugierigen Blicke der Mitreisenden im Schein der trüben Abteilbeleuchtung.

Rechtsanwalt und Notar
Dr. W. Goldstein

Angermünde, den 7. Oktober 1948

Sehr geehrter Herr Lemke!
Durch meinen Mandanten, Herrn Mendelsohn, in England wurde ich gebeten, mich mit Ihnen betreffend das Grundstück Bornstedter Straße 9 in Verbindung zu setzen. Mein Mandant hat die Absicht, sich auf gütlichem Wege mit Ihnen zu einigen und, sollte eine Einigung zustande kommen, würde er den Wiedergutmachungsanspruch bei der Treuhänderschaft zurückziehen.
Da ich durch meinen Mandanten weiß, daß Sie Geschäftsmann sind und wochentags sicher nur schwer abkommen, bitte ich Sie, mich am Sonntag, den 10. Oktober 48 in Angermünde zwecks Verhandlung aufzusuchen. Ich schlage Ihnen vor, den D-Zug 17.30 Uhr ab Stettiner Bahnhof zu nehmen. Sie würden gegen 19.00 Uhr in Angermünde eintreffen. Ich habe mir erlaubt, vorsorglich für Sie ein Zimmer im Hotel »Drei Kronen« zu reservieren und bitte Sie, sich dort beim Portier zu melden. Es besteht die Möglichkeit, daß Sie evtl. ab Angermünde um 20.41 Uhr zurückfahren können, anderenfalls müßten Sie montags mit dem Frühzug 8.46 Uhr Angermünde verlassen und würden gegen elf Uhr am Stettiner Bahnhof eintreffen.
Mit vorzüglicher Hochachtung!
Dr. W. Goldstein

Der verbindliche Ton des Briefes klang beruhigend. Lemke nahm sich vor, alles Nötige zu tun, damit die leidige Angelegenheit endlich aus der Welt kam. Sich am jüdischen Eigentum während der Nazizeit bereichert zu haben, galt heutzutage als politische Untat und schadete, wenn sie bekannt wurde, der kaufmännischen Reputation. Gestern haben die einen die anderen denunziert, dachte er, und heute denunzieren die anderen die einen.

Eine knappe Stunde später fuhr der D-Zug in den Bahnhof von Angermünde ein. Heinrich Lemke stieg als letzter aus dem Waggon. Gelassen ließ er den Schwarm der Reisenden auf dem Bahnsteig passieren; Gedränge war ihm zuwider. Während er dem Schaffner an der Sperre die abgefahrene Fahrkarte reichte, erkundigte er sich nach der Lage des Hotels »Drei Kronen«.
»Da müssen Sie sich rechts halten«, meinte der Reichsbahner. »Der Weg ist nicht zu verfehlen.«
Angermünde war seit rund 140 Jahren Kreisstadt. Die Stadtväter hatten sie 1945 kampflos den sowjetischen Truppen überlassen, so

daß die historische Altstadt dem Schicksal einer völligen Zerstörung entgangen war. Fast achttausend Menschen lebten jetzt in Angermünde, unter ihnen viele Flüchtlinge aus Schlesien, Pommern und Ostpreußen.
Das Hotel »Drei Kronen«, keine zehn Minuten vom Bahnhof entfernt, machte einen soliden Eindruck. Lemke stieß die Hoteltür auf und trat an die Rezeption.
»Guten Abend. Mein Name ist Heinrich Lemke. Ich bin mit Herrn Doktor Goldstein verabredet.«
Der Empfangschef sah ihn verständnislos an. »Tut mir leid, ich kenne keinen Doktor Goldstein.«
»Rechtsanwalt Doktor W. Goldstein«, wiederholte Lemke. »Er hat doch ein Zimmer für mich bestellt.«
Der Mann hinter dem Empfangstresen schlug das Gästebuch auf. Er suchte vergebens.
Weder für Dr. Goldstein noch auf den Namen Heinrich Lemke war eine Zimmerreservierung notiert.
»Das verstehe ich nicht«, murmelte Lemke. Er kramte seine Brieftasche hervor. »Ich habe doch hier diesen Brief. Doktor Goldstein hat mich ausdrücklich für 19.30 Uhr in Ihr Hotel bestellt.«
»Mir scheint, da hat sich jemand einen Scherz mit Ihnen erlaubt.«
Der Berliner Kaufmann lüftete den Hut. Wie betäubt verließ er das Hotel. Unschlüssig, wohin er sich nun wenden sollte, stand er auf der Straße. Zu allem Verdruß begann es auch noch zu regnen.
»Verzeihung – Herr Lemke aus Berlin?« Eine Dame löste sich aus dem Dunkel. »Ich bin die Sekretärin von Doktor Goldstein. Ich sollte Sie hier erwarten.«
Überrascht musterte Lemke die Frau im Licht der Straßenlaterne. Sie mochte Ende Dreißig sein, trug ein elegantes und überaus knapp sitzendes Kostüm. Rötlich schimmerndes Haar lugte unter einer modischen Kappe hervor. Das Gesicht war hinter einem Schleier verborgen. Ungezwungen reichte sie ihm die Hand.
»Leider haben wir umdisponieren müssen«, plapperte die Dame munter drauflos. »Ihr Zimmer ist im Hotel ›Reichshalle‹ reserviert. Mein Chef wird sich leider ein wenig verspäten. Der Herr Doktor mußte noch einmal fort. Er bat mich, Sie ins Hotel zu führen, wo wir auf ihn warten sollen.«
»Na schön«, meinte Lemke vergnügt. »Gehen wir.« Ganz Kavalier der alten Schule reichte er ihr den Arm. O ja, Heinrich Lemke verstand etwas von Frauen; nicht von ungefähr war er bereits zum dritten Mal verheiratet.

Das Pärchen spazierte durch den dünnen Regen. Nach einer viertel Stunde Fußmarsch erreichten sie den Marktplatz. An der Nordseite des Platzes gewahrte Lemke das ehrwürdige Rathaus, auf dessen Dach eine Turmuhr schlug. Die Ostseite begrenzte die Wasserstraße mit dem Postamt, und auf der Westseite, dem Hohen Steinweg, entdeckte Lemke das »Hotel Reichshalle«.

Hotel »Reichshalle« in Angermünde. Quelle: Gisela Warsow

»Sie werden mit Ihrem Zimmer zufrieden sein«, versprach Dr. Goldsteins Sekretärin. »Aber vielleicht schreiben Sie sich erst in das Gästebuch ein. Die Meldevorschriften, Sie wissen ja.«
Das Paar betrat die Gaststube. Ein gutbürgerliches Etablissement, war Lemkes erster Eindruck. Höflich wurde er von einem mittelgroßen, kräftigen Mann begrüßt, der sich als Herr Kroll vorstellte. Lemke trug seine Personalien in das Gästebuch ein. Kroll überprüfte sie rasch anhand der Kennkarte, die Lemke ihm zu diesem Zweck reichte. »Den Schlüssel für Zimmer vier hat die Dame bereits.«
Fritz Berger, der Kellner, der in diesem Augenblick an den Tresen trat, fügte höflich hinzu: »Falls die Herrschaften noch einen Wunsch haben, unsere Küche ist bis zweiundzwanzig Uhr geöffnet.« Er hatte den großen Brillantring an Lemkes Ringfinger entdeckt und vermutete, daß der späte Gast entsprechend betucht sein müsse.
An der Seite der charmanten Sekretärin durchquerte der Berliner Gast den langgestreckten Hausflur. Filmplakate hingen an den Wänden und warben für das aktuelle Kinoprogramm. Der rückwärtige

Teil des Gebäudes beherbergte ein Filmtheater. Neben der Kasse führte eine gewundene Treppe ins Obergeschoß. Am Ende der siebzehn Stufen tat sich linkerhand ein Gang auf. Die zweite Tür führte in das Zimmer mit der Nummer 4. Dr. Goldsteins Sekretärin schloß auf, sie bat den Berliner Gast einzutreten. Ein Sofa, Tisch, Stühle, ein Schrank und in der rechten Zimmerecke ein Bett.

»Vielleicht legen Sie Ihren Mantel ab, Herr Lemke.«

Als sie das schwere Kleidungsstück an einem Haken neben der Tür unterbrachte, mußte sie ihren Körper strecken. Heinrich Lemke erhielt ein weiteres Mal Gelegenheit, ihre üppige Figur zu bewundern.

»Wann kommt Herr Dr. Goldstein?« fragte er.

»Er müßte jeden Moment hier sein. Ich lade Sie inzwischen zu einem Drink ein. Sie mögen doch Kognak – oder?« Sie deutete auf den Tisch, wo eine Flasche und drei Gläser standen.

»Donnerwetter«, staunte Lemke. »Sogar mein Lieblingskognak. Wie haben Sie das erraten?«

Sie lächelte schelmisch, nötigte ihn auf der schräg neben dem Fenster stehenden Couch Platz zu nehmen und griff nach der Flasche, um einzuschenken.

»Auf gutes Gelingen, Herr Lemke«, rief sie sodann. »Ich verstehe eigentlich selbst nicht, wo der Chef so lange bleibt.«

Der Berliner Kaufmann zündete sich eine Zigarre an, dann hob er sein Glas, prostete ihr zu und lehnte sich behaglich auf dem Sofa zurück. Den Schatten, der in der Zimmerecke hinter seinem Rücken emporwuchs, sah Heinrich Lemke nicht.

Das »Hotel Reichshalle« wurde im Jahre 1948 von der resoluten Wirtin Anni Westphal geführt. Ihr Mann war in Rußland gefallen. Nun lebte die Witwe mit dem vierzigjährigen Karl Kroll zusammen, den die Nachkriegswirren als Flüchtling nach Angermünde gespült hatten.

Die zwölfjährige Tochter Gisela war an diesem Montagmorgen bereits zur Schule. In der Gaststube wirtschafteten Fritz Berger und eine junge Frau, die als Haushaltshilfe im Hotel tätig war. Gegen 10.30 Uhr fragte sie: »Was wird denn nun mit dem Gast von Nummer vier, Herr Berger? Ich muß doch das Zimmer saubermachen.«

Tatsächlich, der Berliner Gast war noch nicht zum Frühstück erschienen. Hatte er nicht bestellen lassen, daß er gegen 10.00 Uhr zum Bahnhof wolle? Berger, der hinter dem Tresen Gläser putzte, warf das Geschirrtuch hin und begab sich in den hofseitig gelegenen Flügel des Hotelgebäudes.

Zimmer 4. Der Kellner klopfte. Hinter der Tür rührte sich nichts. Berger klopfte stärker, er hämmerte schließlich mit der Faust gegen die Tür und rief: »Herr Lemke! Aufstehen!« Dann beugte er sich zum Türschloß. Der Schlüssel fehlte.
Berger verständigte Karl Kroll. Nach kurzer Konsultation mit der Wirtin holten sie einen Schlosser herbei. Der Mann kam. Nach wenigen Handgriffen schwang die Tür nach innen auf. Entsetzt prallten die Männer im gleichen Augenblick zurück.
Quer über dem Sofa lag die Leiche Heinrich Lemkes, dessen Schädel durch zwei klaffende Wunden gespalten war. Blutspritzer an der Tapete und eine riesige Lache auf dem Boden ergänzten das Bild einer grausigen Bluttat.
Vor Schreck zerrte der Schlossermeister ein buntgewürfeltes Tuch aus der Kleidung und wischte sich ächzend die Stirn.
Zehn Minuten später erschienen zwei Beamte der Kriminaldienststelle Angermünde am Tatort. Das Zimmer war nicht größer als zwei Meter fünfzig mal vier Meter achtzig. Gegenüber der Tür befand sich ein Fenster, das mit einer Tischdecke aus Plüsch zugehängt war. Als der Kriminalanwärter Rudlof die Decke lüftete, blickte er auf den Nachbarhof.
»Die Decke hat vorher auf dem Tisch gelegen«, behauptete Karl Kroll, der vom Flur aus die beiden Beamten beobachtete. »Und das Sofa stand rechts.«

»Dafür hatte der Schrank seinen Platz in der Fensterecke«, ergänzte Berger. »Der Handtuchhalter, links neben dem Waschbecken, fehlt ja auch.«
Das Ganze sah wie eine Falle aus. Den Handtuchhalter hatten die Täter wohl abgebaut, um ungehindert hinter das Sofa zu gelangen. Mindestens zwei Personen mußten an dem Verbrechen beteiligt sein. Allein das Umstellen der Möbel setzte einen Mittäter voraus.

Zeuge Karl Kroll.
Quelle: Gisela Warsow

Der Leichenschauarzt bestätigte die Vermutung der Kriminalisten. »Doppelter Schädelbruch«, faßte er seine Feststellungen zusammen. »Die Schläge wurden mit erheblicher Wucht geführt. Wenn Sie mich fragen, ich tippe auf ein Beil als Tatwerkzeug. Ziemlich ungewöhnlich für eine Frau. Ich denke, da war noch ein Mann im Spiel.«
»Und die Tatzeit?«
»Noch vor Mitternacht. Aber nageln Sie mich nicht auf die Minute fest.«
Der Arzt zog die Brieftasche aus der Kleidung des Toten und reichte sie dem Kriminalanwärter. Etwas Bargeld und Lemkes Ausweis waren vorhanden.
»Hatte Herr Lemke denn kein Gepäck?« wandte sich der ältere Polizist an das Hotelpersonal.
»Aber natürlich. Eine gelbbraune Aktentasche.«
»Ich kann sie nicht finden.«

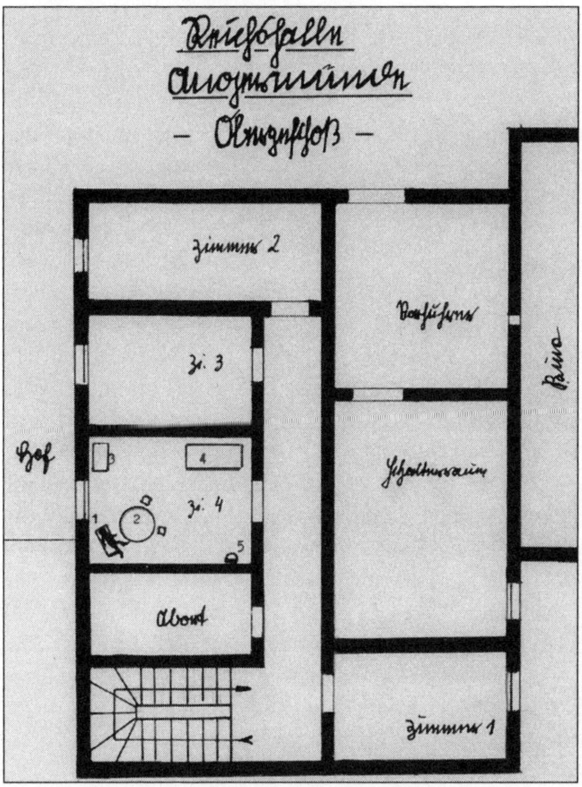

Tatortskizze (Rekonstruktion) 1 - Sofa mit Leiche, 2 - Tisch, 3 - Schrank, 4 - Bett, 5 - Waschbecken. Quelle: Archiv des Autors

Rudlof hatte unterdessen die Personaldaten in der Kennkarte gelesen: Heinrich Paul Richard Lemke, geboren am 13.2.1885 in Rostock, Wohnort Berlin-Halensee, Kronprinzendamm 9. Wie elektrisiert stieß er seinen Kollegen an. »Du, der Mann stammt aus Westberlin«, raunte er halblaut. Den beiden Beamten schwante plötzlich, daß dieser Umstand zu politischen Querelen führen konnte.
Rudlof brachte eine Tatortskizze zu Papier, so wie man es ihn auf dem Kriminalanwärterlehrgang in Biesenthal gelehrt hatte. Im Waschbecken entdeckte er zwei rötliche Frauenhaare.
Weil die Kripo in der Kreisstadt über keinen ausgebildeten Polizeifotografen verfügte, kam der Inhaber des ortsansässigen Fotogeschäftes Dröschel zu der zweifelhaften Ehre, die notwendigen Aufnahmen vom Tatort zu schießen. Der Mann verstand sein Handwerk. Das Objektiv der betagten Kamera bannte die blutbefleckte Wand hinter dem Sofa auf die Fotoplatte. Ein Kunstwerk, das noch heute beim Betrachter Schaudern erregt.

In der Brandenburgischen Polizeistruktur rangierte die Kriminaldienststelle in Angermünde als nachgeordnete Einrichtung des Kriminalamtes Eberswalde. Die vom Zonenkriminalamt zu Beginn des Jahres 1948 angeordnete Reorganisation der Kriminalpolizei in der Ostzone hatte zur Errichtung eines Landeskriminalamtes und weiterer vier Kriminalämter im Land Brandenburg geführt. Nach dem neuen Geschäftsverteilungsplan fielen Morduntersuchungen in die Kompetenz der Kommissariate K 1 bei den Kriminalämtern. Der Eberswalder Kripochef, Oberkommissar Reimann, befahl seine beiden K 1-Mitarbeiter Wende und Walk als Mordkommission nach Angermünde. Wende, vor wenigen Wochen zum Obersekretär befördert, übernahm die Leitung der Kommission. Er erhielt die Vollmacht, seine Mannschaft bei Bedarf aus den Reihen der Angermünder Kollegen zu verstärken.
Kriminalanwärter Rudlof begleitete die Beamten in das »Hotel Reichshalle«. Seine Augen glänzten vor unverhohlenem Stolz. Vielleicht vierzig oder fünfzig Leute drückten sich auf der Straße herum, genüßlich über das grausige Ereignis debattierend, über man überall in der Stadt sprach.
Wende und Walk ließen sich in das Mordzimmer führen. Bei der Besichtigung der Leiche fiel ihnen am rechten Ringfinger der rundum verlaufende helle Hautstreifen auf. »Scheint, als habe hier ein Ring gesteckt«, bemerkte Obersekretär Wende. Nach einer eingehenden Durchsuchung des Raumes, die aber auch keine neuen Erkenntnis-

se zutage förderte, machten sie sich an die Vernehmung der Zeugen. Karl Kroll sagte aus: »Das muß gestern abend so gegen halb sieben gewesen sein, da kam eine flott aufgemachte Dame ins Hotel und wollte ein Zimmer mieten. Sie sagte, sie sei die Sekretärin eines Rechtsanwaltes ... Doktor Goldstein ..., und sie suche im Auftrage ihres Chefs ein Zimmer für eine Geschäftskonferenz mit einem Berliner Gast, der anschließend hier übernachten würde. Ich hab gesagt: Dann nehmen Sie doch das Zimmer 4 im Hinterhaus. Bevor sie zusagte, wollte sie das Zimmer sehen. Ich bin mit ihr raufgegangen. Gründlich umgesehen hat sie sich ja, das muß ich schon sagen. Als ich ihr eine stärkere Glühbirne für die Deckenlampe anbot – die Beleuchtung im Zimmer ist ziemlich schwach, müssen Sie wissen –, winkte die Frau lachend ab. Womöglich käme ihr Chef noch auf die Idee, ihr einen ellenlangen Geschäftsabschluß zu diktieren. Sie behielt den Schlüssel gleich. Ich hab sie nur noch gebeten, den Herrn, der bei uns übernachten sollte, ordnungsgemäß anzumelden.«

»Hat die Frau ihren Namen genannt?«

»Sie hat sich nur als Sekretärin dieses Rechtsanwaltes vorgestellt.«

»Dieser Rechtsanwalt, wann kam denn der?«

»Den habe ich nie zu Gesicht bekommen. Ich weiß nicht mal, ob der überhaupt existiert.«

Der körperlich kleinere, dafür aber um so agilere Kellner Fritz Berger bestätigte Krolls Angaben. »Die Frau ist nochmal am Ausschank gewesen«, berichtete er. »Ungefähr eine halbe Stunde nach der Ankunft des Lemke. Sie fragte nach der Uhrzeit, ließ sich dann Feuer geben und meinte, daß der Herr auf Zimmer vier nicht vor zehn Uhr gestört werden soll.«

»Hatten Sie den Eindruck, daß die Frau zurück ins Zimmer ging?«

»Nee, die ist raus auf die Straße.«

Übereinstimmend beschrieben die Zeugen die unbekannte Frau als mittelgroß und von üppiger Figur. Ihr Alter wurde auf Mitte Dreißig geschätzt. Besonders auffällig waren das tizianrote Haar und die blutrot lackierten Fingernägel.

»Sehr elegant, direkt mondän«, schwärmte Berger. »Und dieser Herr Lemke hatte bestimmt genügend Zaster. Wenn ich bloß an den Ring denke, meine Herren ...«

»Sie erinnern sich an den Ring?« Walk und Wende wechselten einen raschen Blick.

»'n ziemlich dicker Brillant. Hab ich 'n Auge für.«

Die Aussagen des Zeugen wurden zu Protokoll genommen. In einem ergänzenden Bericht vermerkten die Kriminalbeamten, daß

man weder das Reisegepäck des Toten noch den vermeintlichen Brillantring oder ein Tatwerkzeug im Hotel gefunden habe. Der Umstand, daß die Täter die Möbel vor dem Mordanschlag im Zimmer 4 umgestellt hatten, machte den Einsatz eines Spezialisten für Fingerabdrücke am Tatort erforderlich. Wahre Engelsgeduld zeichnete den Mann vom Erkennungsdienst aus, der am 12. Oktober die in Frage kommenden Möbelstücken mit Roßhaarpinsel und Argentorat bearbeitete. Doch die Täter hatten Handschuhe getragen, einige Möbelflächen waren mit großer Sorgfalt abgewischt.
Für die Beamten wurde dennoch sichtbar: Der Mord an dem Berliner Kaufmann Heinrich Lemke beruhte kaum auf einer Zufallsbegegnung. Der Mann war mit Vorbedacht in eine Falle gelockt worden. Zusätzliche Nahrung erhielt ihre These durch die Aussage einer Angermünder Bürgerin, die am 12. Oktober bei der Kriminalpolizei vorstellig wurde. Frau Hoffmann vermietete gelegentlich Zimmer an Privatpersonen. Auch bei ihr hatte am Sonntag gegen siebzehn Uhr eine äußerst elegante Dame vorgesprochen, die ein Zimmer für eine geschäftliche Besprechung mieten wollte. Frau Hoffmann hatte ihr das Zimmer gezeigt, die Frau zahlte sogar 6 DM an, war dann aber im Hause der Vermieterin nicht mehr aufgetaucht. Die Personenbeschreibung der Unbekannten traf auf Dr. Goldsteins Sekretärin zu.
»Schaffen Sie mir, um Himmelswillen, diesen Doktor Goldmann oder Goldstein herbei!« forderte Obersekretär Wende von seinen Kollegen. »Dieser Mann ist die Schlüsselfigur zu unserem Fall. Nur er weiß, was es mit der ominösen Sekretärin auf sich hat.«
Walk und Rudlof setzten Himmel und Hölle in Bewegung, um die Adresse der Anwaltskanzlei in Erfahrung zu bringen. Sie telefonierten mit allen Amtsgerichten im Land Brandenburg, Walk ließ sogar bei den Geschäftsstellen der Anwältekammern recherchieren, doch ein Rechtsanwalt Dr. Goldstein war und blieb unbekannt.

Die Fahndung nach der geheimnisvollen Frau führte die Kriminalbeamten Walk und Rudlof am Dienstagnachmittag zum Bahnhof der Kreisstadt. Der Zeitpunkt konnte nicht besser gewählt sein. Die Eisenbahner, die am Sonntagabend den Dienst im Fahrkartenschalter und an der Bahnsteigsperre verrichtet hatten, kamen gerade zur Schichtablösung. Die Gerüchte, die in der Stadt kreisten, erleichterte den Beamten die Ermittlungsarbeit.
Anhand der Fahrkartenabrechnungen stellten sie fest, daß am Sonntag, gegen 18 Uhr, zwei Fahrkarten für den Berliner D-Zug verkauft

worden waren. Die Schalterangestellte, eine kesse junge Frau mit weißblondem Haar, erinnerte sich: »Eigentlich war unser Fahrkartenkontingent für den Berliner D-Zug an diesem Tage schon ausgeschöpft«, erzählte sie im forschen Tonfall. »Aber die Frau bettelte so inständig, daß sie und ihr Mann noch in dieser Nacht nach Berlin müßten, weil die Schwiegermutter schwer erkrankt sei. Akute Lebensgefahr. Nach Rücksprache mit unserem Chef durfte ich eine Ausnahme machen.« Den Lohn für diese Gefälligkeit – eine Handvoll Ami-Zigaretten – verschwieg sie wohlweislich.
»Wie sah denn der Ehemann aus?«
»Keine Ahnung. Ich hab nämlich keinen gesehen.«
»Und die Frau?«
»Schick. Total schick«, lautete die naive und für polizeiliche Fahndungszwecke höchst ungeeignete Antwort. Oberassistent Walk verstand sein Geschäft. Durch kluge Fragetechnik schöpfte er das Wissen der Zeugin hinreichend ab, so daß die Beamten am Ende sicher sein konnten: Doktor Goldsteins Sekretärin hatte die Fahrkarten nach Berlin gekauft! Aber war sie auch in den Zug gestiegen? Ein Ablenkungsmanöver wäre möglich.
Walk setzte seine Hoffnungen auf den Mann in der »Wanne«, wie die ab Hüfthöhe verglasten Käfterchen in der Eisenbahnersprache hießen. Wer an der Bahnsteigsperre saß, um die Fahrkarten der Reisenden zu lochen und die abgefahrenen Karten einzusammeln, hat in der Wanne nur einen geringen Bewegungsraum. Das schärft naturgemäß die menschliche Beobachtungsgabe.
Sie trafen auf einen sechzigjährigen Mann in sorgfältig gebügelter Eisenbahneruniform. Gewissenhaft hob er jede Fahrkarte zur Kontrolle in Augenhöhe, bevor er sie mit einer Lochzange knipste. Die Dienstausweise der beiden Kriminalbeamten wurden ebenso sorgfältig geprüft. Der Mann verglich die Gesichter mit den Fotos in den Klappkarten. Das Resultat fiel zu seiner Zufriedenheit aus. »Muß alles seine Ordnung haben. War schon beim Kaiser so«, verkündete er und heftete den Blick aus seinen wäßrigblauen Augen auf Walk, den er als dienstranghöheren Beamten identifizierte.
Walk spürte den kalten Luftzug, der von der Bahnsteigtür her durch die Halle fegte. »Ziemlich windige Ecke«, begann er leutselig.
»Tja, wer das nicht gewöhnt ist, holt sich bald 'ne Erkältung weg.«
»Wie lange machen Sie schon den Dienst?«
»Seit zwanzig Jahren.« Das klang nicht ohne Stolz.
»Da kennen Sie bestimmt die Leute, die in Angermünde verreisen?«
»Viele fahren täglich, weil sie zur Arbeit müssen.«

»Und am Sonntagabend? Erinnern Sie sich, wer den D-Zug in Richtung Berlin bestieg?«
Der Eisenbahner schmunzelte breit. »Kann's mir schon denken, daß Sie sich für das seltsame Pärchen interessieren.«
»Seltsam - wieso?«
»Naja, der Mann war ziemlich aufgeregt, hatte wohl Hummeln unterm Hintern. Dauernd trieb er die Frau zur Eile an, obwohl der Zug mehr als dreißig Minuten Verspätung hatte.«
»Beschreiben Sie mal die Frau!«
»Elegantes Kostüm. Vielleicht Mitte Dreißig. Nicht sehr groß, aber kräftig. Hut mit einem Schleier vorm Gesicht.«
Vom Jagdfieber gepackt, forderte Rudlof: »Und der Mann, der dazu gehörte?«
Der Eisenbahner wedelte mit der Fahrkartenzange. »Der war mindestens einsachtzig groß. Ein sportlicher Typ. Dunkles buschiges Haar. Auf jeden Fall aber um einiges jünger als die Frau. Mitte Zwanzig, würde ich denken. Er trug so einen modernen Staubmantel, mit 'nem Gürtel und Achselklappen, wenn Sie wissen, was ich meine.«
»Einen Trenchcoat ...?« half Rudlof aus.
Der Eisenbahner nickte. Walk wäre ihm am liebsten um den Hals gefallen. »Eine letzte Frage«, setzte er rasch nach. »Führte das Paar Gepäck mit?«
»Wenn ich mich recht erinnere: einen älteren braunen Koffer.«
»Keine Aktentasche?«
»Nur den Koffer.«
»Danke!« Auf dem Rückweg erklärte Walk aufgeräumt: »Glauben Sie mir, Rudlof, der Schlüssel zu diesem Mordfall liegt in Berlin. Keine Spuren, keine Tatwaffe. Ich behaupte: die Täter sind nach einem genauen Plan vorgegangen. Und die Gründe für Lemkes Hotelaufenthalt werden wir vermutlich nur von seinen Angehörigen erfahren. Jemand von uns muß nach Berlin.«
Oberkommissar Reimann, der nach Angermünde kam, um sich über den Stand der Ermittlungen unterrichten zu lassen, teilte die Auffassung der Mordkommission. Er informierte den Chef der Brandenburgischen Kriminalpolizei bei der Landespolizeibehörde in Potsdam. Ministerialrat Krauthause gab grünes Licht für eine Zusammenarbeit mit der Berliner Mordkommission. Eine halbe Stunde später klapperte der Fernschreiber einen kurzen Sachstandsbericht und die Bitte um Informationen über die Verhältnisse der Familie Lemke nach Berlin.

Elisabeth Lemke erfuhr am Abend des 12. Oktober durch das Polizeipräsidium Dircksenstraße vom Tod ihres Gatten. Gleichzeitig avisierte man die Ankunft eines Kriminalbeamten aus Angermünde, der am 13. Oktober die notwendigen Formalitäten mit ihr klären sollte.

Am Vormittag des 13. Oktober 1948 lag eine dichte graue Wolkendecke über der Reichshauptstadt. Ein feiner Sprühregen fiel auf die Straßen und Plätze. Mit reichlicher Verspätung war der Zug aus Angermünde in Berlin angekommen. Unterwegs kroch er in einem Schneckentempo dahin, daß man meinen konnte, jeder einigermaßen trainierte Marathonläufer würde mühelos Schritt halten können. Störungen im Reiseverkehr waren in der Ostzone an der Tagesordnung. Hilflos erklärte die Reichsbahnverwaltung, daß der Abtransport von Reparationsgütern in die Sowjetunion in Verzug geraten sei. Eine große Anzahl von Lokomotiven müßten aus dem Reiseverkehr herausgezogen werden, um die Reparationszüge abzufertigen. In Wahrheit wurden an zahlreichen Strecken Fernschreibleitungen abgebaut, Abzweigungen von Hauptschienensträngen und nicht übermäßig beanspruchte eingleisige Strecken für das Reparationsprogramm demontiert.
Es ging bereits auf Mittag, als der Kriminalanwärter Rudlof auf dem Stettiner Bahnhof aus dem Zug kletterte. Die Stadt mit ihrem hektischen Treiben, den bimmelnden Straßenbahnen und den rastlos umherhetzenden Menschen beeindruckten den jungen Beamten. Die Dienstreise war ihm zunächst als Abwechslung im tristen Alltag eines Provinzstadtpolizisten erschienen, aber jetzt fühlte er sich in der fremden Stadt ziemlich allein. Zwei oder drei frühere Reisen fielen ihm ein, die ihn vor Jahren mit den Eltern zu Verwandten in Neukölln geführt hatten, und der Fackelzug auf dem Reichssportfeld, zu dem er 1939 als fünfzehnjähriger Hitlerjunge befohlen worden war. Rudlof hatte Mühe, sich in den Straßenzügen der zerbombten Millionenstadt zurechtzufinden.
Vor dem Bahnhof entschied er sich, nach links zu gehen. Während auf der einen Seite der Verkehrsader die Häuser scheinbar unbeschädigt waren, erstreckte sich auf der anderen ein weites Trümmerfeld, aus dem die Reste der stehengebliebenen Brandmauern wie schauerliche Mahnmale in den Himmel ragten. Rudlof erkundigte sich bei einem Schutzpolizisten nach der Schönhauser Allee. Die Wegbeschreibung des Uniformierten hörte sich so konfus an, daß der Dienstreisende aus Angermünde erst in der dritten Nachmit-

tagsstunde das »Süßwarengeschäft Heinrich Lemke« in der Schönhauser Allee 115 betrat, wo er mit Frau Lemke verabredet war.
Jeder Mensch hat Glücks- und Pechsträhnen, Tage, an denen alles gelingt, und Tage, an denen nichts glücken will. Rudlof hatte solch eine Pechsträhne erwischt. Die beiden Verkäuferinnen, die in dem Geschäft Kekse, Vitalade, Pfefferminzbonbons und saure Dropsrollen feilboten, blickten den jungen Mann überrascht an.
»Ja, die Chefin ist hier gewesen. Hat bis Mittag auf Sie gewartet. Dann ist sie gefahren. Frau Lemke dachte, sie hätte mit dem Treffpunkt etwas mißverstanden, Sie wollten sie vielleicht in der Wohnung aufsuchen.«
Rudlof zupfte verlegen an der Hutkrempe. »Tja, das ist natürlich Pech«, sagte er. »Frau Lemke wohnt in Halensee, nicht wahr?«
»Kronprinzendamm 9«, meldete sich die jüngere Verkäuferin. Blanke Neugier stand ihr im Gesicht geschrieben. »Is ja 'ne schlimme Sache, was da mit unserem Chef in Angermüde passiert ist. Ham se wenigstens schon 'ne Spur von sein' Mörder?«
Der Kriminalassistent schüttelte abwesend den Kopf. Er mußte mit der Witwe sprechen. Eine Rückreise nach Angermünde, ohne den dienstlichen Auftrag ausgeführt zu haben, kam für ihn nicht in Frage; die Kollegen hielten ihn womöglich für einen Versager.
»Wie komme ich nach Halensee?« fragte er entschlossen.
»Da gehen Se bloß über'n Damm, Herr Kommissar. Fahr'n Se mit die S-Bahn über'n Westring. Da komm' Se direkt nach Halensee.«
Als der Angermünder Kriminalbeamte auf dem Bahnhof Schönhauser Allee einen S-Bahnzug in Richtung Westberlin bestieg, ahnte er nicht, daß dieser Entschluß böse Folgen für ihn haben sollte. Fahrten in die Westsektoren verstießen gegen interne Dienstvorschriften des Ostberliner Polizeiapparates.
Der Kronprinzendamm galt als respektable Adresse. Die um die Jahrhundertwende errichteten vierstöckigen Häuserreihen kamen den Wohnansprüchen des gehobenen Bürgertums entgegen. Beamtenfamilien und aufstrebende Unternehmer hatten sich in den Wohnungen niedergelassen. Eiserne Gitterzäune begrenzten die schmalen Ziergärten vor den Häuserfronten. Viele Gebäude waren vom Krieg gezeichnet. Rudlof sah zerschossene Dächer. Maschinengewehrgarben und Granatsplitter hatten die im Jugendstil gehaltenen Fassaden genarbt.
Elisabeth Lemke empfing den Beamten an der Wohnungstür im Hochparterre. »Gotteslob, da sind Sie ja«, entfuhr es ihr. »Ich fürchtete schon, hier liegt ein Mißverständnis vor.«

Rudlof entschuldigte sich für die Verspätung. Nicht ohne einen Schuß Befangenheit sprach er der Witwe sein Beileid aus. Während Sie ihn in den Salon führte, hatte er Gelegenheit, die attraktive Mittdreißigerin von der Seite zu mustern. Frau Lemke trug ein dunkles Kostüm im sportlich eleganten Schnitt, sie war sorgfältig frisiert und legte Wert auf ein dezentes Make up. Die Frau erschien ihm sehr gefaßt.
»Darf ich Ihnen eine Erfrischung anbieten? Einen Kaffee vielleicht?«
Rudlof nickte. Während sie in der Küche verschwand, bewunderte der Kriminalanwärter die gediegene Einrichtung. Schwere Ledersessel, ein großer Bücherschrank, kostbare Gobelins und eine wohlbestückte Hausbar. Die Farbtöne perfekt aufeinander abgestimmt. Sehr geschmackvoll das alles. Die Frau kennt bestimmt keine materiellen Sorgen.
Beim Kaffee erzählte er ihr dann, wie man Lemke gefunden hatte.
»Schrecklich«, seufzte sie ein ums andere Mal, »daß er so ein Ende nehmen mußte. Bitte, verstehen Sie mich nicht falsch, Herr Rudlof. Mein Mann und ich, wir haben uns sehr gemocht, aber er war dreißig Jahre älter. Unsere Beziehung beruhte ..., ja, wie soll ich sagen, mehr auf gegenseitigem Vertrauen. Sie verstehen, was ich damit sagen will?«
Der Kriminalanwärter nickte mitfühlend, er besann sich auf seinen Auftrag: »Leider ist da noch eine Formalität, Frau Lemke. Bevor der Leichnam Ihres Mannes nach Berlin überführt werden darf, muß er durch einen Angehörigen identifiziert werden.«
Die Witwe bewies praktischen Verstand. »Sie wollen, daß ich zu Ihnen nach Angermünde komme? Entschuldigen Sie, dann muß ich für morgen einen Bestattungswagen bestellen.« Sie stand auf und erledigte das Telefonat nebenan im Arbeitszimmer. »Puh«, seufzte sie, als sie wieder in den Salon kam, »jetzt brauche ich aber einen Kognak. Sie auch, Herr Kriminalassistent?«
Rudlof war nicht abgeneigt. »Haben Sie eigentlich einen Verdacht, wer Ihren Gatten ermordet haben könnte?«
»Ich wüßte nicht, wer. Heinrich hatte keine Feinde.« Sie trat mit den gefüllten Gläsern zur Sesselgruppe.
»Und was wollte Ihr Mann in Angermünde?«
Die Witwe musterte ihn entgeistert. »Aber das steht doch alles in dem Brief von Herrn Doktor Goldstein. Heinrich hatte ihn bei sich.«
»Wir haben keinen Brief gefunden. Glauben Sie mir, ich war einer der ersten Beamten am Tatort.«
»In der gelbbraunen Diplomatentasche ...«

»Auch keine Tasche. Ihr Mann hatte überhaupt kein Gepäck.«
Ihre Augen weiteten sich. »Und die fünfhundert Mark?« hauchte sie. »Sein kostbarer Brillantring?«
»Ja, ich vermute, Ihr Mann ist einem Raubmord zum Opfer gefallen. War der Brief vielleicht der Grund für die Reise Ihres Mannes?«
Elisabeth Lemke erzählte, was Sie über den Inhalt des Schreibens wußte, und sie klärte Rudlof auch über die unselige Affäre um das Grundstück in der Bornstedter Straße auf.
»Sehr mysteriös«, kommentierte der Kriminalanwärter. »Der Absender kennt sich in der Grundstücksangelegenheit aus, aber ein Rechtsanwalt Doktor Goldstein ist nirgendwo registriert.«
»Der Brief kam am Freitag mit der Geschäftspost. Ich weiß das so genau, weil mir die Briefmarke aus der Ostzone aufgefallen ist. Die war in Angermünde abgestempelt.«
»Sieht aus, als hätte man den Brief benutzt, um Ihren Mann in eine Falle zu locken. Haben Sie den Umschlag noch?«
Elisabeth Lemke versprach, im Schreibtisch ihres Mannes nachzusehen. Aber wie sie ihn kenne, habe er den Umschlag bestimmt eingesteckt, fügte sie einschränkend hinzu.
Der Kriminalanwärter erhob sich. »Tja, das war's dann wohl. Das Protokoll setzen wir in der Dienststelle auf, wenn Sie nach Angermünde kommen.« Rudlof sah zur Uhr und erblaßte. Zehn nach sechs. »Wie lange braucht man mit der S-Bahn bis zum Stettiner Bahnhof?« rief er in einem Anflug von Panik.
»Jetzt im Berufsverkehr? Mindestens eine Stunde.«
Seine Pechsträhne hielt an. Das schaffe ich nicht mehr, dachte Rudlof verzweifelt. Der letzte Zug nach Angermünde fährt um neunzehn Uhr drei! Die Suche nach einem Hotelzimmer würde zwecklos sein; Berlin war ein übervölkerter Trümmerberg. Bei dem Gedanken, die Nacht in einem verräucherten Bahnhofswartesaal, inmitten allerlei zwielichtigen Gesindels verbringen zu müssen, schauderte es den jungen Kriminalbeamten.
»Fehlt Ihnen etwas?« fragte Frau Lemke besorgt.
Der Kriminalanwärter schilderte seine mißliche Lage.
»Ich bitte Sie, Herr Rudlof, das ist doch kein Beinbruch«, kam ihm die Lemke entgegen. »Übernachten Sie doch hier im Haus.«
»Entschuldigen Sie, aber ich kann doch nicht …«, stotterte Rudlof verlegen.
»Kein Wort mehr, junger Mann, Sie bleiben hier! Wir sind zwar ein bißchen beengt. Im Haus wohnen mehrere Untermieter, aber ein Bett wird sich schon noch finden.«

Am Abend lernte Rudlof die übrigen Mieter des Hauses kennen, darunter den fünfzehnjährigen Sohn der Hausfrau. Weiter einen stellungslosen Artisten, der ein Mansardenzimmer im Dachgeschoß bewohnte, eine Englischlehrerin, die des besseren Verdienstes wegen als Telefonistin bei einer amerikanischen Dienststelle arbeitete, und einen ehemaligen Wehrmachtsoffizier, der sich als Handelsvertreter so recht und schlecht durchs Leben schlug. Sie alle fanden sich im Salon zum abendlichen Schlummertrunk ein. Eine liebe Gewohnheit der in Notgemeinschaft lebenden Hausgenossen, wie Frau Lemke dem Kriminalanwärter erläuterte.
Die Anwesenheit des Kripo-Beamten aus der Ostzone war eine kleine Sensation. Sie sorgte für ausreichenden Gesprächsstoff. Und als Rudlofs Mißgeschick sich herumgesprochen hatte, brach das Eis. Er wurde zur Zielscheibe manchen freundlichen Spottes.
Wieviel Morde er schon aufgeklärt habe, wollte man schließlich von ihm wissen.
Ein halbes Dutzend, schnitt der vom Alkohol angetörnte Kriminalanwärter auf.
Und wie es um die Aufklärungschancen im Mordfall Lemke stünde?
Rudlof gab sich überlegen. Der Fall sei so gut wie gelöst, behauptete er mit geheimnisvoller Miene.
»Nanana!« brachte Karl-Heinz Petgen seine Zweifel vor. Der junge Mann war erst später zu der Runde gestoßen. »Die Herren von der Polizei hängen doch meistens in der Luft, wenn sie der Öffentlichkeit vorzugaukeln versuchen, sie wüßten schon alles.« Frau Lemke hatte ihn als einen guten Freund der Familie vorgestellt, der nicht im Hause wohne.
Die Telefonistin behauptete: »In den Zeitungen steht, daß die Verbrechen in der Ostzone überhand nehmen.«
»Ist ja auch kein Wunder«, stimmte der Handelsvertreter eifrig zu. »Die erfahrenen Fachleute fehlen in der Polizei.«
Rudlof stemmte sich, ein wenig schwankend, aus dem Sessel hoch. »Ich habe sichere Spuren, die die Mörder überführen werden«, tönte er vollmundig. »Es handelt sich um einen Mann und um eine Frau. Wir wissen, daß sie noch in der Mordnacht mit dem Zug nach Berlin abgereist sind. Dafür gibt es Zeugen. Zuverlässige Zeugen«, trumpfte der junge Beamte mit Nachdruck auf. »Und jetzt sage ich nichts mehr. Dienstgeheimnis. Psst!«
Die Gäste schmunzelten. Ein letztes Mal griff man zu den Gläsern, um sie im Gedenken an den teuren Toten zu leeren. Es war schon ei-

ne seltsame Atmosphäre, die das Trauerhaus Lemke an diesem Abend bot.

Kriminalanwärter Rudlofs Rückkehr nach Angermünde erregte Heiterkeit bei den Kollegen. Elisabeth Lemke hatte den jungen Beamten überredet, die Heimreise auf dem Beifahrersitz des tiefschwarz ausgeschlagenen Beerdigungswagens zurückzulegen. Dem Bestattungsunternehmer kam die amtliche Begleitung selbstverständlich gelegen, Rudlofs Dienstausweis half, die Polizeikontrollen auf der Autobahn leichter zu passieren.
Die verschleierte Witwe erschien erst am Nachmittag in Angermünde, in einem Taxi, das sie eigens für diese Fahrt gemietet hatte. Rudlofs Protokoll war bereits getippt. Frau Lemke schlug den Schleier zurück, sie überlas die Zeilen, nickte und unterschrieb kommentarlos.
Nach der Identifizierung des Toten in der Leichenhalle des Kreiskrankenhauses wurde Elisabeth Lemke einem weiteren Verhör unterzogen. Das Landeskriminalamt hatte einen in Mordsachen erfahrenen Sondersachbearbeiter nach Angermünde entsandt. Der Oberkommissar vom LKA und Obersekretär Wende waren überein gekommen, alle Personen, die über die Berliner Grundstücksangelegenheit Bescheid wußten, als Hauptverdächtige anzusehen. Diesen Kreis namentlich zu erfassen, war das Ziel der Vernehmung. Frau Lemke wußte nicht allzuviel über die Geschäftsangelegenheiten ihres Gatten, den sie erst 1942 kennengelernt und am 6. September 1945 geheiratet hatte. »Die Geschichte mit dem Grundstück muß schon 1937 passiert sein«, entschuldigte sie sich.
Am späten Abend reiste die Witwe nach Berlin zurück. Der Leichnam ihres Gatten wurde von der Staatsanwaltschaft freigegeben und nach Halensee überführt. Wegen der Kontrollen an den Sektorengrenzen war ein dickes Bündel amtlicher Papiere vonnöten.

Am Freitag, dem 14. Oktober, stopfte Kriminalobersekretär Wende die »Mordakte Lemke« in die Aktentasche und fuhr in Begleitung des Potsdamer Oberkommissars nach Berlin. Ihr Ziel war das ehemalige Polizeipräsidium am Alexanderplatz. Weite Teile des um 1890 in Betrieb genommenen Gebäudes lagen jetzt in Trümmern. Lediglich die Front zur Stadtbahnseite hin, die Dircksenstraße 13-14, hatte den Feuersturm einigermaßen überstanden. Aus den Zellen des ehemaligen Polizeigefängnisses waren Büros der Berliner Kriminalpolizei geworden.

Ruine des Polizeipräsidiums nach 1945. Quelle: Polizeihistorische Sammlung Berlin

Die brandenburgischen Beamten meldeten sich beim Leiter der Mordinspektion. Kriminalrat Schläwicke war auf ihren Besuch vorbereitet. Er bat die Männer Platz zu nehmen und ließ einen seiner fähigsten Mitarbeiter, den dreiundvierzigjährigen Kriminalinspektor Max Schüttau, kommen, der die notwendigen Ermittlungen in Berlin übernehmen sollte.

Die Situation in der Berliner Polizei war im Oktober 1948 überaus kompliziert. Politische Spannungen hatten den Polizeiapparat vergiftet und schließlich zur völligen Spaltung geführt. Bereits im Mai 1945 hatte die sowjetische Kommandantur Berlins einen Magistrat nach eigenem Gusto ernannt und sich um den Aufbau eines neuen Polizeiapparates gekümmert. Auf den Posten des Polizeipräsidenten setzten sie Paul Markgraf, der als Kommandeur einer Panzerjägerbrigade in der faschistischen Wehrmacht das Ritterkreuz für die Vernichtung einer russischen Kavalleriebrigade bei Stalingrad erhalten hatte. Weil er sich nach der Gefangennahme dem »Nationalkomitee Freies Deutschland« und dem antifaschistischen »Bund deutscher Offiziere« anschloß, war der Oberst zu einem Mann ihres Vertrauens geworden. Unter seiner Präsidentschaft gedieh eine mit der sowjetischen Kommandantur abgestimmte Kaderpolitik, die zahlreichen Kommunisten zu Schlüsselpositionen in der neuen Polizei verhalf. Am 23. Juni 1945 wurden die Reviervorsteher angewiesen, »eine Überprüfung aller Polizeianwärter vorzunehmen, um die Durchsetzung der Hegemonie der Arbeiterklasse mit der Gewinnung von bewußten Antifaschisten für die Polizei zu verwirklichen«.

Ab Juli 1945 trafen Truppenkontingente der Briten, Amerikaner und Franzosen in Berlin ein. Die bisher alleinige sowjetische Befehlsgewalt wurde ab 10. Juli durch eine Alliierte Kommandantur ersetzt. Formal blieben alle bisherigen Anordnungen des ersten Stadtkommandanten, Oberst Bersarin, in Kraft, aber das politische Klima in der Vier-Sektoren-Stadt nahm ruppige Züge an. Auf engem Territorium gab es nun differierende bis konträre Vorstellungen über den Umgang mit den Besiegten, über Demokratie und Parteienverständnis. Am heftigsten entbrannte der Machtkampf um den Einfluß auf die Berliner Polizei. Im Public-Safety-Komitee der Allierten Kommandantur ließen die Briten keinen Zweifel aufkommen, daß sie eine Polizeistruktur nach dem Modell der deutschen Polizei von 1932 favorisierten. Auch die Amerikaner ließen erkennen, wer im Haus das Sagen hatte. Am 22. Juli 1945 verhinderte eine amerikanische Militärstreife durch ihr Dazwischentreten eine Razzia auf Falschmünzer und Glücksspieler. Die eingesetzten Kripobeamten wurden festgenommen. Innerhalb weniger Wochen wurden die sechs kommunistischen Inspektionsleiter des amerikanischen Sektors unter dem Vorwand fachlicher Inkompetenz abgelöst und durch Sozialdemokraten oder parteilose Beamte ersetzt.

Am 4. Oktober 1946 setzten die Westmächte die Ernennung von vier Sektoren-Assistenten durch, die, dem Polizeipräsidenten an die Seite gestellt, für die Koordinierung polizeilicher Belange in den jeweiligen Sektoren Verantwortung tragen sollten. In Wahrheit spielten sie schon bald ihr eigenes Spiel, und das ihrer Auftraggeber, so daß sich Markgrafs Machtposition mehr und mehr auf den Ostsektor beschränkte. Im Februar 1947 ordnete die britische Militärregierung die Eröffnung eines Musterreviers für die Ausbildung der Polizeiangehörigen des britischen Sektors in Berlin-Spandau an. Markgraf tobte. Der zuständige Sektor-Assistent Paul Wurm hatte es nicht einmal für nötig gehalten, den Präsidenten von dieser Entwicklung zu unterrichten.

Der endgültige Kurs auf ein Auseinanderbrechen des Polizeiapparates wurde im März 1948 vom amerikanischen Kommandanten Oberst Howley eingeleitet. Er wies seinen Sektor-Assistenten Bruno Bliemeister an, keine Anordnungen des Polizeipräsidenten mehr entgegenzunehmen. Die deutsche Polizei im amerikanischen Sektor habe sich grundsätzlich nach den Befehlen der amerikanischen Administratur zu richten.
In verschiedenen Nacht- und Nebelaktionen versuchten sowohl die Sowjets als auch die westlichen Alliierten polizeiliche Dienststellen, Werkstätten und Versorgungslager in die jeweils eigenen Sektoren umzusiedeln. Das Gerangel um die Währungsreformen in West und Ost, die in diesem Zusammenhang erfolgte Schließung der Grenzen auf östlicher Seite und die von Oberst Howley in Szene gesetzte Luftbrücken-Versorgung lösten schließlich den entscheidenden Schub für die Spaltung der Berliner Polizei aus.
Am 6. Juli 1948 wurden größere Polizeiabteilungen aus der sowjetischen Besatzungszone mit Zustimmung Oberst Markgrafs nach Berlin verlegt, um die Kontrollen an den Sektorengrenzen zu verstärken.
Am 15. Juli verkündete Polizeipräsident Markgraf die Entlassung des Kommandeurs der Schutzpolizei Hans Kanig, dessen politische Unzuverlässigkeit er aus Kanigs Sympathiebekundungen für die Westalliierten herleitete. Flugs wurde Markgraf durch Oberbürgermeister Dr. Ferdinand Friedensburg wegen »unsozialer, undemokratischer und undeutscher Haltung« sowie wegen der »fortgesetzten verfassungswidrigen und ungesetzlichen Maßnahmen« vom Polizeidienst suspendiert. Niemand zweifelte, daß die westlichen Besatzungsmächte hinter dieser Weisung standen. Als offizielle Begründung hielt die Behauptung her, während Markgrafs Amtszeit seien mehr als 5000 Menschen aus den Westsektoren verschwunden; zudem habe er mehr als 300 Kommunisten als Polizeibeamte eingesetzt.
Dr. Johannes Stumm, der bisherige Leiter der Präsidialabteilung beim Polizeipräsidenten, wurde zu Markgrafs Nachfolger berufen. Nun war Generalmajor Kotikow, der sowjetische Stadtkommandant, am Zug. Noch am gleichen Tage befahl er der amtierenden Oberbürgermeisterin Louise Schröder, Dr. Stumm »wegen spalterischer Tätigkeit« aus dem Polizeidienst zu entlassen.
Am 28. Juli wurde der neue Polizeipräsident von den Westmächten anerkannt. Dr. Stumm hatte seinen Amtssitz bereits vorsorglich aus der Elsässer in die Friesenstraße verlegt. Von hier aus setzte er das

Fernschreiben ab: »... ich habe am 28. Juli 1948 die Amtsgeschäfte und Befugnisse des Polizeipräsidenten in Berlin übernommen.« Augenblicklich verfügte der neue Chef der Präsidialabteilung in der Elsässer Straße, Hans Seidel, »Angehörige der unrechtmäßigen westberliner Polizei sofort festzunehmen, falls diese Amtshandlungen im sowjetischen Sektor auszuüben versuchten«. Polizeibeamte, deren politische Auffassungen nicht ins Profil der jeweiligen Seite paßten, wurden in Ost und West entlassen. Das Ostberliner Gewerkschaftsblatt »Tribüne« unterstrich am 3.8.48: »SPALTUNG LEISTET VERBRECHERN VORSCHUB – Genehmigungen und Anordnungen der Friesenstraße ungültig«. Als Beamte aus der Friesenstraße wenige Tage später in der Dircksenstraße erschienen, um Verwaltungsmaterial abzuholen, wurden sie tatsächlich unter der Beschuldigung des »versuchten Diebstahls« festgesetzt. Der Westberliner »Sozialdemokrat« titelte: »MARKGRAF LÄSST VERHAFTEN«.

Am 1. August wiederholte Dr. Stumm seine nachdrückliche Weisung, daß für alle Berliner Polizeibelange nur das Präsidium in der Friesenstraße zuständig sei. Ein verbissener Kleinkrieg nach dem Motto »Hie Markgraf! -- Hie Stumm!« setzte zwischen den verfeindeten Lagern ein. Der Leiter des Fahndungsdienstes in der Dircksenstraße triumphierte am 19.8.48:

> Der gesamte Erkennungsdienst, der Fahndungsapparat und andere wichtige Hilfsmittel und Einrichtungen der Kriminalpolizei sind unversehrt in unserer Hand. Die Friesenstraße hat nichts von alledem. Nicht weniger als 88 Anfragen an die Fahndungskartei kamen in einer Woche aus den Westsektoren. Jede Anfrage wird grundsätzlich beantwortet. Wir werden auch den Kriminalkommissariaten im Westen Berlins unsere in dieser Woche herauskommenden Fahndungsbücher, worin alle gesuchten Personen eingetragen sind, übersenden, nicht aber dem Polizeipräsidium in der Friesenstraße. Nur Steglitz und Kreuzberg lehnen bisher die Zusammenarbeit mit uns rundweg ab. Erschwert wird die Verfolgung der Verbrecher auch dadurch, daß einige westliche Kriminalkommissariate sich grundsätzlich weigern, Festgenommene der Dircksenstraße vorzuführen. Ein Schwerverbrecher, auf dessen Konto mehrere Raubüberfälle kommen, ist beispielsweise für uns unerreichber, weil das Kommissariat Wedding seine Überführung nach der Dircksenstraße ablehnt, obwohl die französische Militärregierung sie offenbar genehmigt hat. Die Auslieferung Verhafteter von Sektor zu Sektor war und ist an die Zustimmung der betreffenden Besatzungsmacht gebunden.

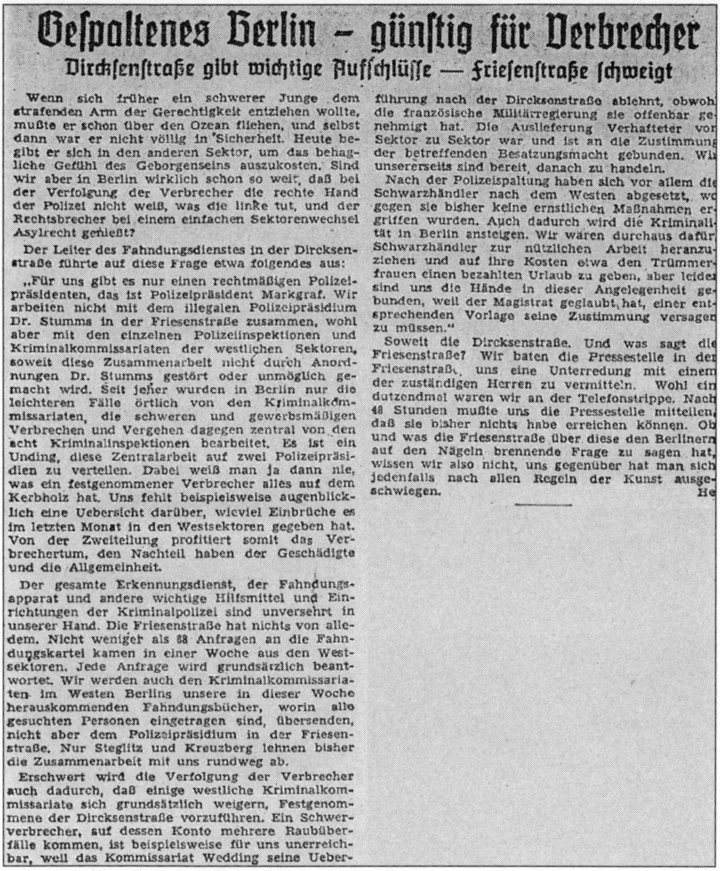

Gespaltenes Berlin – günstig für Verbrecher

Dircksenstraße gibt wichtige Aufschlüsse — Friesenstraße schweigt

Wenn sich früher ein schwerer Junge dem strafenden Arm der Gerechtigkeit entziehen wollte, mußte er schon über den Ozean fliehen, und selbst dann war er nicht völlig in Sicherheit. Heute begibt er sich in den anderen Sektor, um das behagliche Gefühl des Geborgenseins auszukosten. Sind wir aber in Berlin wirklich schon so weit, daß bei der Verfolgung der Verbrecher die rechte Hand der Polizei nicht weiß, was die linke tut, und der Rechtsbrecher bei einem einfachen Sektorenwechsel Asylrecht genießt?

Der Leiter des Fahndungsdienstes in der Dircksenstraße führte auf diese Frage etwa folgendes aus:

„Für uns gibt es nur einen rechtmäßigen Polizeipräsidenten, das ist Polizeipräsident Markgraf. Wir arbeiten nicht mit dem illegalen Polizeipräsidium Dr. Stumms in der Friesenstraße zusammen, wohl aber mit den einzelnen Polizeiinspektionen und Kriminalkommissariaten der westlichen Sektoren, soweit diese Zusammenarbeit nicht durch Anordnungen Dr. Stumms gestört oder unmöglich gemacht wird. Seit jeher wurden in Berlin nur die leichteren Fälle örtlich von den Kriminalkommissariaten, die schweren und gewerbsmäßigen Verbrechen und Vergehen dagegen zentral von den acht Kriminalinspektionen bearbeitet. Es ist ein Unding, diese Zentralarbeit auf zwei Polizeipräsidien zu verteilen. Dabei weiß man ja dann nie, was ein festgenommener Verbrecher alles auf dem Kerbholz hat. Uns fehlt beispielsweise augenblicklich eine Uebersicht darüber, wieviel Einbrüche es im letzten Monat in den Westsektoren gegeben hat. Von der Zweiteilung profitiert somit das Verbrechertum, den Nachteil haben der Geschädigte und die Allgemeinheit.

Der gesamte Erkennungsdienst, der Fahndungsapparat und andere wichtige Hilfsmittel und Einrichtungen der Kriminalpolizei sind unversehrt in unserer Hand. Die Friesenstraße hat nichts von alledem. Nicht weniger als 88 Anfragen an die Fahndungskartei kamen in einer Woche aus den Westsektoren. Jede Anfrage wird grundsätzlich beantwortet. Wir werden auch den Kriminalkommissariaten im Westen Berlins unsere in dieser Woche herauskommenden Fahndungsbücher, worin alle gesuchten Personen eingetragen sind, übersenden, nicht aber dem Polizeipräsidium in der Friesenstraße. Nur Steglitz und Kreuzberg lehnen bisher die Zusammenarbeit mit uns rundweg ab.

Erschwert wird die Verfolgung der Verbrecher auch dadurch, daß einige westliche Kriminalkommissariate sich grundsätzlich weigern, Festgenommene der Dircksenstraße vorzuführen. Ein Schwerverbrecher, auf dessen Konto mehrere Raubüberfälle kommen, ist beispielsweise für uns unerreichbar, weil das Kommissariat Wedding seine Ueberführung nach der Dircksenstraße ablehnt, obwohl die französische Militärregierung sie offenbar genehmigt hat. Die Auslieferung Verhafteter von Sektor zu Sektor war und ist an die Zustimmung der betreffenden Besatzungsmacht gebunden. Wir unsererseits sind bereit, danach zu handeln.

Nach der Polizeispaltung haben sich vor allem die Schwarzhändler nach dem Westen abgesetzt, wo gegen sie bisher keine ernstlichen Maßnahmen ergriffen wurden. Auch dadurch wird die Kriminalität in Berlin ansteigen. Wir wären durchaus dafür, Schwarzhändler zur nützlichen Arbeit heranzuziehen und auf ihre Kosten etwa den Trümmerfrauen einen bezahlten Urlaub zu geben, aber leider sind uns die Hände in dieser Angelegenheit gebunden, weil der Magistrat geglaubt hat, einer entsprechenden Vorlage seine Zustimmung versagen zu müssen."

Soweit die Dircksenstraße. Und was sagt die Friesenstraße? Wir baten die Pressestelle in der Friesenstraße, uns eine Unterredung mit einem der zuständigen Herren zu vermitteln. Wohl ein dutzendmal waren wir an der Telefonstrippe. Nach 48 Stunden mußte uns die Pressestelle mitteilen, daß sie bisher nichts habe erreichen können. Ob und was die Friesenstraße über diese den Berlinern auf den Nägeln brennende Frage zu sagen hat, wissen wir also nicht, uns gegenüber hat man sich jedenfalls nach allen Regeln der Kunst ausgeschwiegen.

He

»Der Morgen« vom 19.8.1948. Quelle: Archiv des Autors

Eine Anspielung auf Horst Haase, den aus dem Ostsektor stammenden Gangsterchef, der mit einer Bande von 25 Verbrechern in Polizei- und russischen Militäruniformen zahlreiche bewaffnete Raubüberfälle verübt hatte.

Selbst billige Betrüger, wie der sechsundvierzigjährige Günther Brosinsky, wußten die Spaltung zu nutzen. Nachdem es dem Schwindler rechtzeitig gelungen war, sich der drohenden Festnahme im Ostsektor zu entziehen, meldete er sich beim Sozialamt in Spandau und kassierte als »politisch Verfolgter« Bargeld und Lebensmittel.

Als die Ostberliner Polizei am 19. August 1948 gegen 19.00 Uhr zu einer Razzia auf Schwarzhändler am Potsdamer Platz ansetzte, ging ein Hagel von Steinwürfen auf das zahlenmäßig nur kleine Polizeiaufgebot nieder. Der Polizeioberinspektor Klingbein erlitt schwere Kopfverletzungen. Die Steinwürfe verletzten aber auch Schwarzhändler, die sich bereits in Polizeigewahrsam befanden. In dieser Notsituation machten die Polizeibeamten von ihren Schußwaffen Gebrauch. 27 Schüsse fielen, drei Personen wurden verletzt. Die Meute der Schwarzhändler flutete über die Sektorengrenze in den Westsektor zurück, wo eine Reihe britischer und amerikanischer Militärjeeps an der Grenzlinie aufgefahren war.

Der »Sozialdemokrat« verstieg sich zu der Schlagzeile »SCHIESSBEFEHL AN MARKGRAF-POLIZEI / SPONTANE AUFLEHNUNG DER BERLINER GEGEN OST-POLIZEI AM POTSDAMER PLATZ!« Oberst Howley, der amerikanische Stadtkommandant, entdeckte in den Schwarzmarkthyänen vom Potsdamer Platz sogar »politische Widerstandskämpfer gegen die SED-Polizei, an deren Spitze nur Kriminelle stünden«.

Warnende Töne schlug hingegen das britisch lizenzierte Blatt »Die Welt« in einem Leitartikel am 24. August an. Es riet dringend, »auf solche Elemente wie Schwarzmarktschieber als Bundesbrüder zu verzichten, denn auch in den Westsektoren sei es früher niemandem eingefallen, in den Razzien gegen Schieber Aktionen mit politischen Hindergründen zu sehen«. CDU-Oberbürgermeister Ferdinand Friedensburg, dem man gewiß keine freundschaftlichen Gefühle zur Ostberliner Polizeiführung unterstellen konnte, mahnte in der Öffentlichkeit »gegen das Schiebertum am Potsdamer Platz dürfe es nur eine einheitliche Front aller anständigen Bürger geben«.

Als der Ostberliner Kripochef, Kriminaldirektor Franz Erdmann, am 22. August eine Boxveranstaltung in der Westberliner Waldbühne besuchte, wurde er auf Anordnung Dr. Stumms festgenommen. Am 24.8.1948 berichtete die »Berliner Zeitung«:

> Der Leiter der Berliner Kriminalpolizei, Kriminaldirektor Franz Erdmann, der am Sonntag während einer Boxveranstaltung in der Waldbühne von Angehörigen der Stumm-Polizei verhaftet worden war, wurde am Montagmittag wieder freigelassen, da die Vernehmung die Grundlosigkeit seiner Inhaftierung ergab. Wie Erdmann selbst erklärte, habe er bei seiner Vernehmung geltend gemacht, daß die Festnahme der Stumm-Polizisten, die im sowjetischen Sektor bei unerlaubten Handlungen angetroffen wurden, im Auftrage der zuständigen Besatzungsmacht erfolgt sei. Es könne ihm daher kein Vorwurf wegen Amtsmißbrauch und Freiheitsberaubung gemacht werden.

Daraufhin mußte Dr. Urban, der die Vernehmung im Amtsgericht Moabit durchführte, die Freilassung Erdmanns anordnen. Der rechtmäßige Polizeipräsident von Berlin, Markgraf, hatte schon am Sonntagabend in einem Fernschreiben der Polizeiinspektion Charlottenburg den Befehl erteilt, Erdmann aus der Haft zu entlassen.

Erdmann wieder entlassen

Leiter der Berliner Kriminalpolizei grundlos inhaftiert

Der Leiter der Berliner Kriminalpolizei, Kriminaldirektor Franz Erdmann, der am Sonntag während einer Boxveranstaltung in der Waldbühne von Angehörigen der Stumm-Polizei verhaftet worden war, wurde am Montagmittag wieder freigelassen, da die Vernehmung die Grundlosigkeit seiner Inhaftierung ergab. Wie Erdmann selbst erklärte, habe er bei seinem Verhör geltend gemacht, daß die Festnahme der Stumm-Polizisten, die im sowjetischen Sektor bei unerlaubten Handlungen angetroffen wurden, im Auftrage der zuständigen Besatzungsmacht erfolgt sei. Es könne ihm daher kein Vorwurf wegen Amtsmißbrauch und Freiheitsberaubung gemacht werden. Daraufhin mußte Dr. Urban der die Vernehmung im Kriminalgericht Moabit durchführte, die Freilassung Erdmanns anordnen. Der rechtmäßige Polizeipräsident von Berlin, Markgraf, hatte schon am Sonntagabend in einem Fernschreiben der Polizeiinspektion Charlottenburg den Befehl erteilt, Erdmann aus der Haft zu erlassen.

Schwarzhändler ungestört

Die zum britischen und amerikanischen Sektor gehörenden Teile des Potsdamer Platzes boten in den Montagnachmittagstunden das vertraute Bild ungestörten Schwarzhandels. Die Stumm-Polizisten forderten zwar die sich überall bildenden Gruppen ständig zum Weitergehen auf, schritten aber in keinem Fall gegen die mit Fett, Obst und Schokolade handelnden Schieber ein.

Während die sowjetische Militärpolizei ständig die ihr unterstehenden Teile des Platzes kontrolliert und mit Hilfe deutscher Polizisten von Schwarzhändlern freihält, geht die britische oder amerikanische MP gegen das Treiben der Schieber nicht vor. Sie beschränkt sich darauf, mit ihren Funk- und Streifenwagen auf den Nebenstraßen des Potsdamer Platzes herumzustehen. Ein weißgestrichener Zaun an der Ecke zwischen Potsdamer und Bellevuestraße, der rechten Seite der Potsdamer Straße und der Linkstraße zeigt jetzt die Grenze des britischen Sektors an.

»Berliner Zeitung« vom 24.8.1948. Quelle: Archiv des Autors

Der Alleinvertretungsanspruch, den beide Polizeipräsidien mit ungeminderter Heftigkeit pflegten, anhaltender Kompetenzstreit und die Verweigerungspraktiken beider Seiten nahmen groteske Züge an. Ein Zustand, den die »Tribüne« mit dem Satz »GUTE ZEITEN FÜR VERBRECHER« beschrieb. Selbst die Kinder auf den Straßen vergaßen das Spiel vom »Räuber und Schandarm«, um als »Stumm- und Markgraf-Polizisten« übereinander herzufallen.

Unter dem Druck der Öffentlichkeit keimte endlich so etwas wie Vernunft auf. Briten und Amerikaner sicherten ihre Sektorengrenzen am Potsdamer Platz mit einem Drahtzaun ab. Am 25. August erklärten die Polizeikommandos in Ost und West ihre Bereitschaft, einen gemeinsamen kriminalpolizeilichen Dienst aufrechtzuerhalten.

Doch an Versuchen, den Status quo zu unterhöhlen, mangelte es auch in Zukunft nicht.

Die Beratung beim Chef der Mordinspektion in der Dircksenstraße ging zu Ende. Die Berliner Kriminalisten akzeptierten die These von dem Mörderpärchen, dessen Spuren nach Berlin führten. Man kam überein, daß die Mordsache zunächst in der Federführung des für den Tatort zuständigen Kriminalamtes Eberswalde verbleiben sollte. Kriminalinspektor Schüttau würde das Umfeld der Familie Lemke in Berlin unter die Lupe nehmen und bei den Kriminalkommissariaten Wilmersdorf und Charlottenburg um Amtshilfe ersuchen.

Ohne allzu große Eile kletterte Kriminalinspektor Max Schüttau am Samstagvormittag die Stufen zur Unterwelt des Berliner Alexanderplatzes hinab. Fahrgäste drängten auf allen Treppen des in mehreren Ebenen übereinanderliegenden U-Bahnhofes. Schüttau ließ

Hans Kanig (links) und Kripochef Franz Erdmann.
Quelle: Archiv des Autors

sich von der Hektik nicht anstecken. Das Labyrinth der Bahnsteige, der Zwischenpodeste und Ladenzeilen, der Auf- und Abgänge zur S-Bahn und zu den Straßenbahnen, die über das Rondell des Alexanderplatzes kurvten, konnte ihn nicht irritieren. Max Schüttau war in dieser Stadt aufgewachsen. Dreiundvierzig Jahre war er jetzt alt. Er hatte den Krieg und die Gefangenschaft überlebt. Lange hatte er am Tag seiner Heimkehr vor den Trümmern des Hauses verharrt, unter dem seine Familie verschüttet lag. Am 2. Januar 1946 trat er dem Berliner Polizeiapparat bei. Schüttau wurde Kriminalanwärter in der Inspektion M, die für die Bearbeitung aller Kapitalverbrechen verantwortlich zeichnete. Bis über die Ohren vergrub er sich in seiner Arbeit, sog sie gleichsam wie eine Droge auf. Und Arbeit gab es im Nachkriegsberlin in Hülle und Fülle. Ein Jahr später wurde er, mehrere Dienstgrade auf Anhieb überspringend, zum Obersekretär befördert. Seit dem 1. Juli 1947 war er Kriminalinspektor.

Die U-Bahn nach Pankow rauschte in die graublau geflieste Halle des Bahnsteiges A. Schüttau stieg in den letzten Waggon und blieb in der Nähe der Tür stehen. Nach der Station Senefelder Platz schoß der Zug ins Tageslicht empor. Vier Minuten später verließ Schüttau, in seinen dunkelgrünen Lodenmantel gehüllt, den U-Bahnhof an der Schönhauser Allee. Ein unangenehmer Wind trieb ihm den Straßenstaub ins Gesicht.

Die backsteinrote Mietskaserne mit der Hausnummer 115 lag nahe am Bahnhof. Schüttau brauchte nur den Damm zu überqueren, und er stand vor »Schokoladen-Lemkes« Schaufensterauslage, die mit Keksrollen und farbigen Bonbontüten bestückt war. Der Kriminalinspektor betrat das Geschäft. Hinter dem Verkaufstisch bediente eine ältere Verkäuferin freundlich die Kunden. Ihre jüngere Kollegin ging im Hintergrund einer dunkelhaarigen Mittdreißigerin bei der Kontrolle des Wareneingangs zur Hand. Die schwarze Kleidung der Frau erweckte in Schüttau die Gewißheit, daß er Elisabeth Lemke vor sich hatte. Ohne Zweifel wirkte sie elegant, vielleicht sogar schon mit einem Stich ins Mondäne. Der arrogante Tonfall, in dem sie mit ihren Angestellten umsprang, sprach für Schüttau Bände. Blitzschnell änderte der Inspektor seinen Plan. Er ließ die Dienstmarke stecken, verlangte mit der harmlosesten Miene der Welt eine Tafel Vitalade, bezahlte und ging.

Gute zwei Stunden mußte Schüttau sich noch gedulden, bis die Rollos der Filiale heruntersausten. Frau Lemke und ihre beiden Angestellten erschienen auf der Straße. Während die Witwe das Geschäft abschloß und danach zum S-Bahnhof stöckelte, trennten sich die

beiden Verkäuferinnen an der Straßenbahnhaltestelle. Der Inspektor blieb der älteren Frau auf den Fersen, die zur Gleimstraße lief. Sie mochte in seinem Alter sein und schleppte eine schwere Einkaufstasche. An der Ecke Sonnenburger Straße holte er die Verkäuferin ein. Schüttau tippte mit der Hand an den Hutrand. Die Frau reagierte erwartungsgemäß. »Sie sind doch der Kunde, der vorhin im Geschäft war und Vitalade gekauft hat? Stimmt etwas nicht?«
»Nehmen Sie's mir nicht übel, daß ich Sie so einfach auf der Straße überfalle«, entschuldigte sich der Inspektor. »Mein Name ist Schüttau. Genauer gesagt, Kriminalinspektor Schüttau von der Kripo in der Dircksenstraße.« Er zückte seine Blechmarke. »Mir scheint, mit Ihrer Chefin haben Sie's nicht immer leicht. Ist ein bißchen schwierig die Dame, wie?«
»Wer hat's denn heutzutage schon leicht?« erwiderte die Verkäuferin zurückhaltend.
»Eben.« stimmte Schüttau zu. »Deshalb habe ich mir ja auch gedacht, ich rede lieber auf der Straße mit Ihnen. Wenn Sie gestatten, ich begleite Sie ein Stück.« Er griff nach ihrer Tasche. »Oder wartet daheim ein eifersüchtiger Ehemann?«
»Mein Mann is an der Ostfront jefallen. Zweiundvierzich schon«, antwortete sie kühl. »Auf mich warten bloß noch die drei Kinder. Ick wohne inne Schwedter. Was woll'n Sie'n eigentlich fragen, Herr Inspektor. Ick weeß ja sowieso nischt.«
»Mich würde interessieren, wie die Lemkes so miteinander ausgekommen sind? Es ist doch kein Geheimnis, daß Heinrich Lemke ein paar Jährchen älter war als seine Frau.«
»Ach wissen Sie, Herr Lemke ließ sich nur selten inne Schönhauser blicken. Det Jeschäft wird von ihr jeführt. Dafür kümmerte er sich um die Filialen im Westsektor. Und was det Verhältnis von die Eheleute betrifft ...« Sie druckste herum. »Wer will da schon richten?«
»Sie sind doch eine lebenserfahrene Frau. Das eine oder andere haben Sie im Geschäft bestimmt mitgehört. Ich vermute, es gab Streit zwischen den Eheleuten, richtig?«
Die Verkäuferin nickte. »Jekracht hat's bei denen öfter. Das liebe Geld, Sie wissen ja.«
»Soviel ich weiß, war Herr Lemke ein erfolgreicher Geschäftsmann.«
»Das schon. Aber knickerich och.«
»Verstehe. Die Klage ist der Gruß des Geschäftsmannes.«
»Das könn' Se laut sagen, Herr Inspektor. Aber auch sonst hat's manchmal bei die beeden jerappelt. Der Chef soll ja, als die Frau

Lemke vor'n halbet Jahr in't Spital lag, 'n Techtelmechtel mit 'ner Tänzerin aus'n Palast-Theater anjefangen haben. Die Chefin hat janz schön jetobt, als sie dahinter kam.«
»Sie hat sich nicht revanchiert?«
»Nischt jenauet weiß man nich.« Die Verkäuferin, inzwischen voller Mitteilungsdrang, lächelte spöttisch. »Unjefähr acht Wochen is' das her, da kam ein junger Mann ins Jeschäft und kaufte, wie Sie Herr Inspektor, 'ne Tafel Vitalade. Die Chefin hat ihn höchstpersönlich bedient. Und plötzlich, mir blieb da fast die Spucke weg, war'n doch die beeden dicke Tinte. Zuletzt verjing keen Tach mehr, wo dieser Kerl nich ins Jeschäft kam.«
»Sie glauben, die beiden haben ein Verhältnis?«
»Kann man doch verstehn. Is 'n stattlicher Mann, der Herr Petgen. Groß und schlank. Breite Schultern, dunkles Haar und graublaue Augen. 'ne Frau kann da schon mal schwach werden, Herr Inspektor.« Schüttau hörte einen unterdrückten Seufzer heraus. »Offiziell sagt man ›Herr Petgen‹ und ›Frau Lemke‹ zueinander, aber wenn die glauben alleine zu sein, heißt er ›Karli‹ und sie ›Lieschen‹.«
Karl Petgen also, dachte Schüttau zufrieden, während er Namen und Personenbeschreibung in seinem Gedächtnis speicherte. Der Inspektor kniff ironisch die Augen zusammen. »Herr Lemke hat die Bekanntschaft stillschweigend hingenommen?«
»Das weiß ick nu wirklich nich, Herr Inspektor. Schön' Dank auch für Ihre Begleitung. In dem Haus da drüben wohne ick.« Sie griff nach der Einkaufstasche. »Übrigens, wenn Sie wieder mal Zeit haben, könn' Se mir ruhig von't Jeschäft abholen. Sie sind doch auch Witwer, wie ick sehe.«
»Wie kommen Sie denn darauf?« stotterte Max Schüttau verblüfft. Auf die unverhüllten Avancen des weiblichen Geschlechts, die in den Nachkriegsjahren durchaus keine Seltenheit waren, reagierte der Kriminalinspektor stets hilflos.
»Ihr Hemd hat 'n Brandfleck am Kragen. So ungeschickt stellt sich doch nur 'n Junggeselle beim Bügeln an.«

Am 19. Oktober 1948 geriet der Mordfall Heinrich Lemke in die Schlagzeilen der Berliner Presse. Der »Telegraf« berichtete auf Seite 5:

EIN GEHEIMNISVOLLER MORD

Die Kriminalpolizei in der Ostzone beschäftigt sich mit einem geheimnisvollen Fall, dessen Begleitumstände Aufsehen erregen dürften. Der Berliner Grundstücks- und Hausbesitzer Lemke vom Kronprinzendamm 9 erhielt vor etwa acht Tagen von einem Rechtsanwalt aus Angermünde einen Brief mit der Aufforderung, dorthin zu kommen. Er habe im Auftrag eines in England weilenden Mandanten Verhandlungen mit ihm zu führen. Da der Grundstückbesitzer Lemke jüdischen Besitz im Jahre 1934 käuflich erworben hatte, schien ihm diese Aufforderung nicht verwunderlich, zumal ja die Möglichkeit bestand, daß der Rechtsanwalt in Angermünde noch andere Aufträge auszuführen hatte. Herr Lemke fuhr nach Angermünde und traf dort am 10. Oktober fahrplanmäßig um 19.15 Uhr ein. Er ging in das in der Nähe gelegene Hotel und fragte nach dem Rechtsanwalt. Dieser war noch nicht zugegen, und so verließ er das Hotel wieder.

Was in der kommenden dreiviertel Stunde geschah, hüllt sich in Dunkel. Um 20 Uhr betrat Lemke in Begleitung einer elegant gekleideten Frau das Hotel. Beide übernachteten hier. Am nächsten Morgen verließ die Frau in aller Ruhe das Hotel, nicht ohne sich vorher von dem Portier Feuer für eine Zigarette geben zu lassen. Einige Minuten später fand das Zimmermädchen in dem von den beiden Gästen gemieteten Zimmer den Mann tot in einer Blutlache liegend auf. Die herbeigerufene Mordkommission stellte fest, daß Lemke mit einem Beil erschlagen worden war. Ein Brillantring, die Brieftasche sowie eine Aktentasche mit wichtigen Papieren, unter denen sich auch die Kaufverträge befanden, waren entwendet worden.

Von der Frau, in der man die Täterin vermutet, ist außer einer eingehenden Personalbeschreibung nichts bekannt. Ebenso konnte nicht festgestellt werden, wohin sie sich gewandt hat. Die Ermittlungen der Angermünder Kriminalpolizei verlaufen seit einer Woche ergebnislos.

Max Schüttau hielt, wie die meisten Kriminalisten, herzlich wenig von solchen Pressemeldungen. Zwar bejahte er das Recht der Öffentlichkeit auf eine unzensierte Informationspolitik, doch nichts fürchtete er mehr, als die Wichtigtuerei emsiger Amateurdetektive, die mit ihren zahllosen »Hinweisen« der Kripo das Leben schwer machten. Mit grimmiger Miene quittierte er daher am 20. Oktober in der Pressestelle des Ostberliner Polizeipräsidiums weitere Zeitungsausschnitte, die der zuständige Referent Johannes Malik für ihn bereithielt.

Unter dem Titel »IN ANGERMÜNDE ERMORDET« meldete nun auch »Der Tagesspiegel« die wichtigsten Tatumstände des Verbrechens und fügte hinzu, daß in der Pressestelle des Polizeipräsidiums Friesenstraße zu erfahren gewesen sei, daß die Charlottenburger Kriminalpolizei eine Untersuchung des Falles aufgenommen habe.

Ein geheimnisvoller Mord

Die Kriminalpolizei in der Ostzone beschäftigt sich mit einem geheimnisvollen Fall, dessen Begleitumstände Aufsehen erregen dürften. Der Berliner Grundstücks- und Hausbesitzer Lemke vom Kronprinzendamm 9 erhielt vor etwa acht Tagen von einem Rechtsanwalt aus Angermünde einen Brief mit der Aufforderung, dorthin zu kommen. Er habe im Auftrage eines in England weilenden Mandanten mit ihm Verhandlungen zu führen. Da der Grundstückbesitzer Lemke jüdischen Besitz im Jahre 1934 käuflich erworben hatte, schien ihm diese Aufforderung nicht verwunderlich, zumal ja die Möglichkeit bestand, daß der Rechtsanwalt in Angermünde noch andere Aufträge auszuführen hatte. Herr Lemke fuhr nach Angermünde und traf dort am 10. Oktober fahrplanmäßig um 19.15 Uhr ein. Er ging in das in der Nähe gelegene Hotel und fragte nach dem Rechtsanwalt. Dieser war noch nicht zugegen, und so verließ er das Hotel wieder.

Was in der kommenden dreiviertel Stunde geschah, hüllt sich in Dunkel. Um 20 Uhr betrat Lemke in Begleitung einer elegant gekleideten Frau das Hotel. Beide übernachteten hier. Am nächsten Morgen verließ die Frau in aller Ruhe das Hotel, nicht ohne sich vorher von dem Portier Feuer für eine Zigarette geben zu lassen. Einige Minuten später fand das Zimmermädchen in dem von den beiden Gästen gemieteten Zimmer den Mann tot in einer Blutlache liegend auf. Die herbeigerufene Mordkommission stellte fest, daß Lemke mit einem Beil erschlagen worden war. Ein Brillantring, die Brieftasche sowie eine Aktentasche mit wichtigen Papieren, unter denen sich auch die Kaufverträge befanden, waren entwendet worden.

Von der Frau, in der man die Täterin vermutet, ist außer einer eingehenden Personalbeschreibung nichts bekannt. Ebenso konnte nicht festgestellt werden, wohin sie sich gewandt hat. Die Ermittlungen der Angermünder Kriminalpolizei verlaufen seit einer Woche ergebnislos.

»Telegraf« vom 19.10.1948. Quelle: Archiv des Autors

Wenigstens etwas, knurrte Schüttau, der erst über die Presse erfuhr, welche Reaktionen sein Amtshilfeersuchen bei der Westberliner Kripo ausgelöst hatte.
Auch die »Märkische Volksstimme«, die führende Tageszeitung im Land Brandenburg, meldete sich zu Wort. Neun Tage nach dem blutigen Geschehen erschien dieser Bericht:

GEHEIMNISVOLLER MORD IN ANGERMÜNDE

Wie erst jetzt bekannt wird, wurde der Berliner Grundstücks- und Hausbesitzer Lemke in der Nacht zum 11. Oktober im Hotel »Zu den Reichshallen« in Angermünde mit zertrümmerter Schädeldecke ermordet aufgefunden.

Von zuständiger Stelle wird mitgeteilt, daß Lemke am Sonntag, dem 10. Oktober, im Laufe des Abends in Angermünde eintraf. Vorher hatte eine bisher unbekannte, elegant gekleidete Dame im Hotel »Zu den Reichshallen« ein Zimmer bestellt, das sie gegen 20 Uhr in Begleitung vom Lemke betrat. Beide übernachteten im Hotel. Als eine Angestellte des Hotels das Zimmer von Lemke am nächsten Morgen reinigen wollte, fand sie die Tür verschlossen. Auf wiederholtes Klopfen wurde ihr nicht geöffnet.

Nachher wurde Lemke mit zertrümmerter Schädeldecke, in einer großen Blutlache auf einem Sofa liegend, aufgefunden. Von der herbeigerufenen Mordkommission wurde festgestellt, daß dem Ermordeten eine Brieftasche und ein Brillantring geraubt worden waren.

Nach den Aussagen der Besitzerin des Hotels sind die massiven Möbel im Mordzimmer umgestellt worden. Es besteht der Verdacht, daß außer der unbekannten Dame sich noch weitere Personen zur Zeit der Mordtat im Zimmer aufhielten. Die unbekannte Dame hatte das Hotel in den frühen Morgenstunden des 11. Oktober verlassen. Die Ermittlungen sind noch im Gange.

Der Inspektor heftete die Presseausschnitte in einen dünnen Aktendeckel, den er für die »Mordsache Lemke« angelegt hatte. Nicht im entferntesten kam es ihm in den Sinn, daß ausgerechnet die ungeliebten Presseheinis zu seinen Verbündeten werden sollten.

Kurz nach dreizehn Uhr. Max Schüttau hatte sich gerade mit einer Tasse heißen Huflattichtee und einer hauchdünnen Scheibe Schwarzbrot gestärkt, als der Hausposten einen Mann ins Zimmer führte, der eine wichtige Aussage machen wollte. Der Zeuge mochte zwischen dreißig und vierzig Jahre alt sein, klein und vor allem sehr mager. Er trug Breeches, Ledergamaschen und eine zerknitterte Lederoljacke.

»Ick heiße Harry Heisig und bin Taxifahrer am Alex«, sagte der Besucher zögernd. »Ick denke, ick kann Ihnen mit ein' Hinweis zu dem Mord an den Jeschäftsmann, Herrn Lemke, behilflich sein. Ick habe dette hier jelesen.« Er zog die gestrige Ausgabe des »Telegraf« aus der Tasche und wies auf die Schlagzeile »EIN GEHEIMNISVOLLER MORD«.

Schüttau nickte lustlos, innerlich gewappnet auf die Mär, die er wohl gleich hören würde, warf er einen Blick in Heisigs Kennkarte.

»Damit keen Mißverständnis uffkommt, Herr Inspektor, will ick Ihnen jleich sagen, det ick vorbestraft bin. Ich hab 'n paar Monate wejen Schwarzhandel in Moabit abgerissen. Ick saß dort mit een jewissen Karl-Heinz Petgen inne Zelle. Und der hat mir ja nu seit unsre Entlassung öfta ma besucht.«

Als der Namen Petgen fiel, horchte Schüttau auf. »Bitte, erzählen Sie nur weiter«, ermunterte er den Taxifahrer.

»Icke bin keen Typ, der andere so mir nischt, dir nischt verzinken tut. Det is nich mein Stil, vastehn Se. Aber bei Mord hört die Freundschaft auf. Also kurz und jut – vor vierzehn Tagen kam der Karl-Heinz zu mir und sagte, ick solle mit ihm nach Angermünde fahren. Er hätte 'n jutes Jeschäft abzuschließen. Es gehe um einen Hauskauf. Wenn ick ihn fahre, würde es mein Schade nich sein. In Angermünde is Petgen aber bloß uff't Postamt jewesen und hat een Brief abstempeln lassen. Denn jings wieder retour nach Berlin.«

»Und für wen war der Brief bestimmt?«

»Ick war ja nicht dabei, als der abgestempelt wurde. Petgen hatte mir in't Hotel ›Drei Kronen‹ geschickt, wo ick 'n Zimmer für ein' Rechtsanwalt bestellen sollte, der am Sonntach dort übernachten wollte. Vorbestellung wäre aber nich nötich, hatte der Portje jemeint.«

Schüttau zweifelte nun nicht mehr, daß die Spur Petgen heiß war.

»Kannte Petgen sich in Angermünde aus?« fragte er.

»Nee, jar nich. Der stammt doch aus Braunschweig. Wejen Angermünde hat er meine Braut jefragt, die manchmal Verwandte am Parsteiner See besucht. Und noch was, Herr Inspektor. Als wir wieda in Berlin war'n und durch die Schönhausa jefahrn sind – ick wohn da jleich um die Ecke – sagt doch der Petgen an den Schokoladenladen von Lemke: ›Det is bald meiner!‹ – Na, wie finden Sie'n dette?«

»Sie vermuten, Karl-Heinz Petgen hat mit dem Verbrechen zu tun?«

»Wo der doch so intim mit die Frau Lemke is.«

»An welchem Tag fand denn die Fahrt nach Angermünde statt?«

»Jenau am Donnastag, den siehmten Oktoba!«
»Und eine zweite Fahrt?«
»Keene Ahnung. Jedenfalls nich mit mir, Herr Inspektor. Ick weeß aber, det Petgen zu meine Mutta jesagt hat, daß er am Wochenende in die Zone fahren wollte, um Vieh aufzukaufen.«
Heisigs Aussage wurde zu Protokoll genommen. Nachdem Schüttau den Kraftfahrer verabschiedet hatte, trabte er zum Erkennungsdienst. Der Sachbearbeiter, der die Beschuldigtenkartei in der Aktenhaltung betreute, wurde fündig. Unter dem Namen Karl-Heinz Petgen, geboren am 22.4.1925 in Hamburg, fand sich eine Karteikarte, die ein Kollege der Inspektion B im Frühjahr 1947 angelegt hatte. Petgen war durch Urteile des Landgerichtes Berlin wegen Untreue und des Schöffengerichtes Berlin-Zehlendorf wegen Urkundenfälschung und mittelbarer Falschbeurkundung in mehreren Fällen zu einer Gesamtstrafe von siebzehneinhalb Monaten Gefängnis verurteilt worden. Termin der Haftentlassung: 13.8.1948. Vom Urkundenfälscher zum Mörder, sinnierte Schüttau. Eine steile, aber völlig untypische Karriere. Kunden der Betrugsinspektion scheuen in der Regel vor Gewalttaten zurück. Zweifel stellten sich bei dem Inspektor ein, ob er auch das richtige Ende des Fadens in den Händen hielt. Aus Erfahrung wußte er: der Krieg hatte viele Menschen verroht, er hatte junge Männer zu Soldaten, mitunter aber auch zu Mördern und Totschlägern werden lassen. In Zeiten der Not und des Hungers verkümmert die bürgerliche Moral. Ein Menschenleben galt, wie die Mordstatistik bewies, noch immer verdammt wenig.
Entschlossen steckte Schüttau die Karteikarte ein. In sein Zimmer zurückgekehrt, bat er um einen Vortragstermin bei Kriminalrat Schläwicke. Der Chef billigte ihm eine viertel Stunde zu. »Konnten Sie feststellen, wo Petgen wohnhaft ist?« wollte er wissen.
»Dahlem. Schützallee 98 b.«
»Amerikanischen Sektor also. Da haben wir nichts zu melden, Kollege Schüttau. Uns bleibt keine Wahl, setzen Sie ein Fernschreiben an die Friesenstraße ab!«

Friesenstraße 16, die Adresse des neuen Polizeipräsidiums in Berlin-Kreuzberg, gehörte zu einem grauen Kasernenbau, der vor einem dreiviertel Jahrhundert von den preußischen Garde-Kürassieren mit wehenden Fahnen und klingendem Spiel eingeweiht worden war. Seit dem 28. Juli 1948 diente er allen Beamten als Hauptquartier, die Dr. Stumms Aufruf im Rundfunksender RIAS gefolgt waren, sich »als verfassungstreue Polizeibeamte« in der Friesenstraße registrieren zu lassen. Neben dem Gerangel um Posten und Gehälter galt es technische und arbeitsorganisatorische Probleme im neuen Präsidium zu bewältigen. Schreibmaschinen und Telefonanlagen hatten Seltenheitswert in dem spärlich möblierten Militärgebäude. Gartenstühle und Tische ersetzten in den ersten Wochen die fehlenden Büromöbel. Im Zimmer der Mordkommission begnügten sich die Beamten Menzel und Dahlke mit einem umgekippten Wehrmachtsschrank, den sie als Tisch und Sitzgelegenheit zugleich nutzten. Erst Ende August flogen britische Militärmaschinen Büromöbel für die Westberliner Polizei aus Westdeutschland und England ein. Der neue Polizeiapparat in der Friesenstraße stabilisierte sich. Schon nach wenigen Wochen konnte die Kripo auf einen leistungsfähigen Erkennungsdienst verweisen. Die mit Arbeit überhäufte Mordkommission unter Kommissar Menzel hatte erste Erfolge.

Der Chef der Mordkommission nahm das Fernschreiben aus der Dircksenstraße mit gemischten Gefühlen zur Kenntnis. Schläwicke und Schüttau waren noch vor wenigen Wochen seine Kollegen gewesen, jetzt standen sie auf verschiedenen Seiten einer Barrikade. Mit der Bemerkung »Sehen Sie mal zu, ob an der Sache was dran ist«, übergab er das Fernschreiben einem jungen Kriminalsekretär. »Vielleicht können Sie sich dabei den ›Obersekretär‹ verdienen.«

Der junge Beamte ging mit Feuereifer ans Werk. Am Freitag, dem 22. Oktober, ließ er Karl-Heinz Petgen in der Friesenstraße vorführen. Selbstsicher nahm der sportlich wirkende Mann, der als Berufsbezeichnung Spediteur zu Protokoll gab, auf dem wackligen Gartenstuhl Platz. Mit gelangweilter Miene beantwortete er alle Fragen, die man ihm stellte. Selbstverständlich, die Familie Lemke kenne er; immerhin darf er sich als einen guten Freund des Hauses bezeichnen. Und gerade jetzt, nachdem Heinrich Lemke auf so heimtückische Weise in die russische Zone gelockt und getötet worden sei, betrachte er es gewissermaßen als seine Pflicht, der Witwe moralisch beizustehen. Ob er intime Beziehung zu Frau Lemke pflege? Um Gottes willen, was denke man von ihm, Frau Lemke sei zwölf Jahre älter als er. Und was andere Leute hinter ihrem Rücken tuscheln, interessiere ihn nicht.

Wo er am Abend des 10. Oktober gewesen sei? Er wisse schon, am Mordtag?

Nervös fuhr Petgen mit der Hand durch seinen welligen dunklen Haarschopf. Wieso ausgerechnet er ein Alibi erbringen müsse? empörte er sich. Warum man ihn verdächtige, wollte er von dem Kriminalsekretär wissen.

»Routinebefragung«, erklärte der Beamte stur.
Petgen gab schließlich nach. »Am Sonntag war ich mit meiner Wirtin im Kino.« Er nannte das Lichtspielhaus und den Titel des Films, den sie gesehen hatten. »Die Eintrittskarten habe ich weggeworfen.«
Frau Kurtz, eine ansehnliche Frau um die Vierzig, wurde geholt. Ohne lange zu überlegen bestätigte sie Petgens Alibi. Von einer Beziehung ihres Untermieters, der seit dem 19. August in ihrem Hause wohne, zu einer Frau Lemke sei ihr nichts bekannt. Herr Petgen stamme doch – soweit sie es wisse – aus Braunschweig. Er ist erst kürzlich nach Berlin gekommen, um sich eine neue Existenz aufzubauen.
Zuletzt wurde Frau Lemke ins Präsidium gebracht. Entrüstet wies sie die Möglichkeit einer Liaison mit Herrn Petgen weit von sich. Sie finde es beschämend, daß man die Ehre einer verwitweten Geschäftsfrau auf so billige Weise in den Schmutz zu treten versuche. Den Verdacht, daß Herr Petgen den Mord an ihrem Mann begangen haben könnte, bezeichnete sie als völlig absurd.
»Da haben wir, scheint's, mit Zitronen gehandelt«, kommentierte Kommissar Menzel den Bericht des Kriminalsekretärs. »Auf die Beförderung müssen Sie halt noch ein bißchen warten.« Dann unterschrieb er das Fernschreiben, das noch am gleichen Abend das Morddezernat in der Dircksenstraße erreichte:

+++petgen machte bei seiner vernehmung einen offenen eindruck + seine angaben machte er klar und bestimmt + ein widerspruch zwischen seinen angaben und dem bisherigen ermittlungsergebnis konnte nicht festgestellt werden + für den tattag und auch für die tage zuvor konnte d. ein einwandfreies alibi nachweisen + der anfängliche verdacht, dass d. evtl. in die mordsache verwickelt sein könnte, lässt sich nach seiner überprüfung nicht mehr aufrecht erhalten und demzufolge scheidet er aus dem kreis der verdächtigen aus.+++

Ungläubig starrte Inspektor Schüttau auf den Text. Das kann doch nicht wahr sein, dachte er frustriert. Sind die denn völlig mit Blindheit geschlagen? Da hatte er der Friesenstraße den Schlüssel zur Aufklärung eines Mordfalles geliefert, aber die Herren Kollegen ließen den Hauptverdächtigen von der Leine. Weil Petgen ihnen ein Alibi anbot – ein überaus windiges –, ließen sie sich die Butter vom Brot nehmen. Der Inspektor trat zum Fenster, er bezwang seine Erregung. Wenn die Friesenstraße den Mörder nicht überführen konnte, dann mußte er es selbst versuchen. Dazu brauchte er natürlich Karl-Heinz Petgen. Die Chancen, den Verdächtigen doch noch in die Hände zu bekommen, standen gar nicht so schlecht. Petgen würde Heisig zur Rede stellen wollen. Das bedeutete, daß er in der Wohnung des Kraftfahrers auftauchen würde. Auch hatte Heisig in der Vernehmung zwei, drei weitere Adressen im Ostsektor genannt, die Karl-Heinz Petgen gelegentlich aufsuchte.

Der Leiter des Fahndungsdienstes, ein mittelgroßer untersetzter Mann, der Knickerbocker und ein sportliches Sacko trug, reagierte auf Schüttaus Ansinnen mit dem üblichen Gebarme um die allerorts fehlenden Leute. Letzten Endes rückte er doch eine Handvoll Beamte für die Wohnungsüberwachungen heraus. Schüttau händigte ihnen die Fahndungsfotos aus, die er beim Erkennungsdienst besorgt hatte, und er wies die Leute vor Ort in ihre Aufgaben ein.

Der Taxifahrer wurde blaß, als der Inspektor ihn über die jüngste Entwicklung des Falles ins Bild setzte. Im stillen verfluchte er, daß er sich von seiner Braut hatte beeinflussen lassen und als Zeuge zur Dircksenstraße gegangen war. Petgen war ein rabiates Aas, dem war es zuzutrauen, daß er sich rächen wollte. Heisig sah schließlich ein, daß zwei Polizeibeamte in seiner Wohnung den sichersten Schutz bieten konnten.

Weitere Fahndungsfotos ließ Schüttau an die Polizeiposten an den Sektorengrenzen verteilen. Dann setzte er sich mit der Mordkommission Eberswalde in Verbindung. Er kündigte einen Motorradkurier an, der Täterlichtbilder überbringen würde. Sie sollten auf dem Postamt in Angermünde und bei den Eisenbahnern vorgelegt werden.

Die rastlosen Aktivitäten gaben Max Schüttau die gute Laune zurück. An die Grenze der Euphorie geriet er vollends, als er am Sonntagmorgen von einem Boten des Polizeipräsidiums geweckt wurde, der ihm die Festnahme Karl-Heinz Petgens mitteilte.

Am Samstag hatte Petgen gegen 21 Uhr an Heisigs Wohnungstür geschellt. Die beiden Kriminalbeamten und der Taxifahrer, die sich die Zeit beim Skat in der Küche vertrieben, ließen die Kartenblätter fallen. Während die Beamten ihre Waffen zückten und auf leisen Sohlen zur Korridortür schlichen, wo sie links und rechts Aufstellung nahmen, fragte Heisig, wer draußen sei.

»Ich, Karl-Heinz. Mach endlich auf, du Idiot!«

Kreidebleich nickte der Taxifahrer den Beamten zu. Dann öffnete er, wie abgesprochen, die Tür und trat rasch einen Schritt zurück.

Petgen stürmte über die Schwelle. »Du elendes Schwein!« zischte er durch die Zähne und blieb abrupt vor zwei Pistolenmündungen stehen, die unverrückbar auf seinen Bauch zielten.

Am Sonntagnachmittag saßen sie sich zum ersten Mal gegenüber – der dreiundvierzigjährige Kriminalinspektor Max Schüttau und der schlanke, dunkelhaarige Bursche, den Schüttau für Lemkes Mörder hielt. Die Figur des jungen Mannes wirkte straff und elastisch. Eine hohe Stirn, die Nase ein wenig gebogen und die Augen klar. Beim ersten Hinsehen nicht einmal unsympathisch, dachte der Inspektor. Petgen gab sich herrisch. Den Kriminalinspektor von oben bis unten musternd, fragte er grantig: »Ich kenne Sie nicht. Wer sind Sie und was wollen Sie von mir?«

Schüttau grinste spöttisch. »Der Mann, der Ihre Festnahme veranlaßt hat. Mein Name ist Inspektor Schüttau.«

»Menschenraub!« schrie Petgen wütend. »Ich werde mich über die Presse an die Öffentlichkeit wenden. Die Sache wird ein Nachspiel für Sie haben!«

»Das einzige, was ich Ihnen garantieren kann, ist ein Haftantrag beim Untersuchungsrichter.« Ganz ruhig sagte Schüttau das zu seinem Gegenüber.

»Ich habe keine Zeit für solchen Irrsinn. Ich habe Geschäftstermine wahrzunehmen. Sollten sie platzen, mache ich Sie für den Schaden haftbar!«

»Sie werden sich die Zeit nehmen müssen!« konterte der Inspektor. »Weil Sie im Verdacht stehen, den Kaufmann Heinrich Lemke in Angermünde getötet zu haben!«

»Herrgottnochmal, ich bin doch schon in der Friesenstraße zu dieser Sache gehört worden. Für die Mordzeit habe ich ein Alibi! Ich war mit meiner Wirtin im Kino. Lassen Sie sich das von der Westkripo bestätigen!«

Das Gesicht eines Biedermannes, hinter dem sich eine Spur von Raubtiermentalität verbirgt, ging es Schüttau durch den Sinn. »Und was hatten Sie am siebenten Oktober, also drei Tage vor der Mordtat, in Angermünde zu tun?«

»Ich war noch nie in Angermünde!«

»Mir liegt die exakte Aussage des Zeugen Harry Heisig vor …«

»Der Kerl ist ein Spinner! Geht das in Ihren vernagelten Schädel nicht rein, Inspektor?«

Max Schüttau zwang sich zur Ruhe, obwohl er am liebsten aufgesprungen wäre, um den unverschämten Kerl über den Tisch zu zerren. Ein Bursche von diesem Kaliber war ihm lange nicht über den Weg gelaufen. Petgen leugnete dreist und anmaßend.

»Mir ist nicht ganz klar, warum Sie sich wie ein rotznäsiger Rüpel aufführen, Herr Petgen.« Der sachliche Tonfall verdeckte den Un-

mut des Inspektors. »Vielleicht sollten Sie über Ihre Situation gründlich nachdenken. Wir unterbrechen die Vernehmung.«
Petgen richtete den Blick vorwurfsvoll zur Decke. »Aber ich war nicht in Angermünde!« beschwor er den Inspektor. »Und mit dem Mord an Lemke habe ich auch nichts zu tun. Sie suchen doch nach einer Frau.«
»Nach einer Frau?« Schüttau nahm wieder Platz. »Wer hat Sie denn auf die Idee gebracht?«
»Der Kriminalbeamte aus Angermünde.«
»Welcher Beamte?«
»Vor zwei Wochen war ein Beamter aus Angermünde bei Frau Lemke und hat ihr den Tod ihres Mannes mitgeteilt.« Mit unverhohlener Genugtuung schilderte Petgen, wie sie sich am Kronprinzendamm 9 über den Provinzpolizisten amüsiert hatten und welche Würmer er sich aus der Nase ziehen ließ. »Der war ganz schön blau, kann ich Ihnen sagen, bevor er ins Bett fiel.«
»Er hat in der Wohnung in Halensee übernachtet?«
»Wo sonst?«
Schüttau konnte über die Naivität des Kollegen nur den Kopf schütteln, er hütete sich aber, dies dem Festgenommenen gegenüber zu zeigen. Im entspannten Vernehmungston kam er nochmal auf den 7. Oktober zurück. Petgen wollte sogleich erneut aufbrausen, aber Schüttau bedeutete ihm mit einer Handbewegung Mäßigung. »Es gibt keinen Grund, die Aussage Ihres Bekannten Heisig in Zweifel zu ziehen, Herr Petgen. Sie sind am siebenten Oktober nach Angermünde gefahren und Sie haben das Postamt aufgesucht!« Schüttau hielt das Fahndungsfoto in die Höhe. »Können Sie sich nicht vorstellen, daß man sich am Postschalter anhand des Fotos an Sie erinnern wird?«
Die Runde ging an den Inspektor. Petgen hatte den Kopf gesenkt. »Na schön«, rang er sich ein Zugeständnis ab. »Also ich gebe zu, am siebenten Oktober mit Heisig in Angermünde gewesen zu sein.«
»Warum haben Sie das bisher bestritten?«
»Weil ich das Andenken des Toten nicht beschmutzen wollte.«
»Bitte, was ...?« – »Ja, ich bin im Auftrag von Herrn Lemke nach Angermünde gefahren.«
»Und wozu?«
»Sie werden das bestimmt merkwürdig finden, Herr Inspektor. Aber ich sollte am Schalter eine 24 Pfennigbriefmarke kaufen, sie auf einen leeren Umschlag kleben und die Marke abstempeln lassen. Dem Schalterbeamten erzählte ich, daß ich Briefmarkensammler sei. In

Berlin übergab ich den leeren Umschlag an Heinrich Lemke, mußte aber noch dessen Anschrift mit Schreibmaschine auf den Umschlag schreiben. Bei der Gelegenheit diktierte er mir noch einen Brief, in welchem er von einem Rechtsanwalt zu einer Geschäftsbesprechung nach Angermünde bestellt wurde. Den Brief steckte Lemke dann in den Umschlag und nahm ihn mit nach Hause.«

»Was bezweckte er mit diesem Manöver?«

»Naja, seine Frau sollte glauben, daß der Brief tatsächlich mit der Post zugestellt wurde. Der Geschäftsbrief war sozusagen die Tarnung für einen Sonntagsausflug, weil Lemke dringend nach Angermünde wollte.«

Postamt Angermünde. Quelle: Dietrich Kukla

»Wissen Sie etwas über diesen Ausflug?«

»Er sagte etwas von einer peinlichen Angelegenheit mit einer Frau, die er in Ordnung bringen müsse. Ich vermute, es war eine Geliebte.«

»Kennen Sie die Frau?«

»Soweit hat Lemke mich nicht ins Vertrauen gezogen.«

Schüttau ließ eine Sekretärin kommen. Nach seinem Diktat wurde das umfangreiche Vernehmungsprotokoll zu Papier gebracht. Petgen unterschrieb mit pfiffiger Miene. Erst als der Inspektor ihn nicht wie erwartet zum Ausgang begleitete, sondern ihn erneut an der Gittertür der Polizeihaftanstalt ablieferte, geriet er in Zorn.

»Euer Inspektor ist ein Idiot!« brüllte er den Wachtmeister an, der die Türen schloß.
»Ich weiß. Ich weiß«, rief Schüttau ihm durch das Gitter nach. »Aber ich hatte Ihnen ja versprochen, daß Sie dem Haftrichter vorgeführt werden! Ich pflege mein Wort zu halten.«

Am Montag geriet der Kriminalanwärter Rudlof in Erklärungszwang. Noch am Vormittag war er mit dem Fahndungsfoto in Angermünde unterwegs gewesen. Der Schaffner an der Bahnsteigsperre wollte sich nicht festlegen. Ähnlichkeiten zwischen der Person auf dem Foto und dem Begleiter der rothaarigen Frau bestünden ohne Zweifel, aber für eine eindeutige Identifizierung reiche eben das Foto nicht aus. Mehr Glück war dem Polizisten auf dem Postamt beschieden. Der Schalterangestellte erinnerte sich an den Sammler, den er zuvor noch nie in Angermünde gesehen hatte. Die Philatelistengemeinde der Stadt und der weiteren Umgebung sei ihm gut bekannt, weil er nämlich selbst zu den Jüngern der Postwertzeichen gehöre. Unbestreitbar, der Mann auf dem Foto habe den Brief abstempeln lassen.
Stolz wie ein Spanier wollte Rudlof dem Leiter der Kriminaldienststelle von seinen Ermittlungen berichten. Mit einer gewissen Enttäuschung nahm er zur Kenntnis, daß der sich nicht so recht für das Ergebnis der Lichtbildvorlage zu begeistern schien. Statt dessen forderte er Rudlof auf, eine »Dienstliche Stellungnahme« zum Verlauf der Berliner Dienstreise vorzulegen. Eine Forderung, die seit geraumer Zeit in der Luft lag, denn der vertrauliche Umgangston, den Rudlof und die Witwe Lemke während ihres Angermünder Aufenthaltes pflegten, hatte das Mißtrauen einiger Kollegen geweckt. Inspektor Schüttaus Telefonanruf und seine vorsichtigen Andeutungen waren nur der letzte Anstoß gewesen, die längst überfällige Stellungnahme abzufordern.
Rudlof war naiv genug, sein Berlin-Abenteuer in allen Einzelheiten niederzuschreiben. Als der Oberkommissar vom Landeskriminalamt, der die Fäden des Lemke-Falles in Angermünde und Eberswalde kontrollierte, das Papier zu Gesicht bekam, war Rudlofs Polizeikarriere beendet.

Zu Inspektor Schüttaus großer Erleichterung zog der Untersuchungsrichter beim Amtsgericht in Eberswalde mit. Am 25. Oktober ordnete er die Untersuchungshaft für Karl-Heinz Petgen an. »Die Begründung fällt reichlich dünn aus«, monierte der Jurist. »Beim

nächsten Haftprüfungstermin werden Sie mit dem Verfahren vermutlich auf die Schnauze fallen. Sputen Sie sich, das Alibi dieses Burschen zu zerpflücken, der lügt wie gedruckt.«
Schüttau teilte Petgens Festnahme der Mordkommission in der Friesenstraße mit. Gleichzeitig bat er, Frau Eveline Kurtz erneut zu vernehmen; es bestünde die zwingende Vermutung, daß das Kino-Alibi vom 10. Oktober getürkt sei.
Kommissar Menzel fühlte sich bei seiner Ehre gepackt. Nachdem er die Vernehmungsprotokolle vom 22. Oktober noch einmal durchgesehen hatte, wobei der Kriminalsekretär zu seinem verdienten Donnerwetter kam, erteilte er die Weisung, Frau Kurtz erneut vorzuführen.
Die vierzigjährige Eveline Kurtz war ein solider Frauentyp, modern gekleidet, aber keineswegs mondän. Mit den Gesetzen war sie noch nie in Konflikt gekommen. Ihren Lebensunterhalt verdiente die Kunstgewerblerin mit Heimarbeit. Das Einkommen sei seit der Währungsreform schmaler geworden, erklärte sie, so daß sie im Grunde recht froh gewesen sei, als das Wohnungsamt ihr Herrn Petgen als Untermieter zuwies. Die Miete könne sie ganz gut gebrauchen. Herr Petgen stamme aus Braunschweig und soll eine Stellung als Regisseur am Berliner Metropol-Theater antreten. Im Moment gäbe es noch Schwierigkeiten wegen der Zustimmung der Russen.
Der Kommissar mimte Verständnis. Die Frau plauderte weiter. Ohne Scheu gab sie auch zu, daß inzwischen zarte Bande zwischen ihr und Karl-Heinz Petgen entstanden seien, ja, daß sie sich eines Tages vielleicht sogar seine Ehefrau nennen dürfe.
Erneut zum Kinobesuch befragt, wiederholte sie ihre Aussage vom 22. Oktober.
Menzel schüttelte energisch den Kopf. »Ich glaube, Sie setzen sich der Gefahr aus, wegen einer Falschaussage vor Gericht zu landen!« belehrte er die Frau.
»Aber ... das ist doch die Wahrheit!«
»Karl-Heinz Petgen ist nicht der Mann, für den Sie ihn halten, Frau Kurtz. Er hat Sie belogen, als er ihnen erzählte, er käme aus Braunschweig, um als Regisseur zu arbeiten. In Wahrheit wurde er gerade aus dem Tegeler Knast entlassen.«
»Das glaube ich nicht!«
Menzel schob ihr den Strafregisterauszug über den Tisch. »Bitte, überzeugen Sie sich selbst. Ihr Untermieter ist wegen Betruges und Urkundenfälschung vorbestraft.«
Frau Kurtz starrte entsetzt auf das amtliche Papier. Ihre Blicke lie-

fen ängstlich über die Zeilen, die von den Missetaten ihres Geliebten berichteten. Nervös zerrte sie an einem Taschentuch.
Kühl beobachtete der Kommissar ihre Gefühlsregungen. Den Groll, der sich naturgemäß in der betrogenen Frau aufstaute, wollte er nutzen. »Sie können mir glauben, dieser Mann ist es nicht wert, daß Sie eine Gefängnisstrafe riskieren. Petgen ist in eine üble Affäre verwickelt. Er hofft, daß Sie ihn decken!« Menzel sagte das im freundlichen Ton, beschwörend milde, als ginge es ihm nur darum, der Frau aus einer vertrackten Situation herauszuhelfen.
Eveline Kurtz schlug die Hände vor das Gesicht. »Das habe ich ja alles nicht gewußt«, jammerte sie. »Er hat zu mir gesagt, daß ihm jemand etwas anhängen will, wegen der Sache in Angermünde. Wenn die Polizei käme, sollte ich aussagen, daß wir im Kino waren.«

Das Fernschreiben der Westkripo kam für den Ostberliner Kriminalinspektor zur rechten Zeit. Schüttau konnte den Haftrichter in Eberswalde beruhigen, und er setzte durch, daß die Mordakte Lemke in seine Verantwortung gegeben wurde. In Angermünde, Eberswalde und Potsdam war man froh, das leidige Verfahren vom Hals zu haben.
Karl-Heinz Petgen, der in der Untersuchungshaft eine Beschwerde nach der anderen verfaßte, mußte erneut verhört werden. Schüttau ahnte, wie sauer ihm dieses Stück Arbeit werden sollte. Um so gründlicher bereitete er sich auf die Einvernahme vor. Er klaubte die Vorstrafenakten aus den verschiedenen Archiven zusammen und begann den Lebenslauf seines Delinquenten zu rekonstruieren:

> Petgen wurde als Sohn wohlhabender Eltern in Hamburg geboren. Er besuchte die Volksschule und kürzere Zeit auch eine Oberrealschule … Ende 1940 kam P. als kaufmännischer Lehrling zu einer Hamburger Textilfirma. Dort blieb er, bis er sich im April 1942 zur Wehrmacht freiwillig meldete. Er kam zur Luftwaffe und wurde etwa ein Jahr lang in Norwegen als Bordfunker ausgebildet …
> Im Oktober 1944 heiratete P., der damals erst 19 Jahre alt war. Wegen der erforderlichen elterlichen Genehmigung hatte er sich an seinen Vater gewandt, aber dessen Einwilligung nicht sogleich erhalten. Dem Vater war bekannt, daß er gleichzeitig ein Verhältnis zu einer anderen Frau unterhielt. Um der Genehmigung des Vaters überhoben zu sein, änderte P. das Geburtsdatum in seinen Personalpapieren in »1921« um. Wegen Urkundenfälschung in drei Fällen, unerlaubter Entfernung usw. wurde er von einem Militärgericht im Dezember 1944 zu 6 Mo-

naten Gefängnis verurteilt. P. erlebte die letzten Tage des Krieges in einem Wehrmachtsgefängnis.
Nach der Entlassung wandte er sich nach Braunschweig. Er gab sich als Angehöriger des Konzentrationslagers Oranienburg aus und erhielt bereits am 17. Mai 1945 die Wohnung eines Naziaktivisten zugewiesen. Er machte ein Fuhrunternehmen auf, nachdem er von einer Wehrmachtabwicklungsstelle einen Lkw-Zug erhalten hatte ... Unter dem Deckmantel seines Fuhrunternehmens befaßte P. sich dann mit Schwarzhandel größten Stils ...
Im August 1946 wurde ihm der Boden zu heiß, so daß er Braunschweig endgültig verließ. Ein Strafbefehl des Amtsgerichts Braunschweig wegen Preisvergehens war im gleichen Monat ergangen und weitere Ermittlungen waren anhängig. Der Beschuldigte ging nach Berlin, wo er am 3. Februar 1947 auf Grund des vom Amtsgericht Braunschweig am 22.8.46 erlassenen Haftbefehls wegen Wirtschaftsverbrechen von der Berliner Kriminalpolizei festgenommen wurde. Eine Stunde später konnte er entweichen. Am 10. Februar glückte dann seine erneute Verhaftung. Seitdem befand er sich bis zum 13.8.48 – also über eineinhalb Jahre – in Untersuchungs- bzw. in Strafhaft. Zwischendurch lief noch ein Strafverfahren wegen eines Vergehens in Berlin im Oktober 1946. Im Juni 1947 erhob die Staatsanwaltschaft Berlin Anklage wegen der Unterschlagung eines Pelzmantels, den P. sich zum Verkauf hatte geben lassen, dann aber für ein Darlehen verpfändete. Am 25. August 1947 wurde der Beschuldigte vom Schöffengericht Zehlendorf wegen Betruges mit 9 Monaten Gefängnis bestraft. Das Landgericht Berlin hob auf Berufung des Angeklagten das erstinstanzliche Urteil auf und erkannte auf drei Monate Gefängnis wegen Untreue. Am 29. April 1948 wurde dann über die Wirtschaftsverbrechen des P. in Braunschweig, eine Urkundenfälschung – der Beschuldigte hatte einen fälschlich angefertigten Presseausweis gebraucht – und die weiterbegangene Falschbeurkundung – der Beschuldigte hatte auch bei den Berliner Behörden fälschliche Angaben zu seinem Familienstand gemacht – verhandelt. P. kam mit 16 Monaten Gefängnis und 1.000,- RM Geldstrafe – einer mit Rücksicht auf den Umfang der Schiebungen milde Strafe – davon. Die Untersuchungshaft wurde ihm auch noch voll angerechnet. Am 13. August 48 wurde er aus dem Strafgefängnis Berlin-Tegel entlassen.

Schüttau wußte, die meisten seiner Kollegen betrieben Vernehmungen als eine Art »edlen« sportlichen Wettstreites, bei dem es darauf ankam, den Verdächtigen durch die Demonstration geistiger Überlegenheit Geständnisse abzuringen. Er indessen glaubte, daß es in der Seele jedes Menschen verborgene Seiten gäbe, die man ertasten und anrühren könne. Ein geschickter Vernehmer halte sich an diese Erkenntnis, aber er mußte zugleich einräumen, daß eben nicht immer die Zeit dafür gegeben war, weil ständig neue Fälle auf die Beamten einstürmten.

Fleiß und der gute Wille des Inspektors, darauf gerichtet, das Vertrauen Karl-Heinz Petgens zu erringen, zahlten sich nicht aus. Auch nach mehrstündigem Kreuzverhör zeigte Petgen dem Inspektor trotzig die Zähne. »Hören Sie mit der albernen Moralpredigt auf! Sie wissen, daß ich ein Alibi habe!«

»Ihr Alibi ist keineswegs so wasserfest, wie Sie glauben«, meinte Schüttau trocken.

»He, Moment mal. Sie wollen mir da was einreden, Inspektor.«

»Ihre Wirtin hat die Aussage zurückgenommen. Der Kinobesuch war eine Lüge!«

Petgen warf dem Inspektor einen schnellen Blick zu. »Sie bluffen!« argwöhnte er.

»Keineswegs. Frau Kurtz hat in der Friesenstraße erklärt, daß sie von Ihnen gebeten wurde, das Alibi zu bestätigen! Warum wohl, Herr Petgen?«

»Das hat die Kurtz behauptet?«

»Ja, glauben Sie denn, Ihre Wirtin hält den Kopf hin für einen Mord, mit dem sie nichts zu schaffen hat?«

Petgen sprang auf. Er beugte sich vor. Seine Fäuste hämmerten auf die Tischplatte. »Aber Sie war es doch! Sie hat ihn umgebracht!«

»Sie behaupten, daß Frau Kurtz …?«

»Sie kennen diese Frau nicht, Herr Inspektor!«

»Nehmen wir mal an, es war so. Welche Rolle haben Sie dann eigentlich in dem Drama gespielt?«

»Ich war am 10. Oktober in Berlin. Um ihr aus der Klemme zu helfen, habe ich das Alibi erfunden. Ich sage Ihnen auch, wo Sie die Mordwaffe finden, Herr Inspektor. Im Keller der Frau Kurtz.«

»Frau Kurtz hat Ihnen den Mord gestanden?«

Petgen nickte zur Schreibmaschine hin. »Rufen Sie Ihre Tippse, Inspektor! Sie sollen erfahren, was ich von der Sache weiß!«

»Jetzt bin ich aber gespannt«, brummte Schüttau, dessen Mißtrauen partout nicht weichen wollte. Vielleicht lag es auch nur an Petgens Augen, die den Inspektor an ein Raubtier erinnerten. Ein gerüttelt Maß Skepsis blieb.

Am 1. November 1948 erließ das Amtsgericht Berlin-Mitte unter Aktenzeichen 95 Gs 3710-48 einen Haftbefehl gegen die vierzigjährige Westberlinerin Eveline Kurtz. Der dringende Tatverdacht begründete sich auf den Aussagen des zum Kronzeugen avancierten Untermieters Karl-Heinz Petgen.

Zwar zeichneten sich auch in der Berliner Justiz deutliche Polarisierungstendenzen ab, aber noch saßen der Präsident des Kammergerichtes und der Generalstaatsanwalt in der Neuen Friedrichstraße im Ostsektor. Erst im Februar 1949 verließen sie über Nacht ihren Amtssitz. Die scheinbare »Einheitlichkeit« der Berliner Justiz ging verloren. Im Herbst 1948 waren die Polizeipräsidien in Ost und West aber noch angehalten, Haftbefehle der Justizbehörden zu vollstrecken, sofern die Zustimmung der für den Wohnsitz zuständigen Militärregierungen vorlag.

Am 2. und 3. November befaßten sich die Sicherheitsoffiziere der sowjetischen und der amerikanischen Kommandantur– Frau Kurtz wohnte im US-Sektor – mit der Mordakte Lemke. Niemand entdeckte ein Haar in der Suppe. Am 4. November durfte der Ostberliner Kriminalinspektor Schüttau wie ein Parlamentär in Kriegszeiten, ausgerüstet mit Beglaubigungsschreiben und zahlreichen Kopien des Haftbefehls sowie einer Staatsanwaltschaftlichen Durchsuchungsanordnung in die Friesenstraße reisen. Frau Kurtz wurde in ihrer Wohnung verhaftet. »Die notwendigen Haussuchungen in den Westsektoren sind zwar von Beamten der Westpolizei durchgeführt worden«, heißt es in einem Bericht der Staatsanwaltschaft, »aber unter massgeblicher Beteiligung von Kriminalbeamten der ordentlichen Berliner Polizei. Soweit erforderlich, konnten auch die Genehmigungen der Militärregierungen der Westsektoren beschafft werden.«

Im Keller des Wohnhauses in der Schützallee beschlagnahmten die Beamten eine Beilklinge. Schwärzliche Flecke auf dem Stahl wurden von den Fachleuten im Erkennungsdienst als verkohltes Blut identifiziert. Als Schüttau und der Westberliner Mordkommissar die Klinge auf den Tisch des Verhörzimmers legten, brach Frau Kurtz zusammen. »Vielleicht ist das Böse stärker in mir als das Gute«, leitete sie ihr Geständnis ein. Nicht sie, sondern Petgen hatte Heinrich Lemke in dem Angermünder Hotel erschlagen. Eveline Kurtz hatte ihm bei der Tatausführung geholfen. Den beiden Beamten standen die Haare zu Berge, als sie den Aktenvermerk über die Erstvernehmung formulierten:

Petgen, der seit Anfang September ein intimes Verhältnis zu Frau Kurtz unterhielt, hatte ihr in vorsichtiger Form von einer früheren Bekannten erzählt, die mit einem älteren Mann inzwischen verheiratet sei, ihm aber wieder nachliefe. Er habe mit dieser Frau nichts Ernstes im Sinne und wolle die Beziehungen lösen. Zunächst sei er aber auf das Werben der Frau eingegangen und ihr Ehemann sei hinter das Verhältnis gekommen. Er hatte dann der unwahrscheinlich leichtgläubigen Frau erzählt, daß der Ehemann seiner abgelegten Freundin ihn zum Pistolenduell gefordert hätte. Frau Kurtz nahm diese phantastisch klingenden Erzählungen Petgens als bare Münze. Die von ihrer Mutter geäußerten Zweifel, der sie sich anvertraut hatte, schlug sie ebenso in den Wind, wie die Bedenken ihrer Schwester, die ihr zu Recht erklärte, daß die Erzählungen von Petgen wie ein schlechter Roman klängen. Im Gegenteil fühlte sie sich Petgen jetzt geradezu bedingungslos verpflichtet. Als Petgen ihre Angst und Sorge noch dadurch zu steigern wußte, daß er ihr mitteilte, daß der andere der überlegene Schütze sei, waren alle ihre Gedanken seitdem darauf konzentriert, einen Ausweg zu finden und den Geliebten aus der vermeintlichen Todesgefahr zu erretten. Sie war fest entschlossen, ihm bei der Ausführung des Duells jede nur mögliche Hilfe zu leisten, wenn es in ihrer Macht läge, das Duell durch ihr Dazwischentreten zu verhindern.

Erst am 9. Oktober, vierundzwanzig Stunden vor der Mordtat also, war Frau Kurtz in Petgens Mordplan eingeweiht worden. Angeblich im letzten Augenblick hatte er sich entschieden, dem tödlichen Duell auszuweichen. Mit Frau Kurtz' Hilfe sollte dem Kontrahenten vergifteter Kognak angeboten werden. Bereitwillig übernahm die Frau die ihr zugewiesene Teilnehmerrolle. Am Sonntagvormittag probierte Petgen Veronaltabletten in Kognak aufzulösen. Die trübe Färbung, die dabei entstand, der bittere Geschmack und ein Restsatz auf dem Glasboden veranlaßten ihn, den Giftmordplan fallenzulassen. Er entschloß sich, Heinrich Lemke zu erschlagen. Gegen vierzehn Uhr waren Petgen und Eveline Kurtz nach Angermünde gereist. In einem Koffer führten sie eine Flasche Kognak, drei Gläser und das Beil mit, das die Beamten im Keller des Kurtz-Hauses gefunden hatten.

»Und der Brief, durch den Heinrich Lemke nach Angermünde gelockt wurde?« fragte Schüttau.

»Ich weiß von keinem Brief.«

»Wer hat ihn geschrieben?« drängte der Inspektor. »Sie oder Petgen?«

»Keine Ahnung«, entgegnete sie fest. »Alles, was ich weiß, habe ich Ihnen gesagt!«

»Glauben Sie ihr?« fragte Kommissar Menzel den Ostberliner Kollegen zum Abschied.
»Jedes Wort«, meinte Schüttau überzeugt. »Die Frau war ihm hörig. Aber die Wucht der Schläge, mit denen Lemke getötet wurde, spricht hundertprozentig für einen Mann. Petgen muß sich auf einiges gefaßt machen, wenn wir ihm die Kurtz gegenüberstellen.«

Dircksenstraße, am Tag darauf. Schon um sechs Uhr hatte Schüttau die beiden Tatverdächtigen vorführen lassen. Zwei Wachtmeister waren an der Tür postiert. Während Eveline Kurtz' Augen nach einer freundlichen Geste ihres Geliebten bettelten, umgab Petgen sich mit schroffer Ablehnung. Kalt blickte er über die Frau hinweg.
Schüttau studierte eine Weile das stumme Duell. »Stimmt es, Herr Petgen, daß Sie und Frau Kurtz in einer intimen Beziehung leben?«
»Sagt sie das? Sie hat schon viel gesagt, und meistens war es Schwindel.«
Der blanke Zynismus trieb Eveline Kurtz Tränen der Scham und der Wut ins Gesicht. Mühsam rang sie nach Luft. Der Inspektor, der ihre Erregung verstand, besänftigte sie mit einem Kopfschütteln.
»Na schön, ich hab ein paarmal mit ihr geschlafen«, lenkte Petgen ein, »aber sie wußte, daß ich sie niemals heiraten würde ...«
Die Unverfrorenheit des Mannes war ohnegleichen. »Wie tief muß man eigentlich sinken, um dieses miese Schauspiel abzuliefern?« blaffte Schüttau den skrupellosen Schönling an.
»Ich habe Ihnen doch gesagt, die Frau ist eine Mörderin! Sie hat den alten Lemke umgebracht!«
»Hören Sie auf!« forderte Schüttau ungewohnt scharf. Er kehrte Petgen den Rücken zu. »Frau Kurtz, bleiben Sie dabei, Heinrich Lemke am 10. Oktober in Angermünde in das Hotelzimmer begleitet zu haben?«
Sie nickte schwach.
»Welche Aufgabe hatten Sie zu erfüllen?«
»Ich stellte mich als Sekretärin von Rechtsanwalt Goldstein vor. Dieser Mann da ...«, sie schluchzte unter Tränen auf, »hat Heinrich Lemke erschlagen!«
Mit geballten Fäusten wollte Petgen sich auf die Frau werfen. Die beiden Wachtmeister rissen ihn zurück.
Schüttau legte die Beilklinge auf den Tisch. »Ist das die Tatwaffe?«
»Ja, mit diesem Beil hat er zugeschlagen. Zweimal.«
»Lüge!« keuchte Petgen. »Ich habe Ihnen doch gesagt, wo Sie das Beil finden werden, Herr Inspektor!«

»Stimmt!« meinte Schüttau. »Vor Gericht nennt man das Täterwissen. Im übrigen werden Sie zugeben müssen, Herr Petgen, daß Frau Kurtz die Tat gar nicht allein begangen haben kann. Die Beilhiebe wurden mit großer Wucht geführt ...«

Petgen rang sich ein boshaftes Lächeln ab. »Die Frau hat Kraft, Inspektor.«

»Um mit einem Beil umzugehen – mag sein. Aber keinesfalls reichte ihre Kraft aus, um die Möbel am Tatort umzustellen!«

»Warum soll ausgerechnet ich dabei gewesen sein?«

»Sie vergessen den Brief, mit dessen Hilfe Lemke nach Angermünde gelockt wurde. Ein Fremder dürfte kaum gewußt haben, was der angebliche Doktor Goldstein an Lemke schrieb! Sie haben ja bereits eingeräumt, daß der Brief Ihnen bekannt war. So schließt sich ein Kreis!«

Karl-Heinz Petgen hatte für den Inspektor keine Antwort. Zusammengesunken, den Blick starr auf den Fußboden gerichtet, brütete er stumpf vor sich hin.

Karl-Heinz Petgen brauchte Tage, um mit der veränderten Situation fertigzuwerden. In dieser Zeit wurde er dem Inspektor einige Male vorgeführt. Petgen setzte auf die uralte Knastologenweisheit, nur das zuzugeben, was sie ihm unwiderlegbar beweisen konnten. Er schwieg verbissen. Und der Inspektor ließ die Zeit für sich arbeiten. Nachts wurde Petgen von wilden Alpträumen heimgesucht. Schweißgebadet erwachte er dann auf der Holzpritsche in seiner Zelle und starrte grübelnd zum fahlen Rechteck des winzigen Fensters empor. Immer wieder durchlebte er in den Träumen die Schreckensbilder, die sich in dem Angermünder Hotel zugetragen hatten. Er sah die Rückenpartie des dreiundsechzigjährigen Heinrich Lemke, der arglos auf dem Sofa saß und Kognak trank. Und er sah sich selbst – den Mörder – mit einem Handbeil bewaffnet hinter dem Sofa lauern, bis er allen Mut zusammenraffend, aufsprang und das Handbeil auf den silberfarbenen Haarkranz des alten Mannes schmetterte. Einmal, zweimal. Wieder hörte er das Brechen der Schädeldecke, Heinrich Lemkes ersterbenden Seufzer, und er sah das Blut gegen die Wände spritzen. Wie im Fieber waren die nächsten Minuten vergangen. Während Eveline Kurtz die Gläser und das Beil abwusch, zog er den Brillantring von der Hand des Opfers. Dann das Umsortieren der Papiere in Lemkes Brieftasche, die er gegen eine mitgebrachte, völlig gleichartige Brieftasche umtauschte, um sie dem Toten wieder ins Jackett zu schieben. Liesbeth hatte sie ihm gegeben.

Das Bild der Frau schob sich in Petgens Wachträume. Mit ihr hatte alles begonnen, an jenem Tag, an dem er durch Zufall in das Geschäft in der Schönhauser Allee geraten war. Elisabeth Lemke war ihm auf den ersten Blick verfallen. Schon in den ersten Tagen ihrer Bekanntschaft deutete sie ihm an, wie unglücklich ihre Ehe mit dem um so viele Jahre älteren Heinrich Lemke sei. Je intimer ihre Beziehungen wurden, um so deutlicher offenbarte sie sich ihm. Die lax dahingeworfenen Worte, »Manchmal könnte ich meinen Mann direkt umbringen«, fielen bei Petgen auf fruchtbaren Boden. Sein Hirn gebar den Plan, Lemke gewaltsam zu beseitigen. Später, wenn der Alte unter der Erde lag, wollte er die Witwe heiraten.
Mit Elisabeths Hilfe hatte er den Brief entworfen, der Lemke am 10. Oktober nach Angermünde lockte. Elisabeth schmuggelte ihn in die Post ihres Mannes. Die Tat sollte in der sowjetischen Zone geschehen, wo man weder ihn noch Eveline Kurtz kannte. Zum Schieflachen, wie die Kurtz auf die idiotische Duell-Story abgefahren war. Das widerrufene Alibi war ihre Revanche.
Und Elisabeth? Petgen erschauerte bei dem Gedanken, daß er den Weg zum Schafott allein antreten sollte, während Elisabeth Lemke ungeschoren davonkam. Die »trauernde« Witwe als Nutznießerin einer Tat, die sie selbst angeregt und bei deren Vorbereitung sie mitgeholfen hatte?
Petgen grübelte bis zum frühen Morgen. Als der Wachtmeister beim Zählappell die Zellentür aufschloß, bat der übernächtigte Häftling dem Kriminalinspektor Schüttau vorgeführt zu werden.

Am 12. November 1948 verhaftete die Ostberliner Mordkommission Elisabeth Lemke in der Schönhauser Allee 115. Die Witwe hörte mit ausdrucksloser Miene zu, als der Inspektor ihr den Haftbefehl des Amtsgerichtes Berlin-Mitte präsentierte. Sie schien verwirrt und beunruhigt. Für einen kurzen Moment hatte Schüttau das Gefühl, als wollte sie sprechen. Doch dann überlegte sie es sich anders und verharrte in ihrem Schweigen, während sie den Mantel vom Garderobenhaken nahm und nach der Handtasche griff. Als der Inspektor ihr in den Mantel half, entdeckte er zwischen Rollschrank und Schreibtisch eine gelbbraune Diplomatenaktentasche. Schüttau hob sie auf. »Ist das nicht die Tasche, die Ihrem Mann gehörte?«
»Das ist meine Tasche. Wir hatten jeder eine. Die Tasche meines Mannes ist in Angermünde geraubt worden! Das wissen Sie doch.«
Unschlüssig behielt Schüttau die Aktentasche in der Hand. Schließlich rief er die beiden Verkäuferinnen ins Büro. »Kennen Sie die?«

»Jaja, die gehörte Herrn Lemke.«
»Ihre Chefin behauptet aber, sie hätte auch so eine Tasche besessen.«
»Davon ist uns nichts bekannt.« Die Angestellten blickten rasch, als wollten sie um Verzeihung bitten, zu Frau Lemke hinüber.
»Mir fällt da noch was ein«, sagte die Verkäuferin, die in der Schwedter Straße wohnte. »In Herrn Lemkes Tasche sind mal zwei Flaschen Essigsäure geholt worden. Ein Korken war undicht und da gab's einen Fleck.«
»Jenau!« fiel die jüngere Kollegin ihr ins Wort. »Der Chef hat janz schön jetobt wejen die Sauerei inne Tasche!«
»Dann sehen wir doch mal nach«, meinte Schüttau trocken, öffnete die Tasche und hielt sie der Witwe hin. »Ich glaube, man kann es sogar noch riechen!«
»Ich verstehe nicht, was Sie von mir wollen. Ich habe mit dem Tod meines armen Mannes nichts zu tun. Lassen Sie mich zufrieden.«
Noch in den Abendstunden mußte Elisabeth Lemke ihre Tatbeteiligung eingestehen. In der »Verantwortlichen Vernehmung«, die um 16.30 Uhr begann, legte Schüttau ihr weitere Beweisstücke vor: Zwei Brieftaschen, die einander ähnelten; eine der beiden Taschen wies dunkle Blutflecken auf. Eine ebenso befleckte Kopie des notariellen Kaufvertrages, die Lemke in Angermünde dem vermeintlichen Rechtsanwalt übergeben wollte, und drei Liebesbriefe Elisabeth Lemkes an Karl-Heinz Petgen. Die Gegenstände waren bei der Hausdurchsuchung am Kronprinzendamm 9 von einem Kripotrupp, der sich wiederum aus West- und Ostbeamten zusammensetzte, beschlagnahmt worden.
Elisabeth Lemke gestand, daß Petgen ihr am Tag nach dem Mord die Aktentasche samt Inhalt in die Schönhauser Allee gebracht hatte, wo er sie ihr mit den Worten »Jetzt ist es erledigt!« übergab.
»Nun sagen Sie mir wenigstens noch, wo der ominöse Brief an den Rechtsanwalt abgeblieben ist?« fragte Schüttau abschließend.
»Petgen hat ihn verbrannt.«

Zu den wichtigsten Maßnahmen kriminaltaktischer Beweisführung gehört die Rekonstruktion eines Verbrechens unter Berücksichtigung der Aussagen aller Tatbeteiligten. Schüttau verfrachtete Karl-Heinz Petgen und Eveline Kurtz in eine »grüne Minna« und fuhr mit ihnen an den Tatort. Das »Hotel Reichshalle« war durch Angermünder Polizeikräfte hinreichend abgesichert. Die Beamten der Eberswalder Mordkommission hatten sich gleichfalls eingefunden, um dem Berliner Kollegen zu gratulieren.

Schüttau ließ sich von Petgen das Postamt zeigen, das auf der anderen Seite des Marktes, aber noch in Sichtweite zum Hotel lag. Dann befahl er, Eveline Kurtz in die Gaststätte zu führen, wo Karl Kroll und der Kellner Fritz Berger am Tresen Aufstellung genommen hatten. Die beiden Männer sahen sich verdutzt an. Das armselige Persönchen im schlichten Mantel, mit dem strähnigen Haar und einem grauen teigigen Gesicht konnte unmöglich die elegante Sekretärin des Dr. Goldstein sein!
»Sie hatte doch rotes Haar …«, tat Berger seine Zweifel kund.
»Selbstverständlich hatte ich mich zurechtgemacht«, zischte Eveline Kurtz. »Als Sekretärin eines Rechtsanwaltes läuft man nicht wie eine Vogelscheuche herum!«

Am 8. Dezember 1948 teilte die Ostberliner Zeitung »Neue Zeit« unter der Schlagzeile »DAS DUELL DES LIEBHABERS – Verbrecherjagd trotz Sektorengrenzen erfolgreich« unter anderem mit:

> Durch die phantasievolle Geschichte, daß er eine Duellforderung bekommen habe und tödlich bedroht sei, gewann er (Petgen) die Unterstützung Eveline Kurtz', die einwilligte, den vermeintlichen Gegner mattzusetzen, bevor es zum offenen Kampf käme.
> In jenem Hotelzimmer, das er ungesehen betrat, inszenierte Petgen dann weiter, verschob mit seiner Komplicin das Sofa dann so, daß er bequem dahinter hocken konnte und führte kaltblütig den raffiniert entwickelten Plan aus. Durchtrieben besonders deshalb, weil er glaubte, in den Westsektoren vor polizeilicher Verfolgung geschützt zu sein. Das aber war ein Regiefehler!

Nach den Weihnachtsfeiertagen brachte der Berliner Kriminalinspektor den Vorgang Lemke zum Abschluß. Er diktierte den üblichen Schlußbericht, der sämtliche polizeilichen Untersuchungshandlungen und deren Ergebnisse als Quintessenz des Verfahrens zusammenfaßte. Dann wurde die Akte der Staatsanwaltschaft beim Landgericht Eberswalde zugesandt und das Mördertrio ins Eberswalder Gerichtsgefängnis überstellt.
Schon bei der ersten Durchsicht der Akte war der Oberstaatsanwalt Dr. Schulz von der Mordsache derart angetan, daß er am 19.1.1949 an den Generalstaatsanwalt des Landes Brandenburg, Dr. Ostmann, schrieb:

> Es handelt sich um die schwierigste und sensationellste Mordsache, die jemals – seit Bestehen der hiesigen Staatsanwaltschaft – eingegangen ist … Besondere Anerkennung verdient der Krim. Inspektor

Das Duell des Liebhabers

Verbrecherjagd trotz Sektorengrenzen erfolgreich

Man konnte ihn vielleicht für einen jugendlichen Bonvivant halten, den 27jährigen Karl-Heinz D[redacted], dem es zuweilen gefiel, sich als Charakterschauspieler und Regieassistent auszugeben. Zwar hatte er nie auf einer Bühne agiert, doch sein lässig-gewandtes Auftreten mag ihn in den Augen mancher Frau hinreichend ausgewiesen haben. Als er im August dieses Jahres — nach einem 18 Monate währenden Gastspiel in einer sehr realen Gefängniszelle — vom Wohnungsamt in das Dahlemer Einfamilienhaus der Kunstgewerblerin Eva C[redacted] eingewiesen wurde, fragte sie nicht nach seinem letzten Logis, lauschte vielmehr interessiert den Erzählungen ihres neuen Mieters, der von (keck erdachten) Verhandlungen mit einem bekannten Theater plauderte — und verliebte sich spontan in ihn.

Eines Septembertages betrat D[redacted] ein Süßwarengeschäft in der Schönhauser Allee, um Kekse zu kaufen, wechselte dabei mit der Frau des Inhabers einen flirrenden Blick — und die 35jährige Elisabeth Lemke war ebenso beeindruckt von dem Charme des großen dunkelhaarigen Pseudo-Mimen wie seine 40jährige Wirtin. Ein zweites Liebesverhältnis entspann sich, von dem der betrogene Ehemann nichts ahnte.

Er war auch arglos, als er am 10. Oktober zwischen seiner Post den Brief eines auswärtigen Rechtsanwalts fand, der ihn aufforderte, nach Angermünde zu kommen, wo er mit ihm in einem Hotel über die Verwaltung seines Grundstücks verhandeln wolle. Da alle Angaben dieses Dr. Goldstein, der vor kurzem erst aus der Kriegsgefangenschaft zurückgekehrt war und daher noch keine gedruckten Briefbogen haben konnte, stimmten, fuhr Heinrich Lemke am folgenden Tage nach Angermünde und erkundigte sich in den „Drei Kronen" nach ihm. Dr. Goldstein war dort jedoch unbekannt.

Indes der Kaufmann noch überlegte, was zu tun sei, sprach ihn eine Dame an, die sich als Sekretärin des Rechtsanwalts vorstellte und in ihm den erwarteten Klienten vermutete. Da hier alle Zimmer besetzt waren, hatte sie für die Besprechung ein anderes Hotelzimmer gemietet, in das sie ihn nun führte.

„Mein Chef wird sich leider ein wenig verspäten", sagt sie leichthin. „Er mußte noch dringend fort und bat mich, Sie ein wenig zu unterhalten." Heinrich Lemke sitzt auf einem Sofa, das schräg in der Zimmerecke steht, die Sekretärin an dem Tisch vor ihm. Aus einer bereitstehenden Kognakflasche füllt sie zwei Gläser — „Zum Wohl!" Der Kaufmann erwidert lächelnd. Schwaches Licht erhellt die Szene. Es entgeht ihm, daß seine Partnerin plötzlich zusammenzuckt… Hinter der Rückenwand des Sofas hat sich lautlos eine Männergestalt aufgerichtet, ein Beil in der erhobenen Hand — zwei Schläge zerschmettern den Schädel des ahnungslosen Opfers.

Entdeckt wurde das Verbrechen am nächsten Vormittag von einem Stubenmädchen. Die örtliche Kriminalpolizei nahm die Ermittlungen auf und ersuchte die Mordkommission in der Friesenstraße um Vernehmung der Ehefrau des Ermordeten und der beiden vermutlichen Täter, D[redacted] und Eva C[redacted]. Inzwischen übernahm die Mordinspektion in der Dircksenstraße die Bearbeitung des Falles und es gelang schließlich, die drei Verdächtigen zu verhaften und zu überführen.

Frau Lemke, die mit ihrem 28 Jahre älteren Mann in unharmonischer Ehe lebte, hatte denselben Wunsch wie ihr Geliebter, der darauf sann, den Kaufmann zu beseitigen und dessen Nachfolge anzutreten. Gemeinsam entwarfen sie den fingierten Brief. D[redacted] fuhr drei Tage vor der Tat nach Angermünde und ließ auf dem Postamt einen frankierten Umschlag stempeln. Durch die phantasievolle Geschichte, daß er eine Duellforderung bekommen habe und tödlich bedroht sei, gewann er die Unterstützung Eva C[redacted], die einwilligte, den vermeintlichen Gegner mattzusetzen, bevor es zum offenen Kampf käme.

In jenem Hotelzimmer, das er ungesehen betrat, inszenierte D[redacted] dann weiter, verschob mit seiner Komplicin das Sofa so, daß er bequem dahinter hocken konnte und führte kaltblütig den raffiniert entwickelten Plan aus. Durchtrieben besonders deshalb, weil er glaubte, in den Westsektoren vor polizeilicher Verfolgung geschützt zu sein.

Das aber war ein Regiefehler! K. H. Z.

»Neue Zeit« vom 8.12.1948. Quelle: Archiv des Autors

> S c h ü t t a u der ordentlichen Berliner Polizei, der die Ermittlungen geleitet hat und dessen glänzender Vernehmungstechnik die Überführung aller Beschuldigten zu verdanken ist …

Dr. Schulz verfügte die forensisch-psychiatrische Begutachtung der Inhaftierten. Er bestellte Professor Dr. Müller-Hess, Frau Professor Dr. Nau und den Oberarzt Dr. Niedenthal vom Berliner Universitätsinstitut für gerichtliche und soziale Medizin, Hannoversche Straße 7, zu Sachverständigen. Darüber hinaus wandte er sich an das Morddezernat der Hamburger Polizei. Der Oberstaatsanwalt bat, die Familien- und Lebensverhältnisse des Beschuldigten Petgen gründlich unter die Lupe zu nehmen. Aus »Sicherheitsgründen« ordnete er Petgens Verlegung in das Bad Freienwalder Gerichtsgefängnis an. Die Justizbürokratie arbeitete schwergängig. Die für Mitte Februar avisierte Anklageerhebung verzögerte sich. Wochen und Monate gingen ins Land. Da erschien im Juli 1949 auf dem spärlich bestückten Buch- und Zeitschriftenmarkt der sowjetischen Besat-

zungszone eine Romanheftreihe im Taschenformat unter dem vielversprechenden Serientitel »Geschichten, die das Leben schrieb«. Der im grünen Outfit aufgelegte Band Nummer 1 war von dem Autor Hannes Elmen verfaßt worden. Titel des Heftes: »polizeifunk meldet … mordfall lemke aufgeklärt …«
Die Tatsachenerzählung erregte Aufsehen in der Justizhierarchie des Landes Brandenburg. Verärgert schrieb der Justizminister am 12. Juli 1949 an die Deutsche Justizverwaltung der Sowjetischen Besatzungszone:

> … Durch Staatsanwalt Hein wurde mir vor einiger Zeit ein 20 Pf-Roman zur Verfügung gestellt, der diesen Mordfall zum Inhalt hat. Er bringt eine genaue Schilderung der Tat und der ihr vorhergehenden Ereignisse unter Nennung der richtigen Namen aller Beteiligten. Das Heft erscheint unter dem Titel »Polizeifunk meldet … mordfall lemke aufgeklärt …« von Hannes Elmen, Druck der Phönix-Druckerei, Berlin Treptow. Verantwortlicher Redakteur ist Karl Preißner. Aus der Darstellung selbst möchte ich fast entnehmen, daß der Autor in Kreisen der Volkspolizei oder in ihr nahestehenden Kreisen zu suchen ist, denn die Arbeit der Volkspolizei wird gegenüber der Stumm-Polizei lobend hervorgehoben. Ich möchte annehmen, daß der Verfasser oder jemand, der diesem das Material geliefert hat, bei der rechtmäßigen Berliner Polizei tätig ist. Die Anklage gegen die Beschuldigten wird in dieser Sache erst in einigen Tagen durch den Oberstaatsanwalt in Eberswalde erhoben werden. Wenn auch in diesem Einzelfall die vorherige Veröffentlichung aller Zusammenhänge in Romanform keinen Nachteil für den Fortgang des Verfahrens bildet, so kann dies doch bei sich fortbildender Praxis durchaus einmal in sehr unliebsamem Umfange der Fall sein. Ich halte es daher für richtig, wenn dortseits an die Deutsche Verwaltung des Innern herangetreten wird, damit erreicht wird, daß solche literarischen Kunstwerke erst nach rechtskräftigem Abschluß eines Verfahrens herausgebracht werden.

Ob es sich bei Elmens Tatsachenerzählung um ein literarisches Kunstwerk handelt, möge der Leser selbst entscheiden. Zwei kurze Textausschnitte:

> Kommissar Pätzold hielt einen Augenblick inne. Jedem einzelnen, der vor ihm sitzenden Mitarbeiter in die Augen blickend, sprach er im tiefen Ernst weiter: »Als die Täter merkten, daß wir ihnen auf der Spur waren, bemächtigte sich ihrer eine begreifliche Angst. Bei ihrer Vernehmung durch die illegale Westberliner Polizei … merkten sie dann, daß der künstlich gegen uns erzeugte Haß die verantwortlichen Stumm-

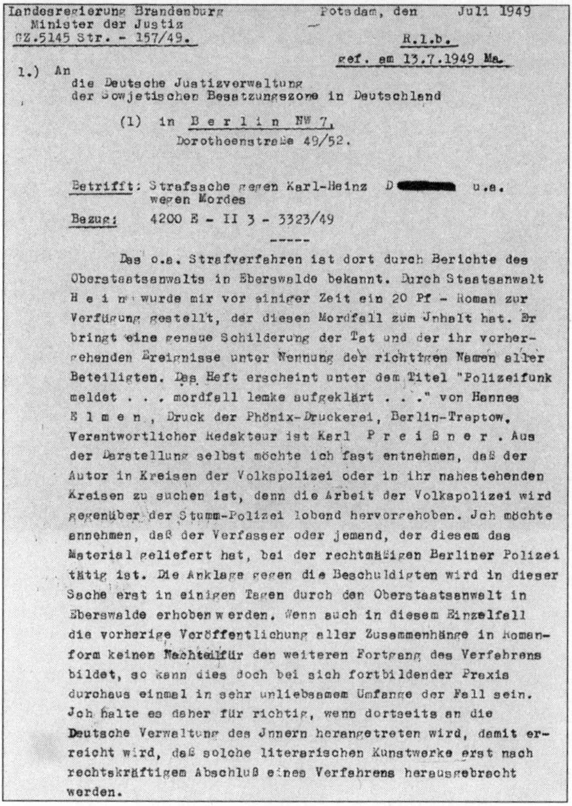

Landesregierung Brandenburg Potsdam, den Juli 1949
Minister der Justiz
GZ.5145 Str. - 157/49. R.l.b.
gef. am 13.7.1949 Ma.

1.) An
die Deutsche Justizverwaltung
der Sowjetischen Besatzungszone in Deutschland

(1) in Berlin NW 7,
Dorotheenstraße 49/52.

Betrifft: Strafsache gegen Karl-Heinz D[redacted] u.a. wegen Mordes

Bezug: 4200 E - II 3 - 3323/49

Das o.a. Strafverfahren ist dort durch Berichte des Oberstaatsanwalts in Eberswalde bekannt. Durch Staatsanwalt H e i n wurde mir vor einiger Zeit ein 20 Pf - Roman zur Verfügung gestellt, der diesen Mordfall zum Jnhalt hat. Er bringt eine genaue Schilderung der Tat und der ihr vorhergehenden Ereignisse unter Nennung der richtigen Namen aller Beteiligten. Das Heft erscheint unter dem Titel "Polizeifunk meldet . . . mordfall lemke aufgeklärt . . ." von Hannes E l m e n , Druck der Phönix-Druckerei, Berlin-Treptow, Verantwortlicher Redakteur ist Karl P r e i ß n e r . Aus der Darstellung selbst möchte ich fast entnehmen, daß der Autor in Kreisen der Volkspolizei oder in ihr nahestehenden Kreisen zu suchen ist, denn die Arbeit der Volkspolizei wird gegenüber der Stumm-Polizei lobend hervorgehoben. Jch möchte annehmen, daß der Verfasser oder jemand, der diesem das Material geliefert hat, bei der rechtmäßigen Berliner Polizei tätig ist. Die Anklage gegen die Beschuldigten wird in dieser Sache erst in einigen Tagen durch den Oberstaatsanwalt in Eberswalde erhoben werden. Wenn auch in diesem Einzelfall die vorherige Veröffentlichung aller Zusammenhänge in Romanform keinen Nachteil für den weiteren Fortgang des Verfahrens bildet, so kann dies doch bei sich fortbildender Praxis durchaus einmal in sehr unliebsamem Umfange der Fall sein. Jch halte es daher für richtig, wenn dortseits an die Deutsche Verwaltung des Jnnern herangetreten wird, damit erreicht wird, daß solche literarischen Kunstwerke erst nach rechtskräftigem Abschluß eines Verfahrens herausgebracht werden.

Quelle: Brandenburgisches Landeshauptarchiv Potsdam

polizisten stärker beherrschte, als das Pflichtbewußtsein, zur Aufklärung eines Mordes beizutragen …«
Die Westberliner Zeitungen haben über die endgültige Aufklärung des Angermünder Raubmordes niemals auch nur eine einzige Zeile veröffentlicht! Der Fall Lemke war für sie nur so lange interessant, als er Gelegenheit zu einer grundlosen Hetze gegen die Ostzone und gegen die Volkspolizei bot. Die Öffentlichkeit aber wird der Volkspolizei dankbar sein, weil es ihr wieder einmal gelungen ist, im Kampf gegen das Verbrechertum einen großen Erfolg zu erringen!

Auf mehreren Seiten des Heftes haben sich Propagandasätze dieser Güte in die Erzählung eingeschlichen. Die Namen der agierenden Kriminalbeamten sind ausnahmslos verändert, einige Fakten so hingebogen, daß sie in den Strich des Erzählers paßten. Die Vermutung des Justizministers, daß der Autor in Journalistenkreisen zu suchen

Quelle: Archiv des Autors

sei, kommt der Wahrheit wohl am nächsten. Hannes Elmen ist ein Autorenpseudonym. Aus seiner Feder sind zwei weitere Krimitexte überliefert, die im Jahre 1949 in der Ostdeutschen Eisenbahner-Zeitung »Fahrt frei« veröffentlicht wurden: »Der Mörderklub ›Weiße Krawatte‹. Ein Tatsachenbericht über die Berliner Unterwelt von 1949. Von unserem Sonderberichterstatter Hannes Elmen« und die Kriminalnovelle »Was geschah im D 121?«, die 1951 nochmal von der »Berliner Zeitung« in Fortsetzungen nachgedruckt wurde. Elmens Krimitexte gelten als Pilotbeispiele für die Kriminalliteratur, die in den folgenden Jahren in der DDR enstanden ist. Insofern wäre es wohl interessant, zu erfahren, wer der »Vater der DDR-Kriminalliteratur« tatsächlich war. Karl Preißner, der Redakteur der Heftreihe, der 1959 verstarb, hätte die Frage gewiß beantworten können. Unter dem Pseudonym Peter Kast veröffentlichte er selbst abenteuerliche Spannungsromane und Kriminalerzählungen, wie »Der Millionenschatz vom Müggelsee« (1951) oder »Jagd auf der Autobahn« (1953).

Am 18. Juli 1949 erhob der Oberstaatsanwalt Dr. Schulz Anklage beim Landgericht in Eberswalde. Das angerufene Schwurgericht trat am 2. September 1949, um 11.00 Uhr, unter Vorsitz des Landgerichtspräsidenten Dr. Zerkowski in Eberswalde zusammen. Die Anklage vertrat Oberstaatsanwalt Dr. Schulz. Als Verteidiger agierten Dr. Graeßner aus Bad Freienwalde sowie die Eberswalder Rechtsanwälte Klingenberg und Alberti.

Der Anklagevertreter warf Karl-Heinz Petgen »Mord gem. § 211 Strafgesetzbuch, begangen in Heimtücke und aus Habgier« vor. Für Eveline Kurtz »Mord in Mittäterschaft gem. §§ 211 und 47 StGB«. Die Anklage Elisabeth Lemkes lautete auf »Beihilfe zum Mord gem. §§ 211 und 49 StGB«.

Der vom Gericht als Zweitgutachter berufene Facharzt für Psychiatrie und Neurologie, Dr. Donalies, schilderte Petgen als einen »verrohten und völlig gefühllosen Menschen, der keinerlei Reue zeige«. Der Angeklagten Kurtz bestätigte er »monströse Beeinflußbarkeit und Unselbständigkeit, so daß sie Petgen mit Haut und Haaren hörig war«. Dr. Donalies befürwortete die Zuerkennung einer verminderten Zurechnungsfähigkeit im Sinnne des § 51, Absatz 2 StGB.

Zum Verdruß des Publikums wurde die Öffentlichkeit für die Zeit der Gutachtervorträge und der Vernehmung der Angeklagten zur Sache »wegen Gefährdung der Sittlichkeit« ausgeschlossen.

Noch am gleichen Tag, um 22.00 Uhr, sprach das Gericht die Urteile. Petgen wurde zum Tode und dauerndem Verlust der bürgerlichen Ehrenrechte, die Angeklagte Lemke zu fünfzehn Jahren Zuchthaus und zehn Jahren Ehrverlust, die Angeklagte Kurtz zu 5 Jahren Zuchthaus verurteilt.

»Die Hauptverhandlung, die um 11 Uhr begann und um 22 Uhr zu Ende ging«, berichtete der Oberstaatsanwalt nach Postdam, »bestätigte bis auf einen Punkt – die Zubilligung des § 51 Abs. 2 StGB für Frau Kurtz – das Ergebnis der Vorermittlungen«.

Superintendent Dr. Haak, der als Seelsorger in der Haftanstalt Bad Freienwalde tätig war und gleichfalls am Prozeß teilgenommen hatte, teilte die Auffassung des Oberstaatsanwaltes mitnichten. Am 5. Oktober verwendete er sich im Justizministerium für den Verurteilten Petgen:

> Mein Eindruck von der Hauptverhandlung war der, daß das Urteil gegen Petgen im wesentlichen feststand und die Zeugnisse für ihn daher nicht beachtet wurden. Er selbst kam in der ganzen öffentlichen Verhandlung von mittags 12 Uhr bis abends 9 Uhr nicht ein einziges Mal zu Wort.

Aus dem Gerichtssaal

Todesstrafe für den Mord in Angermünde

• Eberswalde. (MV). Am 2. September stand vor dem Schwurgericht des Landgerichts Eberswalde die Mordaffäre D[redacted], über die wir kürzlich ausführlich berichteten, zur Verhandlung. Sie zeigte ein abscheuliches Bild menschlicher Verkommenheit. Der 24jährige Karl-Heinz D[redacted] aus Hamburg ist bereits wegen Urkundenfälschung und anderer Delikte zu sechs Monaten Gefängnis verurteilt, ging nach Kriegsende nach Westdeutschland, gab sich dort als Entlassener eines Konzentrationslagers aus und erhielt daraufhin in Braunschweig die Wohnung eines ehemaligen Naziaktivisten sowie einen Lastzug zur Eröffnung eines Fuhrunternehmens. Als seine „Geschäftsmethoden" in Braunschweig erkannt wurden, floh er nach Berlin, wo er aber bald inhaftiert und zu 17½ Monaten Gefängnis verurteilt wurde.

Nach Verbüßung seiner Strafe erhielt er bei der 41jährigen Kunstgewerblerin Eva K[redacted] in Berlin-Dahlem, Schützenallee 28b, ein möbliertes Zimmer. Er erschlich sich das Vertrauen dieser leichtgläubigen Frau, die ihm vollkommen hörig war. Kurze Zeit darauf lernte er die 36jährige Elisabeth Lemke aus Berlin-Halensee, Kronprinzenstraße 9, Ehefrau des 28 Jahre älteren Besitzers mehrerer Süßwarengeschäfte kennen. Frau Lemke, deren Ehe zerrüttet war, gab dem gemütsrohen und gewinnsüchtigen D[redacted] die Veranlassung zur Ermordung ihres Mannes. Aus dem vorgesehenen Giftmord mit Veronal-Tabletten wurde jedoch eine weit grausigere Tat durch Erschlagen mit einem Beil am 10. Oktober 1948 in Angermünde im Hotel „Reichshallen". Mit einem fingierten Brief wurde Heinrich Lemke in die Ostzone gelockt, in die er sich normalerweise infolge der westlichen Lügenpropaganda nicht getraute.

In der Verhandlung, unter teilweisem Ausschluß der Oeffentlichkeit, wurde der Mord und die Vorbereitungen in allen Einzelheiten aufgerollt und entwarf ein grausiges Bild der Verworfenheit des Mörders D[redacted] und der Frau Lemke. Oberstaatsanwalt Dr. Schulz plädierte daher für D[redacted] auf Todesstrafe oder lebenslängliches Zuchthaus und für Frau Lemke auf 15 Jahre Zuchthaus. Für Frau K[redacted] beantragte er zehn Jahre Zuchthaus.

Die Verteidiger der Angeklagten versuchten, den Mord in einen Totschlag umzuwandeln. Das Gericht erkannte bei D[redacted] auf Todesstrafe und Aberkennung der Ehrenrechte, bei Frau K[redacted] auf fünf Jahre Zuchthaus und bei Frau Lemke auf 15 Jahre Zuchthaus und zehn Jahre Ehrverlust.

»Märkische Volksstimme« vom 5.9.1949. Quelle: Stadt- und Kreisarchiv Eberswalde

Ich selbst wurde nach ca. 3 Minuten sofort unterbrochen, als ich einige Worte zu seinen Gunsten sagen wollte.«

Erwartungsgemäß legte Dr. Graeßner für seinen Mandanten Karl-Heinz Petgen Revision gegen das Todesurteil ein. Rechtsanwalt Alberti schloß sich mit einem Revisionsbegehren für Elisabeth Lemke an. Der Strafsenat des Oberlandesgerichtes in Potsdam erkannte am 13. Dezember 1949 im Namen des Volkes für Recht: »Die Revisonen der Angeklagten Petgen und Lemke gegen das Urteil des Schwurgerichts beim Landgericht in Eberswalde vom 2. September 1949 werden auf Kosten der Angeklagten als unbegründet verworfen.«

Karl-Heinz Petgen hatte dennoch Glück. Am 24. März 1950 wandelte das Präsidium des Landtages Brandenburg die Todesstrafe in eine lebenslängliche Zuchthausstrafe um. Mitte der sechziger Jahre wurde er aus dem Strafvollzug der DDR entlassen. Seine Spuren verloren sich irgendwo in der Bundesrepublik.

Wer in diesen Tagen in Angermünde das »Hotel Reichshalle« sucht, muß nach dem leergezogenen Gebäude der ehemaligen HO-Gaststätte »Haus Uckermark« Ausschau halten. Zur Geschichte dieses Hauses gehören der Vereinigungsparteitag von KPD und SPD am 24.3.1946 und der grausige Mordfall Heinrich Lemke am 10.10.1948. Beide Ereignisse sind in Angermünde in Vergessenheit geraten.

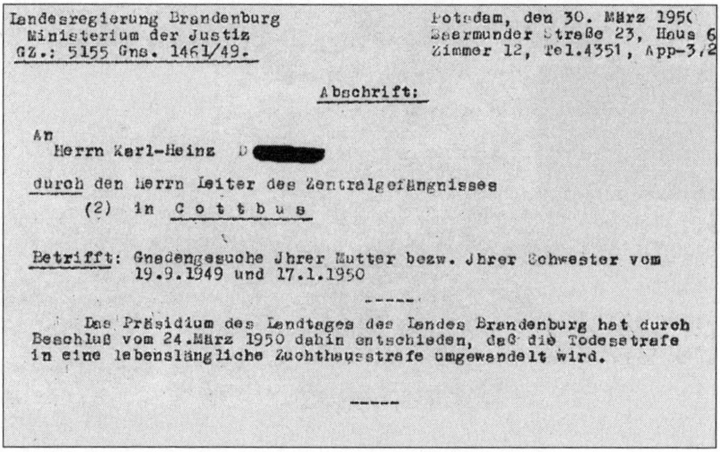

Landesregierung Brandenburg
Ministerium der Justiz
GZ.: 5155 Gns. 1461/49.

Potsdam, den 30. März 195
Saarmunder Straße 23, Haus 6
Zimmer 12, Tel.4351, App-3/2

Abschrift:

An
Herrn Karl-Heinz D [redacted]
durch den Herrn Leiter des Zentralgefängnisses
(2) in Cottbus

Betrifft: Gnadengesuche Jhrer Mutter bezw. Jhrer Schwester vom 19.9.1949 und 17.1.1950

Das Präsidium des Landtages des Landes Brandenburg hat durch Beschluß vom 24.März 1950 dahin entschieden, daß die Todesstrafe in eine lebenslängliche Zuchthausstrafe umgewandelt wird.

Quelle: Brandenburgisches Landeshauptarchiv Potsdam

»Schokoladen-Lemke« gibt es längst nicht mehr in der Schönhauser Allee in Berlin. Das Haus mit der Nummer 115 beherbergt heute einen Minihaushaltsmarkt; jedenfalls noch so lange wie der Geschäftsinhaber die explodierenden Ladenmieten bezahlen kann.

Und was mag aus dem erfolgreichen Kriminalinspektor Schüttau geworden sein? Einer unscheinbaren Karteikarte aus dem Archiv des ehemaligen Ostberliner Polizeipräsidiums ist zu entnehmen, daß Max Schüttau am 25.4.1949 zum Polizeioberkommissar befördert wurde. Zwei Monate später, am 30.6.1949, hat er den Polizeidienst

Schönhauser Allee 115. Quelle: Archiv des Autors

verlassen. Über seine Gründe zu spekulieren, erweist sich als müßig. Die Entscheidung könnte politisch motiviert, aber ebenso familiärer Natur gewesen sein. Auf der Karteikarte steht nur: »Entlassung auf eigenen Wunsch«. Wir wollen uns mit dieser Auskunft bescheiden.

TREFFPUNKT SEKTORENGRENZE

Der Überfall auf den Circus Barlay
1953

Wer heute auf der Berliner Friedrichstraße in Richtung Oranienburger Tor spaziert, wird hinter der Weidendammer Brücke vor dem rechterhand gelegenen neuen Friedrichstadtpalast verweilen. Nur ältere Berliner erinnern sich noch, daß in den vierziger und fünfziger Jahren auf dem Geviert zwischen Ziegel-, Kalkscheunen- und Johannisstraße ein weltbekanntes Zirkusunternehmen zu Hause war. Hinter einer grauen Mauerfassade mit der Leuchtschrift »Circus BARLAY« erhob sich ein runder Holzbau, der Artisten wie Zuschauern vor Wind und Wetter Schutz bot. Auf der Ostseite des Geländes lag der langgestreckte Pferdestall, dessen Rückwand an die parallel zur Friedrichstraße verlaufende Kalkscheunenstaße stieß. Dazwischen eine bunte Wagenstadt für Artisten und Tiere, beidseitig flankiert von der Unfallklinik in der Ziegelstraße und einem Hotel in der Johannisstraße.
1950 wurden auf dem Boden der DDR sechsundvierzig kleinere und mittlere Zirkusarenen gezählt. Zu den beliebtesten Spielstätten gehörte der »Circus Barlay« in der Berliner Friedrichstraße 107. Eigentümer und zugleich Direktor war Harry Barlay, ein weltberühmter Artist, zu dessen wenigen Charakterschwächen wohl seine cholerische Neigung zählte. Barlay geriet nicht selten mit den Kulturfunktionären aneinander, die jedes neue Programm »auf künstlerische und ideologische Inhalte« begutachteten. Frustriert kehrte Barlay im Frühjahr 1950 der ostdeutschen Republik den Rücken.
Wenige Wochen darauf, am 12. Juli 1950, reiste ein westdeutscher Zirkusunternehmer über Wartha in die DDR ein. Sein Name sollte schon bald für Schlagzeilen in den DDR-Gazetten sorgen.

Montag, der 20. April 1953. Ein hoffnungsvoller Frühlingstag in Berlin. Die Quecksilbersäulen der Thermometer sanken nachts zwar noch bis zur Nullgradgrenze, dafür zeigte die Sonne sich tagsüber von der allerbesten Seite. In den Anlagen vor dem S-Bahnhof Friedrichstraße genossen pflastermüde Berliner die wärmenden Sonnenstrahlen. Auf dem Geländer an der Weidendammer Brücke hockten Möwen, die ihre Gefieder ordneten.

An diesem Vormittag passierten nur wenige Besucher die Eingangstür zum »Circus Barlay«. Otto Molander, der neue Direktor, hatte zur Pressekonferenz geladen, um das Tourneeprogramm des »Circus Barlay« vorzustellen. Nach Harry Barlays Flucht in den Westen war der Restzirkus in die Treuhänderschaft des Magistrats von Ostberlin übergegangen. Und der wiederum hatte die Geschicke des nunmehr »volkseigenen« Zirkusunternehmens auf Betriebsleiter und Geschäftsführer übertragen, die in rascher Folge wechselten.

Fassade des Circus Barlay in der Friedrichstraße 107 (Anfang September 1951). Quelle: Archiv Kürschner

Überschwenglich begrüßte Molander, ein imposanter Mann mit buschiger Künstlermähne, die Abgesandten der Berliner Zeitungen. Seine Laune hatte sich dem Wetter angepaßt. »Montags gehts auf Sommertournee durch die Deutsche Demokratische Republik.« schwadronierte er aufgeräumt. »Ungarische Artisten am Dreifachreck bilden die Hauptattraktion in unserem Programm. Wir haben Schleuderbrettakrobaten verpflichtet, eine exzellente Trapezdarbietung. Sämtliche Pferde sind in einer Cowboy-Dressur zu sehen.

Natürlich gehen auch die Löwen und Bären mit auf Reisen. Und der kleine Zoo. Eine Tierschau darf ja in keinem guten Tourneeprogramm fehlen.« Molander ließ zum Abschluß Werbezettel verteilen. Er beantwortete Fragen. Danach bot er den Damen und Herren Journalisten einen Rundgang auf dem Zirkusareal an. Die Gäste folgten voller Neugier. Wer schnuppert nicht gern am aufregenden Flair einer Zirkusstadt?

Probenatmosphäre hinter dem schweren dunkelroten Vorhang, der Manege und Sattelgang voneinander trennte. Die drei Barlay-Clowns feilten an einer Pointe für ihren Pausensketch. Ein junges Mädchen im hautengen Trikot balancierte auf dem Drahtseil. Lodernde Fackeln kreisten in ihren Händen.

Im Stallgang trafen sie auf die Tierpflegerin Susanne Kottke, die »Astra« und »Pascha«, zwei prachtvolle Rappen, zur Tränke führte.

Molander deutete auf das Trio: »Dreiundzwanzig Pferde sind jetzt in die Dressuren eingebunden. Ich sage Ihnen, Hohe Schule und vom Feinsten, Herrschaften!«

Den Abschluß der Besichtigung bildete die Raubtiergruppe. Intensiver Geruch schlug den Besuchern entgegen. Die Braunbären und die Löwen waren schon in die rollenden Sommerquartiere gezogen. »Um sie einzugewöhnen«, sagte der verantwortliche Raubtierpfleger.

Bevor Otto Molander die Pressemeute am Haupttor verabschiedete, rückte er mit einer letzten Information heraus: »In den nächsten Tagen erwarten wir die Lieferung eines neuen Chapiteaus aus Großröhrsdorf. Fast tausend Besucher können wir dann in dem Sechs-Masten-Zelt unterbringen! Ich hoffe, Sie werden in Ihren Zeitungen auch darüber schreiben!«

Der Bericht, den die »BZ am Abend« am 21. April 1953 veröffentlichte, fiel zur Enttäuschung des Direktors eher bescheiden aus:

> BARLAY GEHT AUF REISEN
>
> Wintersaison 52/53 beendet, lesen die Berliner, wenn sie am Zirkus Barlay vorübergehen. Jetzt ist die Belegschaft beim Packen, denn am Montag gehts auf Sommertournee durch die Deutsche Demokratische Republik.
>
> Ungarische Artisten am Dreifachreck, sämtliche Pferde sowie Löwen und der Zoo gehen mit auf Reisen.

Die Spitzennachricht in den Ostberliner Blättern lieferte an diesem Tag der Tod des Dichters Erich Weinert. Den Westberliner Zeitun-

gen war die Barlay-Tournee keine Zeile wert. 95 Volkspolizisten, darunter drei Kommissare, seien in der vergangenen Woche nach Westberlin geflüchtet, vermeldete »Der Kurier«. »Das ist die bisher höchste Zahl von Vopo-Flüchtlingen in einer Woche.«
Dafür wußte der Osten von 50 Entlassungen bei der Firma »Bosse« in Berlin-Schöneberg zu berichten. Die Beseitigung der Arbeitslosigkeit gehörte zu den wenigen Propagandathemen, bei denen man dem Westen voraus war. Und die SED-Kreisleitung Weißensee lud im »Neuen Deutschland« zu einer »Besprechung aller Zirkelleiter zum Studium der Stalin-Biographie« ein.

Als Bedrich Tischer am Nachmittag des 21. April das »Kleine Ballhaus« in der Schöneberger Hauptstraße betrat, trug er die Mittagsausgabe der »BZ am Abend« in der Tasche. Das Lokal war zu dieser Zeit fast leer, nur wenige Tische besetzt. Gedämpfte Jazzrhythmen strömten aus einer Jukebox. In einer Ecke saßen ein paar junge Burschen.
Der neunundzwanzigjährige Artist, der als Messerwerfer und Kunstschütze gearbeitet hatte, grüßte zur Bar hinüber. Gelangweilt putzte der Keeper hinter dem Tresen die vernickelten Tabletts. »Der Chef ist im Büro!« teilte er halblaut mit.
Der Gast im modischen Trenchcoat schlängelte sich zwischen den Tischen hindurch. Er ging zur Tür, die mit der Aufschrift »PRIVAT! Eintritt verboten!« ungebetene Gäste abschrecken sollte. Nach kurzem Klopfen trat Tischer ins Allerheiligste, wie der Inhaber des »Kleinen Ballhauses Schöneberg« sein Büro zu nennen pflegte. Der Chef, ein Mann von vierundvierzig Jahren, saß hinter dem Schreibtisch. Bei Tischers Eintritt hob Alois Schickler den Kopf mit dem gelichteten Haarwuchs. Die etwas schief geratene Nase in seinem glatten Pokerface rührte von einem unglücklichen Sturz im Zirkusrund her.
Tischer warf ihm die Zeitung hin. »Erste Seite, rechts unten!«
»Weiß schon«, knurrte Schickler. »Zirkus Barlay geht auf Reisen!«
»Woher?«
»Simon und Anderlick, der Stallmeister von Hoppegarten, waren heute früh bei mir.«
»Die Stimmung unter den Leuten ist beschissen«, wußte Tischer zu berichten. »Keiner weiß, was so recht werden soll. Höchste Zeit, daß wir zur Parade kommen.« Er ließ sich in einen Sessel fallen, schlug die Beine übereinander und griff nach dem Kognakschwenker, den

der Gastgeber ihm reichte. »Kann sein, daß die Pferde schon morgen zur Verladung kommen.«
Schickler lachte kurz auf. »Mir wärs lieber, wir hätten zuerst das Chapiteau geholt.«
Tischer verzog das Gesicht, als habe er in einen sauren Apfel gebissen. »Mir auch«, gab er zu. »Aber das Loch in der Gartenstraße ist noch nicht fertig.«
»Am besten, ihr stellt ein Transparent vor die Grundstücksmauer, irgendwas ›Fortschrittliches‹, das keinen Verdacht erweckt.« Schickler grinste. »Wenn der Lkw mit dem Zelt kommt, reißt ihr das Plakat einfach weg und dann ab über die Sektorengrenze!«
»Die Idee mit dem Plakat ist gut. Ich sag dem Silberberg Bescheid. Der macht das schon.«
»Kannst du dich auf deinen Kumpel verlassen? Ist der in Ordnung?«
»Hundertprozentig.« Die Augen des Messerwerfers verrieten viel von der Bewunderung, die Bedrich Tischer für seinen ehemaligen Chef empfand. Schickler hatte ihn einige Zeit als Geschäftsführer beschäftigt. Er beneidete den einstigen Zirkusdirektor um dessen Cleverneß, die ihn befähigte, ein einmal anvisiertes Ziel mit aller Konsequenz durchzudrücken. Charaktereigenschaften, die Bedrich Tischer in den Jahren nach dem Krieg abhanden gekommen waren. Er brauchte nur in den Spiegel zu sehen, um zu erkennen, was das Schicksal aus einem Menschen machen konnte.
Schickler schnippte mit den Fingern. »Okay! Ich habe umdisponiert!« In einer elastischen Bewegung, die den durchtrainierten Artisten verriet, sprang er hinter dem Schreibtisch auf, nahm einen Stadtplan vom Wandregal und breitete ihn auf dem Tisch aus. Bedrich beugte den Kopf vor. Der Chef erläuterte: »Mantolla wird die Jungs heute Nacht zur Kalkscheunenstraße bringen. Silberberg steigt zu dir aufs Motorrad. Ihr haltet die Verbindung zwischen den Jungens und könnt sie im Notfall warnen, falls eine Vopo-Streife auftaucht. Wenn im Zirkus alles ruhig ist, öffnen Simon und Anderlick das hintere Tor. Die Leute aus dem Stall, die mitmachen wollen, bringen die Pferde auf die Straße. Und dann so schnell wie möglich zur Grenze. Hast du den Warenbegleitschein besorgt?«
»Mit 'ner Rasierklinge zurechtfrisiert. Im Dunkeln merkt kein Schwein, daß der Schein von 1952 stammt.«
»Ist der Fluchtweg überprüft?«
»Johannisstraße, Tucholskystraße, Oranienburger, Krausnickstraße, Große Hamburger, Koppenplatz, Ackerstraße«, zählte Tischer auf.

»Die letzte Strecke ist der Weg über den Friedhof.« Schickler tippte mit der Rechten auf den Plan. Der Friedhof der Sophien-Kirchgemeinde spielte eine wichtige Rolle in ihrem Vorhaben. Während man das südliche Tor vom Pappelplatz aus betreten konnte, führte das Nordtor direkt auf die Bernauer Straße. Der gegenüberliegende Bürgersteig gehörte zum französischen Sektor. »Beide Tore müßt ihr rechtzeitig aufschließen. Hat Silberberg die Nachschlüssel beschafft?«

»Alles okay, Chef. Was machen wir, wenn dort Posten stehen?«

Schickler faltete den Plan zusammen. »Ich treffe die nötige Vorsorge. – Mensch, Bedrich, wenn die Sache mit den Pferden heute nacht klappt, macht ganz Berlin morgen Augen!«

Am Innsbrucker Platz drehte sich ein Riesenrad. Die Gondeln schwebten hinauf in den Nachmittagshimmel, ließen den Lärm des Rummelplatzes und den Staub, den Hunderte von Füßen aufwirbelten, für einen winzigen Augenblick unter sich zurück, bevor sie in die Kakophonie aus Musikfetzen, dem sausenden Rattern der Fahrgeschäfte, Schnarren der Glücksräder, und den Rufen der Los- und Luftballonverkäufer zurückgerissen wurden.

Hansi Küchwald schob sich durch das Gewühl der Rummelplatzbesucher. Der siebzehnjährige Bauschlosser hielt nach seiner Clique Ausschau, die sich bestimmt in der Nähe der Wellenbahn herumtrieb. Die meisten seiner Freunde - einige waren noch Lehrlinge, andere arbeitslos - hatte er im amerikanischen Jugendclub in der Schöneberger Hauptstraße kennengelernt. Dort konnte man basteln, Bücher ausleihen, sah amerikanische Filme und erfuhr nebenbei so manches über die Geschichte der Vereinigten Staaten von Nordamerika. Und Mädchen traf man im Club. Hansi fielen auf Anhieb die Geschwister Schickler ein, zwei bildhübsche Mädchen, deren Vater das »Kleine Ballhaus« in der Nachbarschaft des Jugendclubs betrieb. Der Alkoholausschank im Club war verboten, so daß Hansi Küchwald und einige der Jungen ab und an im Ballhaus einkehrten. Bei solchem Anlaß hatten sie übrigens Alois Schickler kennengelernt, den Vater der beiden Mädchen. Jovial hatte der die Jungen als neue Gäste begrüßt, als kenne er jeden seit uralten Zeiten. Daß die Schicklers weltbekannte Artisten waren, erzählte er ihnen später, und daß sie aus der Ostzone flüchten mußten.

Bis zum Podest der Wellenbahn hatte Küchwald sich vorgedrängt, als er die Freunde entdeckte. Conny, Atze, Bully, Dicker und Pascha.

Ihre richtigen Namen benutzte die Clique nur selten; man kannte sie kaum. Die Jungen standen neben dem buntbemalten Kassenhäuschen und wippten die Körper im Rhythmus der überlauten Musik. Ihre weiten dreiviertellangen Hosen galten als hochmodisch. Dazu trug man Ringelsocken und Schuhe mit zentimeterdicken Kreppsohlen.
»Conny!« brüllte Küchwald. »Hey, Atze!«
Pascha im giftgrünen Lumberjack legte die Hände trichterförmig vor den Mund. »Prima Stimmung hier! Komm rauf!«
Küchwald schüttelte heftig den Kopf. Er bedeutete den Freunden, daß er sie sprechen müsse. »Is was Geschäftliches!« unterstrich er die Dringlichkeit.
Nur ungern verließen die Jungen ihren Platz auf dem Podest. Küchwald zog sie hinter eine Bude. »Schickler läßt bestellen, daß alle um neunzehn Uhr im KBS sein müssen.«
»Dann geht es also los?« fragte der dicke Tröbes aufgeregt.
Hansi Küchwald gab sich überlegen. Sollte die Clique ruhig glauben, daß der Chef ihn in seine Pläne eingeweiht hatte. Das hob sein Ansehen in der Truppe.
»Hoffentlich zahlt er auch das versprochene Geld«, meinte einer der Jungen. »Die zwanzig Mark kann ich gut gebrauchen.«
»Auch ein Job wäre nicht schlecht, als Pferdepfleger oder so.«
Atze zog einen Kamm aus der Tasche und bearbeitete seine dunkle Haartolle. »Ich weiß nicht, ob die Sache okay ist. Um die Pferde zu holen, müssen wir doch in den Ostsektor ...«
»Na und ...?« hielt Pascha dagegen. »Hast doch gehört, daß die Pferde im Osten widerrechtlich festgehalten werden. Sie gehören Schickler!«
»Die Sache ist mir zu heiß«, sagte Atze entschlossen. »Ich steige aus.«
»Laßt ihn doch! Wenn er Schiß hat ...«
»Quatsch keen jehäkelten Rhabarber!« Bully nahm für Atze Partei. Mittlerweile erschien auch ihm das Risiko in einem anderen Licht. »Ich brauch die zwanzich Emmchen nich. Wenn Ihr durchaus wollt, dann jeht ooch jefällichst alleene!«

Während am Innsbrucker Platz sich die Geister schieden, legte Alois Schickler im Hinterzimmer des »KBS« die neueste Ausgabe des »Renn-Courier« zur Seite. Verdrossen musterte er die Einrichtung in seinem Büro. Ein altersschwacher Aktenschrank, Couchtisch in

Nierenform, zwei Sessel und der eingebaute Wandtresor in der Ecke. Die Wände waren mit Plakaten und gerahmten Artistenfotos dekoriert. Auf einem war Alois Schickler zu sehen, in rotem Frack und Zylinder. Mit der ausgetreckten Peitsche dirigierte er vier prachtvolle Rappen, die im Steiger posierten. Schicklers Augen blieben an dem Foto hängen. Der vertraute Geruch frischaufgeworfener Sägespäne stieg in seiner Erinnerung auf. Der Dunst von Stroh und warmen Tierleibern, wenn man in der Morgenfrühe die Stalltür öffnete, und die Pferde neugierig die Köpfe wandten. Pferde hatten einen Teil seines Lebens bestimmt. 1909 am Rande einer Zirkusmanege in Halle geboren, wurde ihm der Umgang mit Pferden von Kindheit an vertraut. Die Schicklers gehörten zu einer alten Artistenfamilie, deren Wurzeln sich bis ins hessische Werragebiet zurückverfolgen ließen. Schon als Dreizehnjähriger war Alois im verwegenen Cowboykostüm durch die Manege galoppiert. Mit neunzehn baute er sich eine Freiheitsdressur auf, die internationalen Vergleich nicht zu scheuen brauchte. Vor allem seine Dressuren waren es, die dem elterlichen Zirkus zu Rang und Ansehen verhalfen. Als der Krieg ausbrach, hatte Alois Schickler die Leitung des Unternehmens in eigene Regie übernommen. Ein wohlüberlegter Schachzug, denn die Glitzerwelt der Artisten spielte eine gewichtige Rolle im Kalkül der

Quelle: Zirkusarchiv Winkler

Truppenbetreuung für die deutsche Wehrmacht. Dann stand das Ende des »dritten Reiches« vor der Tür. Schickler zog sich nach Kassel zurück, wo sein arg gebeuteltes Zirkusunternehmen die letzten Kriegswochen überlebte …

Der Chef des »Kleinen Ballhauses Schöneberg« unterbrach die Familienerinnerungen. Er trat zum Wandtresor, kramte ein Fotoalbum heraus, das er lange nicht mehr in den Händen gehalten hatte, und begann darin zu blättern. Hannover, Hamburg, München. Wo hatten sie nicht die Anker für die Halteseile ihres Chapiteaus ins Erdreich gerammt? Zirkusartisten waren gern gesehen. Nach den langen Kriegsjahren lechzten die Menschen nach Unterhaltung. Noch hatte man Geld in den Taschen, bis die Währungsreform vom Juni 1948 ihre Schatten warf. Fast über Nacht war das Publikum unter dem Zeltdach ferngeblieben. Lähmende Leere nistete sich auf den Zuschauerbänken ein, griff auf Kinos und Theatersäle über. Dafür lockten prallgefüllt Geschäfte mit Waren, die man lange nicht mehr gesehen hatte. Fieberhafter Kaufrausch überfiel die Menschen. Eine Entwicklung, die eine Vielzahl kleinerer Zirkusunternehmen in den Bankrott stürzte. Das Heer der arbeitslosen Artisten wuchs. Die wenigen Großstadtvarietés, die sich noch mühsam über Wasser hielten, konnten sie nicht auffangen.

Die Schicklers kämpften ums Überleben. Futterkosten, Wasser, Strom, Platzmiete, Transportkosten, die monatlichen Gagen für Personal und Artisten. Dazu die horrenden Steuern. Die dünn gewordene Kapitaldecke schmolz wie Schnee in der Frühjahrssonne dahin. Das Gespenst der Pleite ging um.

»Vielleicht sollten wir unser Glück mal im Osten versuchen«, schlug Schickler eines abends in der Mitarbeiterrunde vor.

»Bloß nicht! Da bist du nie dein freier Herr. Schon beim Grenzübergang wirst du dein blaues Wunder erleben!«

»Wie man sagt, haben die Russen einen Faible für gute Zirkuskunst. Warum sollte es dort keine Arbeit für uns geben?«

Im Herbst 1949 streckte Alois Schickler die Fühler nach Ostdeutschland aus. Er konnte auf eine Reihe exzellenter Pferdedressuren verweisen und erbot sich zudem, eine Reihe guter Artisten – auch aus der DDR – zu verpflichten. Das von Gerhart Eisler geleitete Amt für Informationen beim Ministerpräsidenten der DDR erteilte die Tourneegenehmigung. Im Juli 1950 überschritt Schicklers Sechs-Masten-Unternehmen mit vierzig Pferden und zweiundvierzig Wagen die Zonengrenze bei Wartha. Im Winter 1950/51 bestritt er für mehrere Wochen das Programm des Steintor-Varietés in seiner Geburtsstadt Halle. Für die anschließende Sommertournee, die als »West-Ost-Gastspiel« angekündigt wurde, verpflichtete Schickler den aus Borna stammenden Artisten Bedrich Tischer. So hatte er zugleich einen des Landes kundigen Mitarbeiter, der die Geschäftsleitung beriet. Der »Circus Schickler« bereiste Sachsen, Sachsen-Anhalt, Brandenburg und Mecklenburg-Vorpommern.

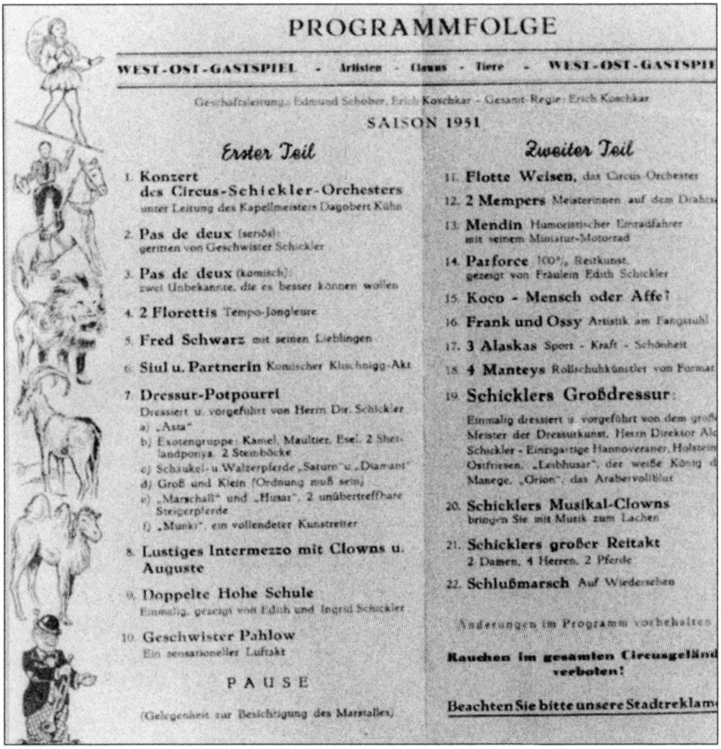

PROGRAMMFOLGE

WEST-OST-GASTSPIEL - Artisten - Clowns - Tiere - WEST-OST-GASTSPI

Geschäftsleitung: Edmund Schober, Erich Koschkar - Gesamt-Regie: Erich Koschkar

SAISON 1951

Erster Teil

1. **Konzert des Circus-Schickler-Orchesters** unter Leitung des Kapellmeisters Dagobert Kühn
2. **Pas de deux** (seriös): geritten von Geschwister Schickler
3. **Pas de deux** (komisch): zwei Unbekannte, die es besser können wollen
4. **2 Florettis** Tempo-Jongleure
5. **Fred Schwarz** mit seinen Lieblingen
6. **Siul u. Partnerin** Komischer Klischnigg-Akt
7. **Dressur-Potpourri**
   Dressiert u. vorgeführt von Herrn Dir. Schickler
   a) „Asta"
   b) Exotengruppe: Kamel, Maultier, Esel, 2 Shetlandponys, 2 Steinböcke
   c) Schaukel- u. Walzerpferde „Saturn" u. „Diamant"
   d) Groß und Klein (Ordnung muß sein)
   e) „Marschall" und „Husar", 2 unübertreffbare Steigerpferde
   f) „Mucki", ein vollendeter Kunstreiter
8. **Lustiges Intermezzo mit Clowns u. Auguste**
9. **Doppelte Hohe Schule** Einmalig, gezeigt von Edith und Ingrid Schickler
10. **Geschwister Pahlow** Ein sensationeller Luftakt

PAUSE

(Gelegenheit zur Besichtigung des Marstalles)

Zweiter Teil

11. **Flotte Weisen,** das Circus-Orchester
12. **2 Mempers** Meisterinnen auf dem Drahts
13. **Mendin** Humoristischer Einradfahrer mit seinem Miniatur-Motorrad
14. **Parforce** 100% Reitkunst, gezeigt von Fräulein Edith Schickler
15. **Koco - Mensch oder Affe?**
16. **Frank und Ossy** Artistik am Fangstuhl
17. **3 Alaskas** Sport - Kraft - Schönheit
18. **4 Manteys** Rollschuhkünstler von Format
19. **Schicklers Großdressur:**
    Einmalig dressiert u. vorgeführt von dem groß Meister der Dressurkunst, Herrn Direktor Al Schickler - Einzigartige Hannoveraner, Holstein Ostfriesen, „Leibhusar", der weiße König d Manege, „Orion", das Araber-vollblut
20. **Schicklers Musikal-Clowns** bringen Sie mit Musik zum Lachen
21. **Schicklers großer Reitakt** 2 Damen, 4 Herren, 2 Pferde
22. **Schlußmarsch** Auf Wiedersehen

Änderungen im Programm vorbehalten

Rauchen im gesamten Circusgeländ verboten!

Beachten Sie bitte unsere Stadtreklam

Quelle: Zirkusarchiv Winkler

Pressekritiken aus jener Zeit klebten im Album. Die »Norddeutsche Zeitung« lobte das Schweriner Gastspiel im August 1951: »Erstklassig, die Pferdedressuren von Direktor Schickler! Allein sie lohnen den Besuch. Vollgültige Reitkunst führen Edith und Ingrid Schickler mit ihren Partnern vor. Allerliebst Fred Schwarz mit seinen Hundelieblingen; eine im Raum des Zirkus nicht oft gesehene Nummer. Daneben steht ein umfangreiches artistisches Programm.« Selbst für die propagandistische Vermarktung mußte der Zirkus herhalten. Der Bericht des SED-Organs für das Land Mecklenburg endete mit den Sätzen: »Mit seinem Gastspiel will der westdeutsche Zirkus Schickler nicht nur uns neue artistische und zirzensische Darbietungen bringen, sondern vor allem, wie es der artistische Leiter E. Koschkar in der Begrüßung betonte, die Forderung unterstützen: Deutsche an einen Tisch. Der starke Beifall bewies, wie er allen aus dem Herzen gesprochen hatte.«

Gastspiel des Zirkus Schickler in Schwerin

Daß auch der letzte Platz in dem Zelt besetzt war, spricht von dem Interesse der Schweriner an zirzensischen Darbietungen; der starke Beifall dagegen beweist, daß dieser Zirkus aus der Nähe von Köln, der nun schon seit über einem Jahr in unserer Republik gastiert, ein gehaltvolles Programm bietet.

Da im Zirkus die Tiere das Wichtigste sind, beginnen wir die Aufzählung der Darbietungen, die den Zuschauer immer wieder zu lange anhaltendem Klatschen veranlaßten, mit den Tieren. Prächtige Pferde, Hannoveraner und Holsteiner Ostfriesen von Direktor Schickler und den Mitgliedern der Familie Schickler in Dressuren, Potpourris, dem Pas de deux, der hohen Schule, Parforce und als Steiger vorgeführt. Wir freuen uns über die seriöse klassische Zirkuskunst, ebenso wie über das komische Pas de deux von zwei Unbekannten und über die Gruppe, bestehend aus einem Kamel, Maulesel, Esel, zwei Shetlandponys und zwei Steinböcken, die in die Manege kommt.

Nach den Pferden sehen wir andere Haustiere, nämlich die Hundegruppe von Fred Schwarz, in seltenen und wirkungsvollen Dressurakten.

Die artistische Seite des Programms wird vervollkommnet durch die zwei Florettis (Tempo-Jongleure), die eine saubere Arbeit liefern, den beiden Mempers (Meisterinnen auf dem Drahtseil), die Artistik am Fangstuhl von Frank und Ossy und den drei Alascas. Auf humoristisch kommt uns der Einradfahrer Mendin, der auf seinem halben Rad einen Walzer fährt und auf einem Miniaturmotorrad — die Augen aller Kinder leuchten — seine Runden dreht. Bei Koco stritten wir uns, ob das Wesen im Affenfell ein Mensch oder ein Affe ist, zumal auf dem Programmzettel hinter der Nummer ein Fragezeichen steht. Wir wollen deshalb diese Frage offenlassen. Ein Mensch ohne Knochen, aus Kautschuk schien Siul in seinem komischen Klischnigg-Akt zu sein. Die vier Mantoys sind mit ihren Rollschuhen verwachsene rotierende und wirbelnde Wesen. Clowns und Auguste mit unmöglichen Instrumenten und Miniaturgeigen und vor allem, mit viel Wasser, erfüllen die Manege und das Zelt mit Lustigkeit und Lachen. Tollkühnheiten unter der Kuppel bringen die Geschwister Pahlow in einem Luftakt, dessen Präzision wir immer aufs neue bewundern.

Ein gutes und vielseitiges Programm, das noch dadurch gewinnen würde, wenn sich Künstler wie Siul und Frank und Ossy entschließen würden, auf die vulgären Späße und Grimassen zu verzichten. Ihre Leistungen sind so, daß sie dies nicht nötig haben. Mit seinem Gastspiel will der westdeutsche Zirkus Schickler nicht nur uns neue artistische und zirzensische Darbietungen bringen, sondern vor allem, wie es der artistische Leiter E. Koschkar in der Begrüßung betonte, die Forderung unterstützen: Deutsche an einen Tisch. Der starke Beifall bewies, wie er allen aus dem Herzen gesprochen hatte. —r.

Quelle: Zirkusarchiv Winkler

Damals schien es, als habe sich das Schicksal des »Circus Schickler« zum Guten gewendet. Eingedenk der trüben Erfahrungen, die das Unternehmen nach der westdeutschen Währungsreform durchlebt hatte, ging Schickler daran, das Loch in der Eigenkapitaldecke zu stopfen.

Die warnenden Stimmen, die von einer Ostzonen-Tournee abgeraten hatten, sollten aber am Ende recht behalten. Im Mai 1951 unternahmen die DDR-Behörden einen ersten Versuch, in Schicklers Reich einzudringen. Mitarbeiter des Amtes für Informationen und ein Funktionär des »Kartells Kunst und Schrifttum«, das der Einheitsgewerkschaft FDGB angegliedert war, schnüffelten im Zirkus. Die Aktennotiz, die nach ihrer Inspektion entstand, behauptete »unhaltbare Zustände im Circus Schickler. Die Wohnwagen der Arbeiter und Tierpfleger befinden sich in völlig unhygenischem Zustand. Die Entlohnung ist mehr als schlecht, dafür müssen die Arbeiter jedoch 12 bis 14 Stunden täglich arbeiten. Direktor Schickler schreckte auch nicht davor zurück, einen Mitarbeiter zu verprügeln.« …

Alois Schickler klappte das Fotoalbum zu. Die Erinnerungen an das Intermezzo mit den Kontrollfunktionären erweckten noch heute Verdruß in ihm. Die Männer hatte partout nicht wahrhaben wollen, wie schwierig es in dieser Zeit war, ausgebildete Pferdepfleger für einen Reisezirkus zu bekommen. Man mußte nehmen, wen man fand, darunter auch Leute, die ein bequemes und abenteuerliches Leben im Zirkus erwarteten. Die Härte und die Gefahren der Arbeit, mit denen Artisten, Pfleger und Zeltarbeiter konfrontiert sind, läßt keine Zeit für Schwärmereien aufkommen. Manche Leute kapitulierten bald, andere griffen gelegentlich zur Flasche. Wie jener Stallbursche, der im Alkoholrausch auf eines der Dressurpferde eingeschlagen hatte. Mit den Fäusten lehrte Schickler den Rohling Mores. Was er, wie er dem Kulturbürokraten aufgebracht erklärte, bis heute nicht bereuen könne.

Sie kamen ihm auf einem anderen Wege bei. Im Herbst 1951 nahmen die Steuerprüfer das Schicklersche Imperium unter die Lupe. Während die Zeitungen noch des Lobes voll waren über die Leistungen des westdeutschen Zirkusunternehmens, forderte der Fiskus eine Steuerschuld von 240 000 Mark ein. Sie sollte vor allem durch den Verkauf unversteuerter Eintrittskarten entstanden sein. Schickler und sein Geschäftsführer Edmund Schober sahen sich außerstande, diese Tatsachenbehauptung zu widerlegen. Wie sollten sie auch? Die »Steuerschulden«, die das Finanzamt eintreiben

wollte, basierten auf Schätzungen. Schickler hatte nichtnumerierte Eintrittskarten verkauft. Anfangs hatte man sogar 500 000 Mark von ihm haben wollen, sah sich aber nach seinen Protesten zu einer Revision der Forderung gezwungen.
Das Finanzamt in Stralsund legte die Hand auf das Zirkusvermögen. Zelte, Wagen, Zugmaschinen, Autos und vor allem die Tiere fielen unter die Pfändung. Schickler erhielt die Genehmigung, das Unternehmen nach Dahlwitz-Hoppegarten zu überführen. Ein kleines Dorf vor den Toren Berlins, das ostdeutschen Artistenfamilien als traditionelles Winterquartier diente.
Am 6. März 1952 schrieb der »Ministerrat der Deutschen Demokratischen Republik, Ministerium für Kultur, Abteilung Darstellende Kunst« an den Direktor, Herrn Alois Schickler, und seinen Geschäftsführer Schober:

Abt. Darstellende Kunst

An den
Zirkus S c h i c k l e r
Berlin-Neuenhagen

3662 T Bk/Ho 6. März 1952

Entziehung der Zulassung

Bei der Ihnen gegebenen Zulassung zur Tätigkeit im Gebiet der Deutschen Demokratischen Republik durch das Amt für Information ist von der Voraussetzung ausgegangen worden, daß Sie die bei uns geltenden gesetzlichen Bestimmungen und arbeitsrechtlichen Bedingungen anerkennen und in Ihrem Betrieb durchführen. Wir haben feststellen müssen, daß Sie die bei uns geltenden Gesetze verletzt haben. So sind die bei Ihnen beschäftigten Mitarbeiter nach Feststellungen der Gewerkschaft Kunst in einer Weise behandelt worden, die wir nicht dulden können. Außerdem wurden Ihnen teilweise Ihre berechtigten Bezüge vorenthalten und bei der Absicht des Arbeitswechsels das Arbeitsbuch nicht ausgehändigt. Unter diesen Bedingungen ist eine Tätigkeit auf dem Gebiete des Veranstaltungswesens in der Deutschen Demokratischen Republik nicht vertretbar. Wir sehen uns daher gezwungen, die Ihnen gegebene Lizenz zurückzuziehen.

I.A. Bk
(B o r k)
Abteilungsleiter

Quelle: Zirkusarchiv Winkler

Bei der Ihnen gegebenen Zulassung zur Tätigkeit im Gebiet der Deutschen Demokratischen Republik durch das Amt für Informationen ist von der Voraussetzung ausgegangen worden, daß Sie die bei uns geltenden gesetzlichen Bestimmungen und arbeitsrechtlichen Bedingungen anerkennen und in Ihrem Betrieb durchführen. Wir haben feststellen müssen, daß Sie die bei uns geltenden Gesetze verletzt haben. So sind die bei Ihnen beschäftigten Mitarbeiter nach Feststellungen der Gewerkschaft Kunst in einer Weise behandelt worden, die wir nicht dulden können. Außerdem wurden ihnen teilweise ihre berechtigten Bezüge vorenthalten und bei der Absicht des Arbeitswechsels das Arbeitsbuch nicht ausgehändigt. Unter diesen Bedingungen ist eine Tätigkeit auf dem Gebiet des Veranstaltungswesens in der Deutschen Demokratischen Republik nicht vertretbar. Wir sehen uns daher gezwungen, die Ihnen gegebene Lizenz zurückzuziehen.

Nachdem Schickler den Brief gelesen hatte, verfiel er in einen Wutanfall. Selbst Edmund Schober, sein enger Vertrauter, vermied es, dem Chef über den Weg zu laufen. Am Abend berieten sie die Situation. Die Rücknahme der Spiellizenz machte es dem Zirkus unmöglich, die »Steuerschulden« abzuarbeiten. Die Schicklers hätten in die Bundesrepublik zurückgehen können, aber dann wäre ihr Vermögen wohl endgültig an den Staat DDR gefallen. »Ohne meine Pferde gehe ich nicht!« entschied Schickler.

Geschäftsführer Schober nahm Verhandlungen mit dem Finanzamt in Strausberg auf, das jetzt die Interessen der Stralsunder Steuerbehörden vertrat. Man einigte sich auf einen Kompromiß. Schicklers Unternehmen wurde an den Zirkus Baruk verpachtet, den Gerhard Babuke, ein früherer Mechaniker, 1949 gegründet hatte. Alois Schickler führte im Angestelltenverhältnis seine bekannten Freiheitsdressuren vor, seine Töchter ritten als die »Geschwister Schickler« auf den Schulpferden. Die monatliche Pachtsumme, die Gerhard Babuke nun neben seiner eigenen Steuerpflicht an das Finanzamt abzuführen hatte, betrug 10 500 Mark. Babuke, ein Seiteneinsteiger auf der Zirkusszene, war im Grunde genommen froh, den versierten Artisten Alois Schickler in seinem Stall zu wissen. Zwischen beiden entwickelte sich eine freundschaftliche Partnerschaft. Und Schickler erreichte, daß sein bisheriger Geschäftsführer Edmund Schober ein Unterkommen bei Babuke fand. Der Zirkus Baruk mauserte sich zu einem Unternehmen der Mittelklasse.

Alois Schickler und Gerhard Babuke. Quelle: Zirkusarchiv Winkler

Schlagartig fielen am Morgen des 18. Oktober 1952 Kontrollkommissionen über die Zirkusunternehmen in der DDR her. Mitarbeiter der Finanzämter, der Arbeitsschutzinspektionen, der Gewerkschaft Kunst und der Volkspolizei setzten zu sogenannten Tiefenprüfungen an. Ein Autor, der sich mit den Vorgängen befaßt hat, schrieb 1981: »Inzwischen war nach der Verwaltungsreform in der DDR ... auch im Ministerium für Kultur die Zeit herangereift, die Situation im Zirkuswesen grundlegend zu überprüfen.« Das Szenario war hinreichend erprobt. Bereits am 13. November 1950 hatte im thüringischen Oberhof eine ähnliche Aktion gegen private Einrichtungen des Kur- und Erholungswesens stattgefunden, in deren Folge zwei dutzend Hotel- und Pensionsbesitzer wegen »festgestellter Wirtschaftsverbrechen, Spekulantentums, Preisverstößen und Steuerhinterziehungen« enteignet wurden. Noch perfekter sollte sich übrigens die Planung für die »Aktion Rose« erweisen, die mit gleichem Ziel im Frühjahr 1953 die Ostseeküste heimsuchte.

Für den Zirkus Baruk konstatierten die Kontrollkommissare am 19. Oktober 1952 eine Steuerschuld von 120 000 Mark. Der bereits zi-

tierte Autor schrieb: »Damit wurde endgültig klar, daß auch die Verpachtung des Zirkus Schickler keinen Erfolg gezeitigt hatte, sondern, im Gegenteil, Schicklers Manipulationen bei Baruk fortgesetzt worden waren.«
Alois Schickler wußte die Zeichen der Zeit zu deuten. Er kratzte seine finanziellen Mittel zusammen, stieg mit der Familie in die S-Bahn und setzte sich nach Westberlin ab. Gerhard Babuke, der im Raum Dedeleben die grüne Grenze überqueren wollte, hatte weniger Glück. Er wurde in Magdeburg festgenommen.
Am 13. November 1952 verfügte das Finanzamt Strausberg die Übergabe der Zirkusunternehmen Baruk und Schickler in die Treuhandverwaltung des volkseigenen »Circus Barlay«. Edmund Schober, der die Verhandlungen mit Hilfe eines Rechtsanwaltes beim Finanzamt führte, erreichte, daß die sechs Schul- und Freiheitspferde, die nachweislich Privateigentum der Geschwister Schickler waren, aus der Treuhandmasse ausgegliedert wurden. Schickler ließ sie nach Westberlin überführen.
Bei den Verladearbeiten ging ihm ein Bursche zur Hand, der seit

Die Schwestern Schickler. Quelle: Zirkusarchiv Winkler

kurzem den Posten des Stallmeisters in Hoppegarten bekleidete. Der neunzehnjährige Ludwig Anderlick schwärmte ein bißchen für Edith und Ingrid, die flotten Schickler-Mädchen. Mit wohlwollender Geste übersah er, daß die Anzahl der verladenen Geschirr- und Sattelzeuge weitaus größer war, als in den Begleitpapieren vorgesehen. Und die Schicklers revanchierten sich mit einer freundlichen Einladung: »Vielleicht besuchen Sie uns mal, Ludwig, wenn wir drüben erst eingerichtet sind?«

Alois Schickler fand neue Geschäftspartner. Er wurde Mitinhaber des »Kleinen Ballhauses Schöneberg«, ein Etablissement, wie es viele in der Westberliner Vergnügungsbranche der fünfziger Jahre gab. Das Publikum war bunt zusammengesetzt. Junge Leute, die auf amerikanische Jazzmusik und heißen Boogie-Woogie standen. Im Keller des Hauses richtete Schickler einen Schießstand ein. Man schoß mit Luftgewehren auf Papierblumen. Amerikanische Soldaten verkehrten in dem Lokal mit ihren deutschen Girls. Aber auch Prostituierte, die nicht nur in Westberlin, sondern auch in Ostberliner Lokalen zu finden waren. Nach einer routinemäßigen Razzia der amerikanischen Militärpolizei wies Schickler seine Türsteher an, nur noch Frauen mit ordnungsgemäßem Gesundheitspaß einzulassen. Weder mit den Amerikanern noch mit den deutschen Behörden durfte er es sich verderben.

Solche Mißlichkeiten des »Budikerlebens«, wie Schickler sie genervt nannte, verfestigten seine Vorsätze. Schon bei der Flucht aus dem Osten hatte er sich geschworen, im Zirkusgeschäft wieder auf die Beine zu kommen. Wer zum Artisten bestimmt ist, der kämpft sich durch, lautete Schicklers Grundsatz. Er setzte auf sein Hauptkapital, seine Dressurpferde, von denen er jetzt wußte, daß sie seit einer Woche in den Ställen des Barlay-Geländes in der Friedrichstraße 107 untergestellt waren. Dreiundzwanzig edle, vollblütige Pferde, die er wieder in seinen Besitz bringen mußte – ganz gleich auf welchem Wege.

Alois Schickler umkreiste mit elastischen Schritten seinen Schreibtisch. Die Luft im Büro war stickig, erschwerte das Atmen. Schickler riß einen Fensterflügel auf und lockerte den Schlipsknoten.

Der erste Versuch, einstigen Besitz zurückzuerlangen, war fehlgeschlagen. Am 23. Dezember 1952 wollten Bedrich Tischer und sein Bekannter namens Silberberg einen Pkw »Steyer«, der in Altlandsberg untergestellt war, über die Grenze schmuggeln. Dabei gerieten

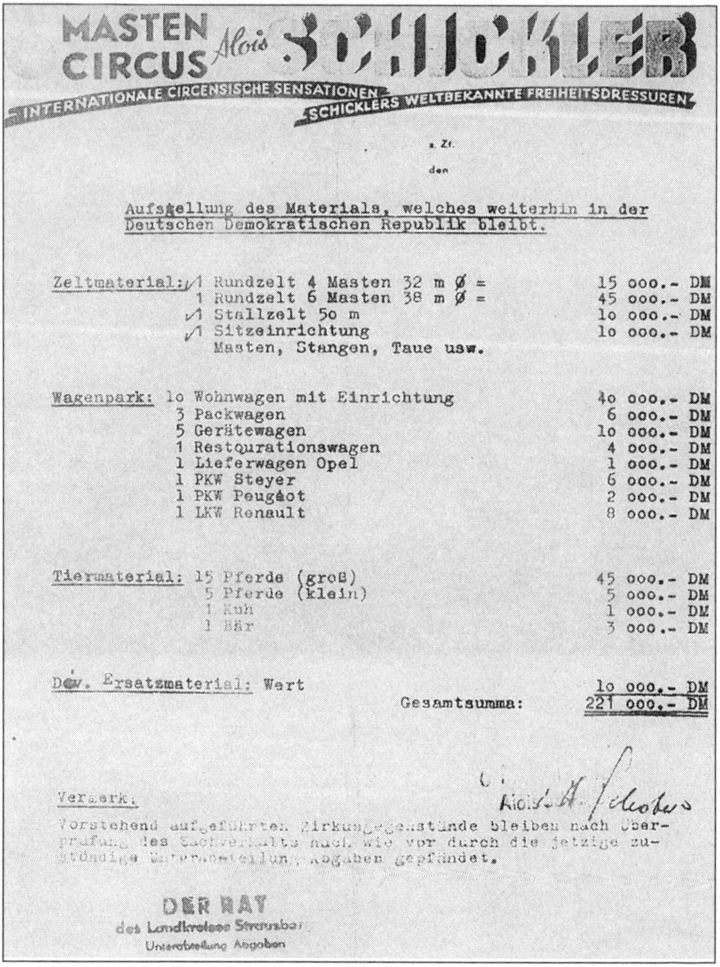

Aufsgellung des Materials, welches weiterhin in der Deutschen Demokratischen Republik bleibt.

Zeltmaterial:	1 Rundzelt 4 Masten 32 m Ø =	15 000.- DM
	1 Rundzelt 6 Masten 38 m Ø =	45 000.- DM
	1 Stallzelt 50 m	10 000.- DM
	1 Sitzeinrichtung	10 000.- DM
	Masten, Stangen, Taue usw.	
Wagenpark:	10 Wohnwagen mit Einrichtung	40 000.- DM
	3 Packwagen	6 000.- DM
	5 Gerätewagen	10 000.- DM
	1 Restqurationswagen	4 000.- DM
	1 Lieferwagen Opel	1 000.- DM
	1 PKW Steyer	6 000.- DM
	1 PKW Peugaot	2 000.- DM
	1 LKW Renault	8 000.- DM
Tiermaterial:	15 Pferde (groß)	45 000.- DM
	5 Pferde (klein)	5 000.- DM
	1 Kuh	1 000.- DM
	1 Bär	3 000.- DM
Div. Ersatzmaterial:	Wert	10 000.- DM
	Gesamtsumme:	221 000.- DM

Vermerk:
Vorstehend aufgeführten Zirkusgegenstände bleiben nach Überprüfung des Sachverhalts nach wie vor durch die jetzige zuständige Unterabteilung Abgaben gepfändet.

DER RAT
des Landkreises Strausber
Unterabteilung Abgaben

Die Anzahl der in der Aufstellung angegebenen PerdeQ erhöht sich später auf 23. Quelle: Zirkusarchiv Winkler

sie in eine Kontrolle. Tischer und Silberberg konnten sich herausreden, mußten das Auto aber, da die Begleitpapiere unvollständig waren, der Polizei überlassen.
Im Februar 1953 versprach Tischer, eine Zugmaschine, die fast vergessen in einer Neubrandenburger Reparaturwerkstatt stand, nach Westberlin zu bringen. Auch dieses Unternehmen schlug fehl.

Tischer wurde seltsamerweise nicht verhaftet. War es die Dummheit der Polizeibehörden, oder ließen sie ihn längst »an der langen Leine laufen«? Die Wahrheit läßt sich heute kaum noch erschließen. Überliefert sind Aktennotizen, die auf eine Beobachtung hinweisen. Ein besorgter Funktionär notierte in einem erhalten gebliebenen Bericht: »Wir haben aus Gründen der Wachsamkeit dieserhalb verschiedene Stellen angesprochen und um Hilfe ersucht. Zu dieser Zeit leider ohne Erfolg.«

Seit Wochen bereitete Alois Schickler den Pferdecoup vor. Da er nichts mehr dem Zufall überlassen wollte, kümmerte er sich selbst um die Vorbereitungen. Auf sein Geheiß hatte Tischer Kontakte zu Johannes Simon aufgenommen, der früher als Stallbursche bei Schickler gearbeitet hatte und jetzt zum Personal des volkseigenen »Circus Barlay« gehörte.

Gegen sechzehn Uhr trennten sich Simon und Ludwig Anderlick vor einer Kneipe am S-Bahnhof Friedrichstraße. Ausgiebig hatten sie Ludwigs zwanzigsten Geburtstag gefeiert.

»Vergiß nicht, heute abend um elf!«

Anderlick hob kurz die Hand. Dann lief er die Treppe zum Bahnsteig der unterirdischen Nord-Süd-Bahnlinie hinab. Der Feierabendverkehr hatte eingesetzt. Die S-Bahnzüge waren überfüllt. Während der Zug durch den Tunnel in Richtung Nordbahnhof raste, kreisten die Gedanken des Zwanzigjährigen um das nächtliche Rendezvous.

Johannes Simon war ein Jahr älter. Bis zu einem selbstverschuldeten Arbeitsunfall hatte er als Stallmeister in Hoppegarten gewirkt. Die Betriebsleitung beorderte ihn als Pferdepfleger in die Friedrichstraße 107 zurück. Deshalb fielen die Pflichten des Stallmeisters an Ludwig Anderlick, der davon ausging, daß Simon ihm den zwangsverordneten Rollentausch übelnahm. Statt dessen war Simon eines Tages mit dem Vorschlag herausgerückt: »Weißt du was, Ludwig, wir machen uns einen gemütlichen Abend. Mal raus aus dem Pferdemief. Hast du nicht Lust auf einen Kneipenbummel?«

Nach dem Füttern waren sie losgezogen. Simon, der den Ton angab, lotste Anderlick nach Schöneberg. Sie landeten im KBS.

Das Lokal war brechend voll, die Luft zum Schneiden dick. Der Pianist bearbeitete die Tasten, die Trompeten jazzten hell auf, geführt von dem Mann am Schlagzeug, der den Rhythmus hämmerte. »Mucki, mein Schnucki, tanz mit mir Boogie-Woogie ...« Schwit-

Das Kleine Ballhaus in der Schöneberger Hauptstraße. Quelle: Archiv des Autors

zende Paare schoben und wippten auf der Tanzfläche.
»Donnerwetter, das ist ja der Ludwig Anderlick!« Mit ausgebreiteten Armen kam Alois Schickler den Besuchern entgegen. »Simon hat mir schon erzählt, daß du jetzt Stallmeister in Hoppegarten bist. Immer tüchtig, mein Junge. Nimm dir bloß kein Beispiel an diesem Suffkopp!« Im Scherz boxte er Simon in die Seite. »Wie geht's meinen Pferden?«
Anderlick bekam rote Ohren. Erstaunt über den freundlichen Empfang stotterte er: »Alles in Ordnung, Herr Schickler.«
»Kommt, Jungs!« Er schob einige Leute aus dem Weg und führte sie zu seinem Stammtisch. »Ich finde es großartig, daß ihr gekommen seid. Nehmt Platz!« Schickler orderte eine Flasche Schampus. »Geht auf meine Rechnung, Jungens. Unser Wiedersehen muß doch gefeiert werden!«
Der Champagner kam. Sie tranken und palaverten über alte Zeiten. »Manchmal blutet einem das Herz«, klagte Schickler. Ein Anflug von Rührseligkeit schwang in seiner Stimme mit. »Die Jahre vor dem Krieg, das waren die glücklichsten meines Lebens, könnt ihr mir glauben. Zugegeben, der ›Circus Schickler‹ war nicht so groß wie ›Busch‹ oder ›Barlay‹, das wißt ihr ja, aber wir sind trotzdem durch Europa gereist. Gastspiele in Italien, in Budapest und Wien.« Trübsinnig starrte er in sein Glas. »Und jetzt das hier, Jungens …« Eine unbestimmte Handbewegung umschrieb das KBS.

»Aber Ihnen geht es doch gut, Herr Schickler«, bemerkte Anderlick verwundert.

Alois Schickler warf ihm einen langen Blick zu. »Wer zum fahrenden Volk gehört, den zieht es immer zum Chapiteau zurück. Wer weiß, vielleicht mache ich eines Tages den ›Circus Schickler‹ wieder auf. Wollt ihr dann dabei sein, Jungens?«

Sie hielten es für einen Scherz und lachten. »Sie müssen uns nur rechtzeitig Bescheid geben, Herr Schickler.«

»Schon in Ordnung. Laßt euch mal wieder sehen. Und paßt auf meinc Pferde auf! Prost!«

Viel zu schnell war die Zeit an diesem Abend vergangen. Ludwig hatte ihn in angenehmer Erinnerung behalten. Als Johannes Simon zwei Wochen später einen weiteren Ausflug ins KBS vorschlug, war Ludwig dabei.

Diesmal ließen sich auch Edith und Ingrid Schickler für kurze Zeit an ihrem Tisch blicken. Ludwig war selig. Gern hätte er die Mädchen zu einem Drink eingeladen, aber als Ostler besaß er kaum Westgeld. Die Wechselstuben verkauften 1 Mark West gegen 5,85 Mark Ost. Alois Schickler, der die Nöte des Jungen bemerkte, stopfte ihm einen Zehner in die Tasche. »Kannst mir vielleicht auch mal aus der Patsche helfen«, meinte er und klopfte ihm auf die Schulter.

Bei ihrem vierten Besuch kam Bedrich Tischer an ihren Tisch. Daß diese Begegnung abgesprochen war, ahnte Anderlick nicht.

An diesem Abend wurde Alois Schickler deutlicher: »Ich habe mich entschlossen, Jungens. Ich starte mit einem neuen Zirkus. Köln und Hannover warten schon. Dann ein Abstecher in die Schweiz und danach Frankreich. Selbstverständlich brauche ich zuverlässiges Personal. Und ich habe gleich an euch gedacht. Kann ich mit euch rechnen, Jungens?«

Simon stimmte begeistert zu. Anderlick zögerte. Sein Herz hing an dem Stall in Hoppegarten, an den Pferden, für die er die Verantwortung trug. Die Betriebsleitung vertraute ihm. Und was würden die Eltern sagen? »Hm, ich weiß nicht …« Er spürte die Blicke der Männer, die auf ihn gerichtet waren, wurde verlegen und trank hastig einen Schluck.

»Was gibts da noch zu überlegen«, redete Tischer auf ihn ein. »So eine Chance kriegst du doch nie wieder. Zürich, Lyon, Marseille, das Mittelmeer. Bei Barlay wirst du ewig im Osten versauern. Schlag ein, Mann!«

»Naja, wenn ihr meint …« Anderlick nickte.

Schickler klopfte sich zufrieden auf den Schenkel. »Prima, Jungens. Ohne eure Hilfe wäre ich nämlich aufgeschmissen. Drüben habe ich noch eine Rechnung zu begleichen.« Er senkte die Stimme. »Ich will mit offenen Karten spielen. Wir holen meine Pferde!«

Ludwig spitzte die Lippen. »Aus der Friedrichstraße …?«

»Dachtest du vom Mond?« grinste Tischer. »Das einzige, was für den Chef zählt, sind seine Pferde. Die müssen wir rausholen, verstehst du. Ohne Dressuren kein neuer Zirkus!«

»Und keine Jobs für uns«, fügte Simon hinzu. »Er nimmt uns beide als Stallmeister.«

»Darauf habt ihr mein Wort, Jungens!« Schickler legte die Hand auf seine Brust. »Euer Risiko ist doch verschwindend klein. Ihr führt nur die Pferde aus dem Stall.«

»Und wann soll's losgehen?«

»Endlich eine Frage nach meinem Geschmack«, gluckste Tischer. »Bald, Ludwig. Sehr bald sogar.«

Nicht länger als zwei Wochen lag dieses Gespräch zurück. Als sie heute im KBS vorbeischauten, hatte Schickler sein Geheimnis gelüftet. Er führte sie in sein Büro. Ein Bursche von Mitte Zwanzig lümmelte im Sessel. Er trug betont kurze Hosen, das Sacko dafür überlang. Seine dunkelblonden Haare zu einer Dauerwellenfrisur gelegt. Zwischen den Zähnen malmte er einen Chewing-gum.

»Günter Mantolla«, stellte Schickler den Typ vor. Daß Mantolla vorbestraft war, sagte er nicht. »Günter bringt mit einigen Jungens die Pferde über die Grenze. Heute nacht ist es soweit. Ihr beide müßt die Betriebswache ausschalten. Du hast doch heute Geburtstag, Ludwig. Ladet die Nachtwächter zum Schnaps ein und sauft die Aasbande unter den Tisch. Die Pulle bekommt ihr von mir. Punkt drei Uhr fünfzehn öffnet ihr das Tor zur Kalkscheunenstraße. Haarmann und Kroker helfen euch im Stall. Mantolla und die Jungens übernehmen auf der Straße. Alles klar?«

Die Entscheidung war also gefallen. Wenn Anderlick jetzt nach Hause kam, dann würde es auch ein Abschied von den Eltern sein. Unwiderruflich. Würden sie es verstehen und auch billigen?

Die S-Bahn erreichte den Nordbahnhof. Ludwig stieg hinauf zum Tageslicht. Die beschädigten Mauern des Stettiner Fernbahnhofes, der seit 1950 Nordbahnhof hieß, waren abgetragen worden. Nur die Verladerampe für den Güterverkehr war noch in Betrieb. Der Zirkus nutzte sie, wenn Wagen und Tiere als Bahntransporte auf Reisen gingen.

Circus Barlay. Quelle: Zirkusarchiv Winkler

Eine viertel Stunde später betrat er die elterliche Wohnung in der Bergstraße. Die Mutter strahlte beim Anblick ihres Großen. Alles Glück dieser Erde wünschte sie ihm. Vater schloß sich mit einem kräftigen Handschlag an. Emil Anderlick arbeitete auf dem Bau. Ein bescheidener und überaus ehrlicher Mann von einfacher Denkart. Die Erlebnisse des Krieges – tagelang war er in einem Bunker verschüttet – und die Gefangenschaft in einem sibirischen Bergwerk hatten ihn zu einem ängstlichen Menschen geformt. Viele Entscheidungen seines Lebens waren von Zweifel und übertriebener Vorsicht begleitet.

Nachdem sie Kaffee getrunken hatten und die Männer nach einer Molle mit Korn lechzten, rückte Ludwig mit seinem Geheimnis heraus.

Der Vater erbleichte. »Um Gottes willen, was habt ihr euch ausgedacht?«

»Uns kann nichts passieren, Vater. Die Pferde gehören dem Schickler.«

»Sie sind ihm weggenommen worden, Ludwig. Das hat doch Gründe.«

»Selbst wenn - mir ist es egal.«

»Und wenn sie euch an der Grenze erwischen?«

Hitzig entgegnete Ludwig: »Ich will nicht ewig im Osten versauern«

»Ich flehe dich an, Junge. Gebrauche doch deinen Verstand!«

»Schickler startet mit einem neuen Zirkus. Er nimmt mich als Stallmeister.«
»Bist du denn in Hoppegarten nicht glücklich? Die Leute achten dich, man hat Vertrauen zu dir.« Pause. Und dann der Befehl: »Du läßt dich auf keinen Fall mit diesen Ganoven ein!«
Ludwig spürte, wie der Kommandoton des Vaters seine Nackenhaare aufrichtete.
»Ich will aber mehr!« brauste er auf. »Ich möchte raus und die Welt sehen!«
Die Gemütlichkeit der Geburtstagsrunde war zerbrochen. Berta Anderlick, die wie alle Mütter der Welt, ihren Sohn nur ungern ziehen lassen wollte, versuchte zu schlichten. »Tu' uns das nicht an, Ludwig. Wie ein Zigeuner durch die Welt zu stromern. Unregelmäßiges Essen, ein schmutziges Quartier. Wer weiß, ob wir uns je wiedersehen?«
Trotz und zugleich eine Spur von Scham standen im Gesicht des jungen Mannes. Eine Weile war Schweigen, bis er unvermittelt aufsprang, die Windjacke vom Haken riß und blindlings aus der Wohnung rannte.

22.00 Uhr. Im KBS ging es hoch her. Die Leute, die bereit waren, in den Ostsektor zu gehen, hatten sich im Vereinszimmer versammelt. Küchwald war gekommen, Peter Hendler, aber auch Kumpa, Dadla und die acht anderen vom Innsbrucker Platz. Alois Schickler verteilte großzügig Zigaretten. Die Kellnerin servierte Cola, Bier und Schnaps.
»Trinkt nicht so viel«, warnte Schickler. »Heute nacht braucht ihr einen klaren Verstand!«
»Dann holen wir heute die Pferde?«
»Du bist ja ein ganz schlaues Kerlchen«, spottete Schickler. Sein jovialer Tonfall traf den Nerv der Jugendlichen. »Ich weiß, daß ihr mutige und entschlossene Kerle seid«, fuhr er fort. »Heute ist es soweit. In einer Stunde marschieren wir los. Keine Angst und keine Aufregung. Es kann überhaupt nichts passieren. Alles ist aufs beste vorbereitet. Haltet euch an Mantolla.«
Schickler winkte den Burschen mit der Dauerwellenfrisur an seine Seite.
»Er kennt den Weg und wird euch führen. Am Zirkus werdet ihr erwartet. Ihr übernehmt die Pferde und dann ab zur Grenze. Ein Kinderspiel, wie ihr seht. Schon morgen sind wir gemachte Leute! Die

Wochenschau wird euch filmen wollen. Radio- und Zeitungsreporter werden sich um Interviews reißen! Na, ist das 'ne Sache?«
»Was sagen wir, wenn man uns im Osten mit den Pferden entdeckt?«
»Jungens, da besteht überhaupt keine Gefahr«, wiegelte Schickler ab. »Auf der Route, die wir ausgewählt haben, werden regelmäßig Pferdegruppen zur Verladung am Nordbahnhof gebracht. Da wundert sich niemand, wenn er nachts eine Reitergruppe trifft. Falls aber doch, dann hat unser Freund Bedrich Tischer einen Begleitschein in der Tasche, der den Transport legitimiert. Kapiert?«
»Klar, Boß. Und wenn die Vopo kontrolliert?«
Von einem Augenblick zum anderen war es still im Raum. Die Jungen sahen betreten in ihre Gläser. Insgeheim hatte sich jeder mit dieser Frage beschäftigt, aber nur einer wagte es, sie zu stellen.
Günter Mantolla rettete die Situation. »Wer uns in die Quere kommt, der kriegt'n Tritt in den Wanst, Boys!« schrie er siegessicher. »Die Parole heißt: Drauf und durch!«
»Bravo, Jungens! Das ist das richtige Rezept.« Schickler sprach der Truppe Mut zu. »Denkt immer daran: Es geht nicht nur um mich. Vor allem tut ihr euch selbst einen Gefallen. Wer einen Job sucht, kann jederzeit in meinem Zirkus anheuern.«
»Aber zuerst holen wir die Pferde!« lärmte Mantolla. »Legen Sie das versprochene Geld auf den Tisch, Boß, und wir ziehen sofort los!«
Schickler fuchtelte mit den Händen. Er mimte den Überrumpelten. »Ihr bekommt eure zwanzig Mark, wenn ihr zurück seid.«
»Oooh!« tönte der enttäuschte Chor.
»Also gut.« Der Chef zückte die Brieftasche. »Fünf Mark Vorschuß für jeden!«
Während die Burschen das Geld untereinander aufteilten, zog Alois Schickler Mantolla zur Tür. »Du bekommst natürlich fünfzig«, versprach er mit gedämpfter Stimme. »Hier nimm!« Mantolla stutzte, als er den Griff einer Pistole fühlte. »Für den Notfall! Ich hoffe, du kannst mit so einem Ding umgehen. Ist nur Schreckschuß, aber immer noch besser als nackt!«

23.10 Uhr. In der Bergstraße fand Emil Anderlick keine Ruhe. Zusammengesunken hockte der Vater auf dem Sofa, die Unterarme auf den Tisch gestützt, vor sich die Schnapsflasche, die er seinem Sohn zum zwanzigsten Geburtstag geschenkt hatte. Die weinerliche Ratlosigkeit seiner Frau, ihr Gezeter, nun habe er endgültig die Tür für

den Sohn zugeschlagen, hatten ihn tief verletzt. Jetzt lag sie in der Dunkelheit des Schlafzimmers, aber ihre Seufzer drangen bis zu ihm ins Wohnzimmer.
Seinen väterlichen Willen nicht durchgesetzt zu haben, war eine bittere Erkenntnis. Vielleicht war ich zu sehr mit meinen Vorstellungen vom Leben befaßt, so daß ich die Wünsche und Ziele des Jungen einfach übersehen habe. War das der Grund, weshalb er keine Vernunft gelten ließ? Was zwang ihn, sich Hals über Kopf in das Abenteuer zu stürzen? Mit den Pferden über die Grenze! Bei dem Gedanken erfaßte Emil Anderlick ein schmerzhafter Schreck, als zerreiße ein Nerv in seiner Brust. Wie in einem Alptraum spielten sich wilde Szenen vor seinem geistigen Auge ab. Polizisten hinter der Mauer des Sophien-Friedhofes … Ludwig rannte … Schüsse fielen … Neben einem Grabstein brach der Junge zusammen … Nein, nur das nicht! Ludwig war kein Verbrecher! Diesen Wahnsinn mußte man unterbinden! Ich muß die Polizei einschalten, dachte er, den Überfall verhindern! Vielleicht kommt Ludwig dann wieder nach Hause zurück. Und das Leben bekäme einen neuen Sinn.
Als Emil Anderlick sich schwerfällig erhob, wirkte er um Jahre gealtert. Doch er hatte einen Entschluß gefaßt.

00.50 Uhr. Nach Mitternacht wirkte die Gegend um den Bahnhof Friedrichstraße wie ausgestorben. Die verglasten Wände des Bahnhofsgebäudes leuchteten matt. Eine S-Bahn ratterte auf dem Stadtbahnbogen davon. Träge gluckstein die Fluten der Spree gegen die Uferbefestigung. Auf der schwarzen Wasserfläche zitterten die Lichtreflexe der Straßenlampen.
Trübe Gaslaternen blinzelten gegen den Dunst in der Johannisstraße an. Linkerhand lag das Hotel »Johannishof«. Auf der gegenüberliegenden Seite die Betriebsgebäude des »Circus Barlay«. Daneben das Haupttor und der Sitz einer Betriebswache. Hinter verdunkelten Fensterscheiben dudelte ein Radio.
Drei junge Burschen standen sich seit geraumer Zeit an der Ecke Johannis- und Kalkscheunenstraße die Beine in den Bauch. Johannes Simon und seine Begleiter warteten auf Ludwig Anderlick. Die Nacht war kalt, nahe Null Grad. Die Jungen, die wie Anderlick und Simon zum Stallpersonal des Zirkus gehörten, bewegten sich ungeduldig, um sich warm zu halten. Mehr als eine Stunde über die vereinbarte Zeit, doch der Erwartete kam nicht. Ihr schöner Plan, die Männer in der Wache beim Geburtstagsbesäufnis außer Gefecht zu

setzen, lief ohne Anderlick nicht. Was nun? Die Sache abblasen? Der Chef würde ihnen den Arsch aufreißen. Schickler bog Eisenstangen wie Kupferdraht zusammen.
Simon fluchte entsetzlich. Er sah auf die Uhr. Wenn Mantolla mit dem Schöneberger Hilfstrupp anrückte, sollten die Pferde paarweise aneinandergekoppelt und das Tor in der Kalkscheunenstraße geöffnet sein.
»Eins durch. Wir können nicht länger warten! Wir klettern über die Mauer!«
»Wenn die Nachtwache was spitzkriegt?«
»Dann gibts eins über die Rübe, verstanden! Wer Schiß hat, kann umkehren.«
Sie liefen in die Kalkscheunenstraße hinein, hintereinander und so dicht wie möglich an die Ziegelmauer gedrängt, die die Rückwand des Pferdestalles bildete. Am Ende der Stallwand ein Stück grob verputzte Mauer, dann die hölzernen Torflügel der hinteren Zufahrt.
Die Männer blieben stehen. Vorsichtig blickten sie sich um. Weit und breit keine Menschenseele. Nur aus der Ferne, vom Kupfergraben, drang das hastige Gebimmel einer Straßenbahn herüber.
»Allez hopp!«
Simon stieg auf die verschränkten Hände seiner Begleiter. Sie hoben ihn neben dem Tor hoch, bis er die Mauerkrone packen und sich hinaufziehen konnte. Bevor er sich in den Hof hinabfallen ließ, beobachtete er eng an die Mauer geschmiegt, das Zirkusgelände. Nichts rührte sich, bis auf das gelegentliche Schnauben eines Pferdes oder das Klirren einer Kette im Stall.
Simon glitt an der Mauer hinab. Am Tor befand sich ein Vorlegeriegel, der über eine Krampe gestreift und mittels Vorhängeschloß gesichert war. Simon setzte das Brecheisen an. Es war ein mühsames Unterfangen, das Kraft kostete, so daß er den rechten Fuß Halt suchend gegen den hölzernen Torflügel stemmte.

01.20 Uhr. Im Operativstab der Volkspolizei-Inspektion Mitte schlug ein Telefon an. Der Lageoffizier nahm den Hörer ab.
»Mein Name ist Anderlick«, haspelte eine Männerstimme. »Ich wohne in der Bergstraße und habe Ihnen eine wichtige Meldung zu machen.«
»Worum geht es?«
»Der Zirkus soll überfallen werden! Zirkus Barlay. Es geht um die Pferde!«

Der Offizier war im Umgang mit aufgeregten Anrufern geübt. »Wo sind Sie, Herr Anderlick?«
»Wilhelm-Pieck-, Ecke Ackerstraße. Da steht eine Telefonzelle.«
»Ich schicke einen Wagen!«
Der Diensthabende in der Funkleitstelle des Ostberliner Polizeipräsidiums, ein VP-Unterkommissar, gab die Weisung an das »Nachrichteneinsatzfahrzeug« Toni 14 weiter. Zehn Minuten später saß Emil Anderlick dem Lageoffizier und einem Kriminalisten des K-Dauerdienstes in der Polizeiinspektion gegenüber. Sein Bericht alarmierte die Männer. Während der Kriminalpolizist ein kurzes Protokoll zu Papier brachte, verließ der Lageoffizier eiligst den Raum, um pflichtgemäß die vorgesetzte Dienststelle ins Bild zu setzen. Anderlick fand endlich Gelegenheit, die Frage, die ihn am meisten quälte, an den Mann zu bringen: »Was geschieht jetzt mit meinem Sohn, Herr Kommissar? Muß er ins Gefängnis?«
Der Kripo-Beamte, seinem Dienstgrad nach nur Polizeimeister, sagte zuversichtlich: »Ich glaube nicht, Herr Anderlick. Die Tatsache, daß Sie zu uns gefunden haben, wird man ihm zugute halten.«
Ein Stockwerk höher telefonierte der Lageoffzier mit dem Operativstab des Volkspolizei-Präsidiums. Im Gegensatz zur sonst geübten Praxis hielt sich das vorgesetzte Lagezentrum zurück. Es schob die Verantwortung den Offizieren in der Inspektion zu.
In einem Bericht, den der Operativstab des Präsidiums auf Weisung des Vopo-Präsidenten, Chefinspekteur Waldemar Schmidt, später vorzulegen hatte, ist ausgeführt:

> Da der massierte Einsatz von Polizeikräften die Täter vermutlich gewarnt hätte, wurde vom Lageoffizier des OP.-Stabes PdVP der Entschluß gefaßt, die Bekämpfung der Bande mittels Funkwagen durchzuführen. Eingesetzt wurden
>
> | | |
> |---|---|
> | von der VPI - Mitte | NEF 10 11 14 16 18 19 |
> | VPI - Przl. Berg | NEF 20 21 |
> | VPI - Frdh. | NEF 53 55 |
>
> Auf Anweisung des OP.-Stabes PdVP wurden alle Fahrzeuge zur VPI - Mitte beordert und der Lageoffizier des OP.-Stabes der VPI - Mitte mit der Führung des Einsatzes beauftragt.

Zehn Minuten später wies der Einsatzleiter die Kommandanten der Funkstreifenwagen anhand des Stadtplanes in ihre Aufgaben ein. Ringförmig sollten die Toni-Wagen an das Zirkusgelände heranfahren. Vier Wagen verteilte er auf der Linie Invalidenstraße–Große Hamburger, bis zum Spreeufer gegenüber der Museumsinsel. Die

Funkwagen der Inspektionen Prenzlauer Berg und Friedrichshain wurden westlich der Friedrichstraße postiert, um die Linie Invalidenstraße–Luisenstraße bis zum Schiffbauer Damm abzusichern. Die nach Süden offene Friedrichstraße blieb dem Schnellkommando vorbehalten, das in einer Seitenstraße auf den Einsatzbefehl wartete.
»Toni 10 und 14 fahren zur Ziegelstraße. Fahrzeugbeleuchtungen ausschalten. Richten Sie sich auf eine gedeckte Beobachtung ein. Alle Feststellungen über Funk an den Lageoffizier. Bei Durchgabe des Stichwortes ›Johannishof‹ fahren alle Wagen auf das Objekt zu. Personen, die im Sperrkreis angetroffen werden, sind vorläufig festzunehmen – Aufsitzen!«

02.15 Uhr. Wo die Ackerstraße im Norden Berlins die Bernauer Straße überquerte, stand ein großes weißes Schild mit der Aufschrift

Vous quittez le secteur francais
Sie verlassen den französischen Sektor.

Zwei Volkspolizisten patrouillierten entlang der Sektorengrenze, während sich auf der Westseite der Bernauer Straße ein Westberliner Zollbeamter und ein Polizist angeregt unterhielten. Die Uniformierten aus Ost und West würdigten sich keines Blickes. Die Grenze war eine unsichtbare Linie, die mitten auf der Straße verlief. Sie teilte die Stadt, war eine schmerzende Wunde und machte die Menschen, die sich an dieser Grenze gegenüberstanden, zu unversöhnlichen Feinden.
Kaum waren die Schritte der Ostbeamten im Dunkel der Nacht verklungen, als vier Männer aus dem Wedding sich der Sektorengrenze näherten. Sie hielten auf die Kreuzung zu. Beim Anblick der westlichen Grenzhüter, verharrten sie. Einer der Männer löste sich aus der Gruppe und trat zu den Beamten.
»Guten Morgen, die Herren. Ich nehme an, Sie sind im Dienst?«
Die Beamten musterten ihn mißtrauisch.
»Wir sind Angestellte im Zirkus Schickler. Unser Unternehmen wurde bei einer Gastspielreise in der Ostzone beschlagnahmt. Heute Nacht wollen wir Pferde zurückholen. Unsere Kollegen bringen sie über den Friedhof zur Grenze. Das Holztor in der Mauer wird offen sein. Verstehen Sie?«
Die Uniformierten nickten.
»Für den Fall, daß wir verfolgt werden, bitten wir Sie um Polizeischutz!«

Der Polizeiwachtmeister zuckte die Achseln. »Das dürfen wir aber nicht entscheiden, guter Mann. Da müssen Sie sich zum Revier bemühen.«

Über den weiteren Gang der Ereignisse ist ein Protokoll erhalten geblieben.

> Am 22.4.1953. gegen 02.15 Uhr, hörte der Standposten des R. 52 in Berlin N 31, Acker-, Ecke Bernauer Straße, wie vier unbekannte männliche Personen, die sich als Angestellte des westdeutschen Zirkusunternehmens ›Schickler‹ ausgaben, den diensttuenden Zollbeamten erklärten, daß der Zirkus nach einer Gastspielreise in der Ostzone beschlagnahmt worden sei. Man beabsichtige, etwa 25 beschlagnahmte Pferde nach dem Westsektor zu verbringen … Da seitens der Angestellten der Wunsch geäußert wurde, die Aktion von der Westseite her zu sichern, wurden sie an das R. 52 verwiesen.

Polizei-Inspektion Wedding
PI.Wd. Az. 6225/53 G.B.

Berlin, den 23. April 1953
intern: 415

Der Polizeipräsident in Berlin
Kommando der Schutzpolizei
24 APR 1953
Tgb. Nr.: ______ GB

An
S. -Org.Abt.-

über Fr. S. 2140

Betr.: Angeblich beabsichtigte Flucht eines Zirkusunternehmens aus dem Ostsektor in den Westsektor.
Bezug: Ohne.

Nachstehenden Bericht überreiche ich mit der Bitte um Kenntnisnahme.

Am 22.4.1953, gegen 02.15 Uhr, hörte der Standposten des R. 52 in Berlin N 31, Acker- Ecke Bernauer Straße, wie vier unbekannte männliche Personen, die sich als Angestellter des westdeutschen Zirkusunternehmens "Schickler" ausgaben, den diensttuenden Zollbeamten erklärten, daß der Zirkus nach einer Gastspielreise in der Ostzone beschlagnahmt worden sei. Man beabsichtige, etwa 25 beschlagnahmte Pferde nach dem Westsektor zu verbringen. Aus diesem Grund wolle der Besitzer des Zirkusunternehmens die Pferde über das Friedhofsgelände der St. Elisabeth-Kirchengemeinde führen und durch ein Holztor der Friedhofsmauer in der Bernauer Straße in den Westsektor bringen. Das Holztor sollte zuvor durch Angestellte des Zirkusunternehmens geöffnet werden. Da seitens der Angestellten der Wunsch geäußerst wurde, die Aktion von der Westseite her zu sichern, wurden sie an das R. 52 verwiesen.

Daraufhin sprach eine der genannten Personen auf dem R. 52 vor, wobei sie sich als Geschäftsführer des Unternehmens vorstellte, und erbat unter nochmaliger Schilderung des Sachverhaltes polizeilichen Schutz. Nach Rücksprache mit dem Insp. v. Dienst der PI.Wd. wurde eine Gruppe des EK.Wd. zur Ackerstraße abgestellt, wo sie bis gegen 05.30 Uhr verblieb und dann, als sich die vorgenannten Angaben nicht bestätigten, zur Unterkunft zurückkehrte.

Wie später von den beteiligten Personen gegenüber Angehörigen des R. 51 geäußert wurde, konnte die geplante Aktion nicht durchgeführt werden, da die Vopo von der Angelegenheit Kenntnis erhalten und die Pferdeställe durch Posten gesichert hatte.

Nach fernmündlicher Mitteilung des KK.Schöneberg ist jetzt durch Anzeigen verschiedener Eltern bekanntgeworden, daß durch das Zirkusunternehmen Westberliner Jugendliche als Helfer für diese Aktion angeworben wurden, die infolge des frühzeitigen Eingreifens der Volkspolizei festgenommen worden sind.

Quelle: Polizeihistorische Sammlung Berlin

Daraufhin sprach eine der genannten Personen auf dem R. 52 vor, wobei sie sich als Geschäftsführer des Unternehmens vorstellte, und erbat unter nochmaliger Schilderung des Sachverhaltes polizeilichen Schutz. Nach Rücksprache mit dem Insp. v. Dienst der Pl. Wd. wurde eine Gruppe des EK. Wd. zur Ackerstraße abgestellt, wo sie bis gegen 05.30 Uhr verblieb …

02.50 Uhr. Toni 10 hatte in einer Lücke zwischen den Hausruinen ausreichende Deckung gefunden. Aus dem Lautsprecher am Instrumentenbrett zirpte die Kennung »da dit dit, dit dadada, da dit dit!« Die UKW-Verbindung zur Funkleitstelle im Polizeipräsidium stand. Alle eingesetzten Toniwagen hatten ihre Standortmeldungen durchgegeben. Das nervenzermürbende Warten begann.
Der Oberkommissar, der den Polizeieinsatz vor Ort leiten sollte, rutschte unruhig auf dem Beifahrersitz des Funkstreifenwagens herum. »Ich sehe mich draußen mal kurz um!« erklärte er den Männern der Besatzung. In den Schatten der Häuserwände gedrückt, arbeitete er sich zur Einmündung in die Friedrichstraße vor.
Die breite Verkehrsader war hell beleuchtet. Auf der gegenüberliegenden Straßenseite lag eine Tanzbar. Eine Handvoll junger Burschen lungerte vor der verschlossenen Eingangstür herum. Vom Oranienburger Tor knatterte ein Motorradfahrer heran. Er stoppte in Höhe der Jugendlichen, rief ihnen etwas zu, zog eine Schleife über die Straße und verschwand dann wieder in die Richtung Norden. Die Gruppe setzte sich in Bewegung.
Der Oberkommissar zog sich schleunigst in den Funkwagen zurück. Er riß den Sprechhörer aus der Halterung und legte den Kipphebel am Armaturenbrett in die Stellung »Senden«.
»Toni 10 für Leitstelle. Bitte kommen!«
»Leitstelle hört!«
»Etwa acht bis zehn verdächtige Jugendliche in der Friedrichstraße, nahe Zielobjekt!«
»Verstanden. Ende!«
Der Unterkommissar in der Funkleitstelle saß zwischen schalldichten Wänden, die ihn und die große Sprechanlage von drei Seiten umgaben. Die vierte Seite war eine Glasscheibe, hinter der sich die Arbeitsplätze des Operativstabes befanden.
Um 02.59 Uhr nahm der Unterkommissar die nächste Meldung auf. Toni 14 teilte mit: »Vier weitere Personen und ein Kradfahrer in der Auguststraße gesichtet. Bewegungsrichtung Barlay!«

»Verstanden. Ende.«
Der Unterkommissar reichte die Meldung in den Operativstab. Dort berieten sich der Lageoffizier und sein Gehilfe vor einem Stadtplan. Winzige Lämpchen markierten die unablässig wechselnden Standorte der Funkstreifenwagen.
Um 03.05 Uhr entschied der Lageoffizier: »An alle Funkwagen im Einsatzraum! Langsam und unauffällig an Zielobjekt heranfahren! Toni 10 und 14 verbleiben am Standort. Einsatzleiter vor Ort übernimmt!«
Der Oberkommissar im Funkwagen quittierte. Dann zirpte die Kennung des Polizeisenders wieder durch den Äther. Die Männer beobachteten angespannt, wie sich die ersten Gestalten in den Sichtwinkel des Streifenwagens schoben. Die Jugendlichen sammelten sich in der Kalkscheunenstraße. Jemand lief zum Tor in der Zirkusmauer.
»Achtung! An alle Einsatzwagen: ›Johannishof‹! Ich wiederhole: ›Johannishof‹!«
Der Motor des EMW sprang an. Toni 10 rollte aus der Deckung, jagte mit aufgeblendeten Scheinwerfern in die Kalkscheunenstraße hinein. Toni 14 blockierte die Gegenrichtung. Die übrigen Funkstreifenwagen rasten heran. Polizisten sprangen aus den Fahrzeugen, pistolenbewehrt. Alle Passanten, die sich im Sperrkreis befanden, wurden ausnahmslos gegen die Wände gedrängt, nach Waffen abgetastet und festgenommen.
Das Polizeiprotokoll belegt:

> Im Laufe der Aktion wurden insgesamt 26 Personen vorläufig festgenommen, davon sind wohnhaft:
>
> 1 Person in Berlin-Tempelhof
> 1 Person im Bezirk Kreuzberg
> 11 Personen im Bezirk Schöneberg
> 12 Personen in den Bezirken Mitte, Frdh., Prenzl. Berg und Weißensee
> 1 Person Staatenlos
>
> Bei der in Berlin-Tempelhof, Alboinstraße, wohnenden Person wurde eine Pistole Fabrikat Walter, Kal. 7,65 mm, und im durchgeladenen Zustand gefunden. Es handelt sich um Günter M., der als Anführer der Bande bezeichnet wurde.
> Die im Bezirk Kreuzberg wohnende Person hatte ein Stemmeisen bei sich.

Der Kradfahrer befand sich nicht unter den Festgenommenen.

Friedhof Sophien-Kirchgemeinde an der Kreuzung Invaliden-, Ecke Bergstraße. Quelle: Archiv des Autors

03.40 Uhr. Der Mann auf dem Motorrad hieß Bedrich Tischer, der eigentliche Kopf der nächtlichen Aktion. Nachdem er die Jungen in der Friedrichstraße in Marsch gesetzt hatte, war er zum Friedhof der Sophienkirchgemeinde gefahren, wo Georg Silberberg auf ihn wartete. Sie öffneten das Tor zur Bernauer Straße, wechselten ein Zeichen mit Edmund Schober auf der anderen Seite der Grenze und begaben sich zur Gittertür am Pappelplatz. Der Schlüssel steckte im Schloß. Erst im letzten Moment wollten sie das eiserne Tor öffnen. Die Zeit verrann. Die nächtlichen Friedhofsbesucher hockten zwischen den Gräbern. Silberberg wehrte sich gegen ein mulmiges Gefühl. Ein ums andere Mal spähten sie über die Mauer zur Ackerstraße. Alles blieb ruhig. Weder Pferde noch ihre Bereiter waren in der Ferne zu sehen.

»Ob da was schief gelaufen ist?« fragte Silberberg.

Entschlossen ging Bedrich Tischer zu seiner Maschine. »Ich sehe mal nach«, versprach er, trat das Motorrad an und kurvte sofort in die Ackerstraße. Er fuhr in Richtung Koppenplatz, den der Transport passieren mußte. Große Hamburger. Der Motorradlärm sprang von den Wänden zurück. Krausnickstraße. Noch immer kein Pferdetransport. Nach rechts in die Oranienburger, dann die Tucholskystraße. Erst als er in die Johannisstraße einbog, erkannte er, daß die Sache gründlich gegen den Baum gelaufen war. Das Polizeiaufge-

Friedhof mit Blick zum Tor. Quelle: Archiv des Autors

bot an der Ecke Kalkscheunenstraße besagte genug. Tischer gab Gas. Man wurde auf ihn aufmerksam. Rücksichtslos preschte er an den Polizeifahrzeugen entlang, erreichte die Friedrichstraße und stob über die Weidendammer Brücke davon. Unter den Linden glaubte er sich in Sicherheit, als Toni 10 plötzlich aus einer Seitenstraße hervorschoß und den Verfolgten zum Halten zwang. Bedrich Tischer hob die Arme.
Um 05.30 Uhr blies Edmund Schober in der Bernauer Straße zum Rückzug. Enttäuscht und übernächtigt trotteten seine Helfer davon. Der Treffpunkt an der Sektorengrenze war nicht zustande gekommen.

Im Präsidium wurde eine Einsatzgruppe der Kriminalpolizei gebildet. Ein Kriminaltechniker fuhr zum Zirkusgelände. Bei der Tatortbesichtigung fand er das geöffnete Tor zur Kalkscheunenstraße. Er fotografierte die Schartenspuren, die beim Aufbrechen der Verriegelung im Holz entstanden waren, und er entdeckte Schuhsohlenabdrücke auf der Innenseite des rechten Torflügels. Das Sohlenprofil zeigte ein markantes Muster. Es fiel dem Kriminaltechniker nicht schwer, Johannes Simon als Spurenverursacher zu überführen.
Der Ballistiker des Kriminalistischen Institutes identifizierte die bei Günter Mantolla gefundene Schußwaffe als »italienische Selbstladepistole Beretta, Kal. 9 mm, eine Patrone im Lauf, zwei im Magazin«. Mantolla wurde fortan als »Chef der Westberliner Verbrecherbande« gehandelt.

Operativstab PdVP Berlin, den 20.Mai 1953

009

Betr.: Versuchter Bandenüberfall auf den Zirkus Barlay.

B e r i c h t

Am 22.4.1953, gegen 01.20 Uhr, wurde der Operativstab der
VPI - Mitte gebeten, ein Fahrzeug zur Wilhelm-Pieck-Str.
Ecke Ackerstr. zu schicken, um eine Person abzuholen die
eine wichtige Mitteilung zu machen habe.
Die an dieser Stelle ...

010

\- 2 -

Auf Anweisung des Op.-Stabes PdVP wurden alle Fahrzeuge zur
VPI - Mitte beordert und der Lageoffizier des Op.-Stabes der
VPI - Mitte mit der Leitung des Einsatzes beauftragt.
Nach eingehender Lagebesprechung erfolgte anhand einer Karte
die genaue Einweisung der Funkwagen, die ringförmig um das
Objekt eingesetzt wurden

1.) östlich der Friedrichstr. von Invalidenstr. über Gr.Hamburger Str. bis zur Spree 4 NEF der VPI - Mitte,

2.) westlich der Friedrichstr. von Invalidenstr. über Luisenstr. bis zur Spree die NEF der VPI - Prenzl.Berg und Friedrichshain = 4 NEF.

Zur Sicherung der nach Süden offenen Friedriechstr. wurde das
Schnellkommando der VPI - Mitte eingesetzt und zum VP.-Revier 1
beordert.
Der Einsatzleiter erhielt den Auftrag mit den NEF der VPI Mitte
NEF 10 und 14 zur Ziegelstr. zu fahren und unter Ausschaltung
der Fahrzeugbeleuchtung Beobachtungsposten zu beziehen.
Die Heranziehung der kreisförmig eingesetzten 8 NEF sollte bei
Auslösung des Stichwortes "Johannishof" durch den Einsatzleiter zum Objekt erfolgen.
Gegen 02.50 Uhr wurde dem Op.-Stab PdVP gemeldet, daß alle Fahrzeuge streifenartig eingesetzt sind und zwar so, daß sie möglichst wenig von evtl. Tätern bemerkt werden.
In der Zeit von 02.55 Uhr bis 02.59 Uhr meldete NEF 10, daß in
der Friedrichstr., in der Nähe des Zirkus, sich ca. 8-10 Jugendliche in verdächtiger Weise aufhielten und sich weitere Personen in der Auguststr. in Richtung Zirkus Barlay bewegen. Ein
Krad mit Fahrer stellt die Verbindung zu den einzelnen Gruppen her.
Der Einsatzleiter erhielt vom Op.-Stab PdVP die Anweisung den
weiteren Verlauf genauestens zu beobachten. Gleichzeitig erging an alle Funkwagen die Anweisung sich strahlenförmig, langsam und unauffällig dem Objekt zu nähern.
Als der Einsatzleiter feststellte, daß ausser den im Sperrkreis
befindlichen verdächtigen Personen keine weiteren einsickerten,
meldete er dies' dem Op.-Stab PdVP und erhielt nun den Auftrag
sämtliche innerhalb des Sperrkreises befindliche Personen vorläufig festzunehmenund einer eingehenden Personalkontrolle zu
unterziehen.
Das am VP.-Revier 1 stationierte Schnellkommando wurde zur Unfallklinik Ziegelstr. beordert, um die festgenommenen Personen
...

Quelle: Archiv des Autors

Um sechs Uhr begann der Reigen der Vernehmungen. Wie sich bald herausstellte, gehörten nicht alle Personen, die man im ersten Zugriff festgenommen hatte, zur Tätergruppe. 10 Personen wurden im Laufe des Vormittags auf freien Fuß gesetzt.
Gegen Mittag war der Tatbestand im wesentlichen aufgeklärt. Das Stadtbezirksgericht Berlin-Mitte erließ Haftbefehle gegen alle Beteiligten. Auf »höhere Weisung« übernahm das Untersuchungsorgan des Ministeriums für Staatssicherheit die Ermittlungsakten.
Eine der ersten Maßnahmen war die Verhaftung weiterer Verdächtiger in der »Barlay-Affäre«.
Georg Silberberg, der nichts mit der Zirkusszene zu tun hatte und sich deshalb in Sicherheit wähnte, wurde festgenommen, ebenso ein junger Mann, der als Zirkusschmied arbeitete. Der dritte Zugriff galt – Ludwig Anderlick.
Aufgewühlt von dem Streit mit den Eltern war Ludwig ziellos aus dem Haus gelaufen. Stundenlang trieb es ihn durch die nächtlichen Straßen. Am Senefelerplatz hatte er schließlich eine Kneipe betreten und einen Schnaps verlangt. Die bunten Bilder, die Schickler ihnen für die Zukunft ausgemalt hatte, spukten in seinem Kopf herum, sie standen gegen das trübe Grau der Gefahren und der Risiken, die der Vater befürchtete. Jeder Berliner wußte, daß Schüsse und Tote an den Sektorengrenzen zum traurigen Alltag der geteilten Stadt gehörten.
Auf der Straße jagte ein Funkstreifenwagen mit Blaulicht und Martinshorn über die Schönhauser Allee. Ludwig sah zur Uhr. Für das Treffen am Zirkus war es zu spät. Er verlangte einen zweiten Schnaps, zahlte und ging zur U-Bahn. Ludwig Anderlick fuhr nach Hoppegarten und schlief im Wohnwagen seinen Rausch aus. Dort fand ihn ein bewaffnetes Polizeikommando. Anderlick landete in der Haftanstalt Rummelsburg, Haus 2. Niemand scherte sich darum, daß er von seinem Tatvorsatz freiwillig zurückgetreten war. Ebensowenig zählte, daß die Anzeige des Vaters den Erfolg der Polizei überhaupt erst ermöglicht hatte. Der Mann, der seinen Sohn vor einem bösen Geschick bewahren wollte, hatte ihn letztendlich ins Gefängnis gebracht.

Am Montag, dem 27. April 1953, begann in den Ostberliner Tageszeitungen eine Pressekampagne, die für DDR-Verhältnisse ungewöhnliche Ausmaße annahm. Den Aufmacher lieferte ein Foto, das die »BZ am Abend« auf der Titelseite druckte. Ein Stapel Groschenromane aus der Produktion westdeutscher Verlagshäuser füllte das Bildformat. Auf den Heften lagen eine Pistole, ein leeres Magazin, drei Patronen, ein Brecheisen und eine Flasche mit Schraubverschluß. Die Bildunterschrift lautete: »DURCH SCHLAGKRÄFTIGEN EINSATZ konnte die Berliner Volkspolizei in der Nacht zum 22. April einen bewaffneten Überfall einer Westberliner Verbrecherbande auf den Zirkus Barlay verhindern. Ziel des Überfalls war, den wertvollen Pferdebestand des Zirkus zu rauben und in die Westsektoren zu verschleppen. Zwölf der sechzehn Bandenmitglieder sind in Westberlin wohnhaft. Die Bande war mit Schußwaffen, Brecheisen und einem stark wirkenden Betäubungsmittel (in der Flasche) ausgerüstet. Die auf diesem Bild gezeigten West-Schmöker fand man bei der Wohnungsdurchsuchung der im demokratischen Sektor wohnenden Bandenmitglieder.«

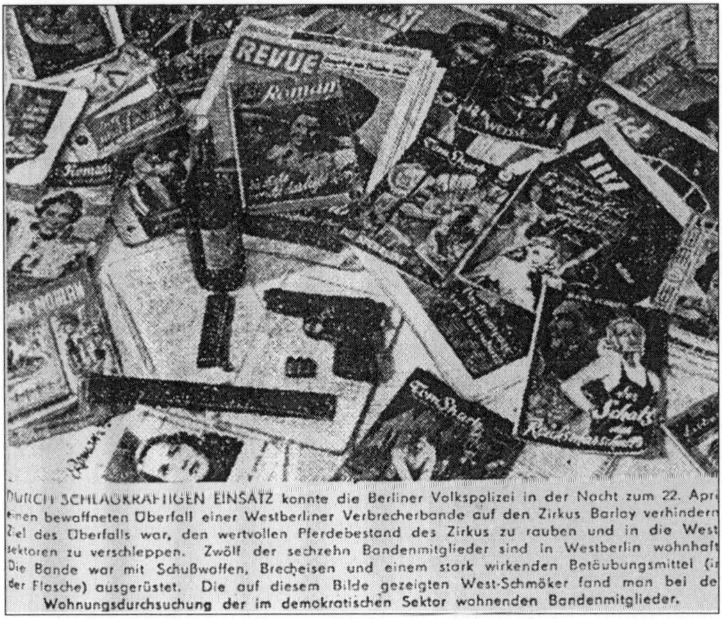

DURCH SCHLAGKRÄFTIGEN EINSATZ konnte die Berliner Volkspolizei in der Nacht zum 22. Apr
einen bewaffneten Überfall einer Westberliner Verbrecherbande auf den Zirkus Barlay verhinder
Ziel des Überfalls war, den wertvollen Pferdebestand des Zirkus zu rauben und in die West
sektoren zu verschleppen. Zwölf der sechzehn Bandenmitglieder sind in Westberlin wohnhaf
Die Bande war mit Schußwaffen, Brecheisen und einem stark wirkenden Betäubungsmittel (i
der Flasche) ausgerüstet. Die auf diesem Bilde gezeigten West-Schmöker fand man bei de
Wohnungsdurchsuchung der im demokratischen Sektor wohnenden Bandenmitglieder.

»BZ am Abend« vom 27.4.1953. Quelle: Archiv des Autors

In aller Stille hatten die Untersuchungsorgane die Ermittlungen seit dem 22. April vorangetrieben, bis einem der Profis in der Propagandazentrale der DDR – dem Amt für Informationen beim Ministerrat – die Erkenntnis aufdämmerte, daß die Barlay-Aktion sich in den Medien vermarkten ließ. Die bunte Welt der Artisten, liebenswerte Zirkustiere und Schurken im Direktorenfrack, die aus der DDR geflüchtet waren. Im Hintergrund eine Westberliner Kneipe – Vergnügungsstätte amerikanischer Besatzer und Brutstätte für den verruchten Pferdecoup.

So entstand ein Szenario, dessen Verbreitung der Pressestelle im Polizeipräsidium, Neue Königstraße, übertragen wurde. Die Ostberliner Zeitungsredaktionen reagierten erwartungsgemäß. Täglich präsentierten sie neue Schlagzeilen auf den Seiten ihrer Blätter. »ÜBERFALL AUF ZIRKUS BARLAY WURDE VEREITELT«, »DIE VOLKSPOLIZEI HAT UNSEREN ZIRKUS BARLAY GERETTET«, »BANDE PLANTE ÜBERFALL AUF CIRCUS BARLAY – CIC-Agent gab Anweisungen / Volkspolizei nahm Westberliner Verbrecher am Tatort fest«, »NEUE VERHAFTUNGEN IM FALL BARLAY«.

Aus der »Berliner Zeitung« erfuhren die Leser:

> Ziel des Unternehmens war, das wertvolle Pferdematerial des Zirkus Barlay in die Westsektoren zu verschleppen. Wie festgestellt wurde, ist der Auftraggeber dieser organisierten Bande ein ehemaliger Zirkusbesitzer, Alois Schickler, der 1952 wegen Wirtschaftsverbrechen aus dem demokratischen Sektor Berlins nach Westberlin flüchtete.

Wer mehr über die Hintergründe des »Bandenverbrechens« erfahren wollte, der mußte schon zum Westberliner »Kurier« greifen. Unter der Überschrift »RÜCKFÜHRUNG MISSGLÜCKTE – Vopo durch Verrat informiert« berichtete das Blatt am 27. April unter anderem:

> Mit seinem westdeutschen Zirkus war er von Kassel aus Mitte 1950 zu einer Gastspielreise in die Ostzone gegangen. Ihre ungehinderte Wiederausreise war ihnen schriftlich zugesagt worden. Als Schickler jedoch im Oktober 1952 wieder in den Westen wollte – sein Unternehmen sollte bei der CCC-Film in Spandau in einem Film mitwirken – verweigerte man ihm ›aus zwingenden Gründen‹ die erforderlichen Warenbegleitscheine. Das gesamte Zirkuseigentum … wurde im Winterquartier des Zirkus Schickler in Berlin-Hoppegarten festgehalten. Wenig später übernahm der ›volkseigene‹ Zirkus Barlay den größten Teil des Materials …

Wir wissen, daß die »zwingenden Gründe« auf einer Steuerschuld beruhten, die vom Finanzamt Stralsund behauptet, aber niemals bewiesen wurde. Wie die jüngere Rechtsgeschichte in der Bundesrepublik Deutschland belegt, gehören Steuerschulden keineswegs zu

Seite 8 / Nummer 97 DER KURIER

Rückführung mißglückte

Vopo durch Verrat informiert – „Aufbau"-Methoden

Der Plan, einen Teil der in Ostberlin zurückgehaltenen Pferde des westdeutschen Zirkus Schickler nach Westberlin zu bringen, ist von der Volkspolizei vereitelt worden. Offenbar wurde die Vopo durch Verrat informiert. Wie der kommunistische Nachrichtendienst ADN meldet, sind in diesem Zusammenhang 16 Personen als „bewaffnete Westberliner Verbrecherbande, die wertvolles Pferdematerial verschleppen wollte", festgenommen worden. Der Fall zeige eindeutig, „daß es in Westberlin organisierte Banden gibt, die unter Anleitung amerikanischer Agenten versuchen, Schädlingsarbeit im demokratischen Sektor durchzuführen, um damit unseren Aufbau zu stören."

Wie dieser Ostberliner Aufbau aussieht, erläuterte Alois Schickler, der rechtmäßige Besitzer der Pferde. Mit seinem westdeutschen Zirkus war er von Kassel aus Mitte 1950 zu einer Gastspielreise in die Ostzone gegangen. Die unbehinderte Wiederausreise war ihm schriftlich zugesagt worden. Als Schickler jedoch im Oktober 1952 wieder nach dem Westen wollte – sein Unternehmen sollte bei der CCC-Film in Berlin-Spandau in einem Film mitwirken –, verweigerte man ihm aus „zwingenden Gründen" die erforderlichen Warenbegleitscheine. Das gesamte Zirkuseigentum, darunter über 80 Wagen, zahlreiche Zugmaschinen, Lastwagen und Personenwagen, drei große Zelte, 94 Pferde, fünf Grizzlybären, ferner Löwen, ein Kamel und Affen, wurde im Winterquartier des Zirkus' Schickler in Berlin-Hoppegarten festgehalten. Wenig später übernahm der „volkseigene" Zirkus Barlay den größten Teil des Materials, ohne daß jemals eine Enteignung ausgesprochen wurde oder überhaupt eine schriftliche Begründung erfolgte. Schickler selbst flüchtete daraufhin nach Westberlin.

Jetzt versuchten einige frühere Angestellte des Zirkus Schickler, etwa 23 Dressurpferde nach Westberlin zu bringen, die sich unrechtmäßig bei Barlay befanden. Nach der mißglückten Aktion hatte die Volkspolizei zunächst etwa 30 Personen als Verdächtige festgenommen. Wie ein inzwischen wieder Freigelassener mitteilte, mußte ein großer Teil der Festgenommenen in einer Ostberliner Vopo-Unterkunft die ganze Nacht mit dem Gesicht zur Wand und den Händen auf dem Rücken stehen. Einige habe man im Verhör blutig geschlagen. Der 17jährige Tierpfleger Krüger wurde mit Fesseln krummgeschlossen.

»Der Kurier« vom 27. 4.1953. Quelle: Archiv des Autors

den Kavaliersdelikten. Fette Steuerhappen läßt sich der Fiskus auch hierzulande nicht ungestraft entgehen. Was den Fall Schickler suspekt macht, ist die auffällige Ähnlichkeit mit den Enteignungen während der »Aktion Rose«. Insider der Zirkusszene bestätigen, daß die Vision von der Gründung eines volkseigenen Zirkusunternehmens nach dem Vorbild des Sowjetischen Staatszirkus bereits im Schwange war.

In ihrer Berichterstattung überging die DDR-Presse geflissentlich, daß Schicklers Aktion sich nicht gegen den volkseigenen Zirkus Barlay richtete. Lediglich um seine Pferde war es ihm zu tun, die man auf dem Zirkusgelände eingestallt hatte. Bezeichnend auch, daß über die bei Mantolla gefundene Pistole nur noch im Plural berichtet wurde. »Neues Deutschland« vom 28. April: »In der Nacht zum 22. April versuchte eine mit Schußwaffen und Brecheisen bewaffnete 16köpfige westberliner Verbrecherbande …«, »Berliner Zeitung« vom 28. April: »Alois Schickler hatte in seinem Lokal eine 16köpfige Verbrecherbande organisiert, die mit Pistolen, Totschlägern und Giftwaffen ausgerüstet …« Der Luftgewehrschießstand, den man auf jedem Rummelplatz, also nicht nur im KBS – im Osten auch bei der GST (Gesellschaft für Sport und Technik, die Wehrsportorganisatuion in der DDR) – antreffen konnte, mutierte in der Berichterstattung zu einem Ort, an dem »Schickler mit den Jungen nächtliche Schießübungen abhielt«.

Die Westpresse hingegen wiegelte ab. Als Schickler den Reportern des »Telegraf« erklärte, daß er Mantolla eine Schreckschußpistole aus dem ehemaligen Zirkusbestand überlassen habe, schrumpfte die

Überfall auf Zirkus Barlay wurde vereitelt

Volkspolizei zerschlägt Westberliner Verbrecherbande / 16 Personen hinter Schloß und Riegel

Die Volkspolizei hat unseren Zirkus Barlay gerettet

Bande plante Überfall auf Circus Barlay

CIC-Agent gab Anweisungen / Volkspolizei nahm Westberliner Verbrecher am Tatort fest

Noch kann der „Chef" schadenfroh lachen

„Telegraf" log wieder / Begegnung von Bruder und Schwester / Die Aufgabe der Mütter

Neue Verhaftungen im Fall Barlay

„Helden" der Westpolizei / Das Bordell neben dem Schöneberger Rathaus

Zum verhinderten Überfall auf den Zirkus Barlay

Westberliner Bürger protestieren vor der Schöneberger Verbrecherzentrale

Mütter spuckten Schickler an

Westberliner empört über den Anschlag auf Circus Barlay

Es fängt so harmlos an …

Besuch amerikanischer Clubs herauskommt / Erst wird gebastelt — dann geschossen

… und endet im Verbrechen

Immer noch aber gibt es Jugendclubs in Westberlin, welche die „amerikanische Lebensweise" verbreiten. Immer noch wissen Eltern nicht, was ihre Sprößlinge treiben. Besonders deutlich wird es am Beispiel der Schickler-Bande, an den Krawallfahrern, die Volkspolizisten und Passanten überrasen, an den Schlägerkolonnen, die Saalschlachten und Überfälle an den Sektorengrenzen inszenieren — an allen Sabotage- und Terrorakten, die planmäßig gelenkt und gesteuert werden, um unseren friedlichen Aufbau zu stören.

Der schnelle Zugriff unserer Volkspolizei hat eine groß angelegte Kette von Verbrechen verhindert. Den Schicklers und CIC-Agenten im Frontstadt-Senat sollte das als Warnung dienen.

Die Bevölkerung Westberlins aber wird den Kampf gegen die Ami-Politik und den Reuter-Senat verstärken, „denn die Westberliner Bevölkerung", heißt es in der Proklamation der Sozialistischen Einheitspartei Deutschlands vom 5. März 1953, „will keine amerikanischen Panzer im Grunewald, keine amerikanischen Nachtclubs, keine amerikanischen Spielhöllen — die Westberliner Bevölkerung will frei atmen, friedlich leben, teilnehmen am Aufbau ganz Berlins, damit Berlin die schöne, starke und freie Hauptstadt eines geeinten und unabhängigen demokratischen Deutschland wird."

—ch

Quelle: Archiv des Autors

durchaus ernstzunehmende Waffe zur »Knallplätzchenpistole« zusammen. Flugs gab der Osten ein Polizeifoto frei. Die Großaufnahme in der »BZ am Abend« vom 30. April zeigt die Beretta, ein Magazin und drei Patronen. Unter den Millionen Zeitungslesern fanden sich gewiß nur drei oder vier, die über spezielle Waffenkenntnisse verfügten und die winzigen Kerben an den Patronenspitzen zu deuten wußten. Waffenhersteller kennzeichnen Gas- und Knallpatronen mit dieser Kerbung.

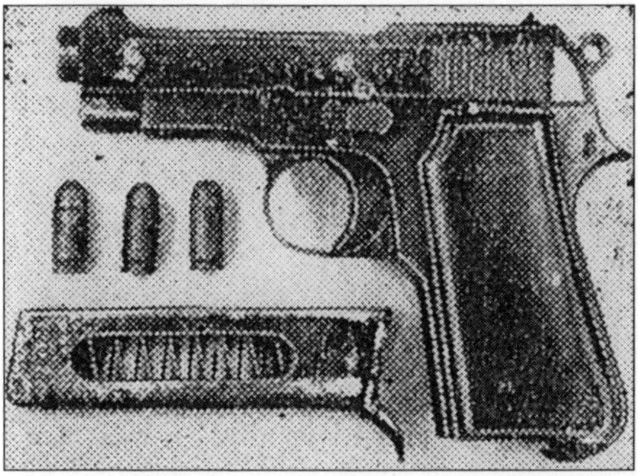

Die »Knallplätzchenpistole« (laut Telegraf), die bei Günter Mantolla gefunden wurde. Quelle: Archiv des Autors

Der überaus freie Umgang mit den Fakten paarte sich in der Berichterstattung mit Textpassagen, die unmißverständlich darauf abzielten, die Schickler-Familie zu diskreditieren. »Berliner Zeitung« vom 30. April 1953:

SCHICKLER VERKUPPELTE MINDERJÄHRIGE

Schwere Anklage der Westberliner Bevölkerung

Über die dunklen Machenschaften des Bandenchefs Alois Schickler, dessen Anschlag gegen den Zirkus Barlay durch die Wachsamkeit unserer Volkspolizei in Zusammenarbeit mit der Berliner Bevölkerung in letzter Stunde vereitelt werden konnte, werden immer neue Einzelheiten bekannt. Westberliner Einwohner berichteten, daß das Lokal von Schickler, das ›Kleine Ballhaus‹ in der Hauptstraße in Schöneberg (USA-Sektor), nicht nur ein Bordell und ein Tummelplatz für amerikanische Soldaten ist, sondern daß Schickler sozusagen unter den Augen der Westpolizei einen Mädchenhandel aufzog, zu dessen Kunden ausschließlich amerikanische Okkupationssoldaten gehörten. Das »Kleine Ballhaus« liegt nur wenige Schritte von der Polizeiinspektion Schöneberg entfernt.

Schöneberger Einwohnern sind Fälle bekannt geworden, in denen Schickler 13- bis 14jährige Mädchen, die von seinen Töchtern – sie wurden von den amerikanischen Kunden des Lokalinhabers »Puppi« und »Püppi« genannt – angeworben wurden, nächteweise an amerikanische Soldaten verkuppelte ...

Auch die bewährten Leserbriefschreiber kamen zu Wort. Am 8. Mai druckte die »BZ am Abend«:

BARLAY WAR KEIN EINZELFALL

Schickler ist ein ganz verkommener Mensch und ein ausgekochter Unternehmer. Ich bin ein ehemaliger Artist und kenne ihn von früher. Schon damals wollten die Kollegen nicht bei ihm arbeiten, weil er die Angestellten zu schlecht behandelte und sie oftmals um die Gage betrog. A. M. Tiergarten

Alois Schickler war beileibe kein Mensch ohne Fehl und Tadel, eher ein knallharter Geschäftsmann, der eiskalt kalkulierte und schlitzohrig seinen Vorteil suchte. Glaubhaften Quellen ist zu entnehmen, daß er Analphabet gewesen sein soll. Das unterschied ihn wohl von jenem Hans Kohlhaas aus der Berliner Schwesterstadt Kölln, der 420 Jahre zuvor der weltlichen Obrigkeit seine Privatfehde erklärt hatte, »dieweil der sächsische Junker Günter von Zaschwitz ihm während einer Reise zur Leipziger Michaelismesse wider Recht und Ehr' und unter öffentlicher Anlastung, sie seien gestohlen, gewaltsam zwei Pferde nahm.«

Als die verhafteten Jugendlichen am 28. und 29. April im Polizeipräsidium, Neue Königstraße, zum ersten Mal ihre Angehörigen sahen, war die Presse dabei. Gehorsam sagten die Jungen ihre Sprüchlein auf:

»Ich weiß, daß ich eine Riesendummheit begangen habe. Es geht mir gut. Das Essen ist sehr gut. Nein, wir sind nicht geschlagen worden, niemals. Die Vernehmung verlief sehr anständig.«

»Wir sind auf Schickler hereingefallen, aber die Volkspolizei hat uns gut behandelt.«

Die Reporter kolportierten die Sätze als authentische Antworten auf anderslautende Berichte in der Westpresse.

Aufgewühlt von den Eindrücken ihres Besuches im Volkspolizei-Präsidium zog ein Teil der Angehörigen in die Schöneberger Hauptstraße. Sie veranstalteten einen Auflauf vor dem KBS und forderten die Schließung des Lokals. »MÜTTER SPUCKTEN SCHICKLER

AN«, wußte der Reporter der »BZ am Abend« zu berichten, auch daß Schickler, als er aus einem Hoffenster flüchtete, mit Steinen beworfen wurde.
Strafanzeigen, die gegen Schickler beim Kriminalkommissariat Schöneberg erstattet wurden, landeten nach kurzer Prüfung in der Aktenablage.

Mitte Mai verebbte der Presserummel. Der komplizierte DDR-Alltag beschäftigte die Menschen weit mehr, als die angebliche »Flut der Protestzuschriften und Entschließungen, die die Berliner Werktätigen und vor allem die Jugend dem Zirkusunternehmen und der Berliner Volkspolizei zuleiteten«.
Am 28. Mai 1953 faßte der Ministerrat der DDR den verhängnisvollen Beschluß über die Erhöhung der Arbeitsnormen. Was das Volk in diesen Tagen bewegte, ist dem Erinnerungsbericht des ehemaligen KVP-Offiziers (Kasernierte Volkspolizei) R. Neuhaus entnommen: »Diese vielen Prozesse gegen die angeblichen Feinde der DDR? Die ungerechtfertigten Normerhöhungen? Nun bauen sie an den Grundlagen des Sozialismus. Dabei werden die Lebensmittel knapper und teurer. Warum gibt es so wenig Butter? Selbst bei der Marmelade fangen sie an zu sparen. Der Mittelstand bekommt keine Lebensmittelkarten mehr. Bald wird es auch bei uns wie in Rußland sein.«
Am 17. Juni eskalierte die Situation. Die auf der einen Seite als »Arbeiteraufstand« und auf der anderen als »konterrevolutionärer Putschversuch« bezeichneten Unruhen wurden mit Waffengewalt niedergeschlagen. Beide Seiten hatten Tote und Verletzte zu beklagen. In den darauffolgenden Wochen füllten sich die Haftanstalten. Um Platz zu schaffen, erging die Order, Untersuchungshäftlinge aus minder bedeutenden Strafsachen bis zum Prozeß auf freien Fuß zu setzen.
Für Ludwig Anderlick öffneten sich die Rummelsburger Knasttore. Eindringlich ermahnte man ihn, den Termin für die Gerichtsverhandlung nicht zu verschlafen. Noch einmal fuhr er in die Bergstraße, um sich bestätigen zu lassen, was er im Grunde längst ahnte. Nach einem kurzen, aber dramatischen Auftritt mit dem Vater verließ er verbittert die Wohnung.
Ludwig fuhr nach Westberlin. Alois Schicklers Adresse hatte er noch im Kopf. Schickler empfing ihn in seiner Wohnung, machte aber kein Hehl daraus, daß der Besucher aus dem Osten nicht sonderlich

gelegen kam. Am nächsten Morgen drückte er dem Jungen ein paar Mark in die Hand und schickte ihn in das Flüchtlingslager Berlin-Marienfelde. Ludwig Anderlick unterschrieb einen Arbeitskontrakt und landete als Bergmann im Ruhrgebiet.
Emil Anderlick hat die Flucht seines Sohnes nie verwunden. Der Gram, den er in sich hineinfraß, zerrüttete seine Gesundheit. Die Tat, die den Sohn vor unbedachtem Tun schützen sollte, hatte sich letzten Endes gegen die eigene Familie gekehrt. Darüber ist er nie hinweggekommen.

Am 19. Oktober 1953 hob sich der Vorhang zum letzten Mal für die Hauptbeteiligten in der Barlay-Affäre. Der Zuschauerraum im Saal des Ostberliner Stadtgerichts in der Littenstraße war bis auf den letzten Platz gefüllt. Delegierte aus Berliner Betrieben, Angehörige der Angeklagten und eine Handvoll Journalisten hatten sich eingefunden, um dem Prozeß beizuwohnen. Unter ihnen der dreiunddreißigjährige Reporter Günther Prodöhl, der für »BZ am Abend« und »Neues Deutschland« berichtete.
Punkt neun Uhr eröffnete der Vorsitzende des Strafsenats III b an diesem Montag die Verhandlung. Drei junge Männer waren bereits vor einem Jugendgericht abgeurteilt worden. Elf Täter saßen nun auf der Anklagebank, Silberberg hatte sich krank gemeldet. Gegen die Hauptangeklagten Alois Schickler und Edmund Schober verhandelte das Gericht in Abwesenheit. Laut Anklagetenor galten sie als flüchtig.
Die wichtigste Rolle bei dem geplanten Pferderaub im Zirkus Barlay – so die Staatsanwältin habe Bedrich Tischer gespielt. Er hielt die Verbindung zwischen Schickler und seinen ehemaligen Angestellten, von ihm stamme der Plan zum Raub des Zirkuszeltes, einer Zugmaschine und eines Pkw.
»Schickler hat uns dicke Posten versprochen, wenn er erst im Westen seinen Zirkus aufmacht«, verteidigte Tischer sich mit zerknirschter Miene. »Naja, und dann hatten wir auch Angst vor Schickler.«
Am zweiten Verhandlungstag kam Günter Mantolla zu Wort. Auch er hielt sich an die Rolle des jämmerlich Verführten. Das KBS sei ein Tummelplatz amerikanischer Soldaten, Prostituierter und anderer dunkler Elemente gewesen, erklärte er dem Gericht. Unter den Amis hätte es öfter Schlägereien um die Mädchen gegeben. Der Schießstand war ständig von ihnen umlagert. Wie auf einem Rum-

melplatz mußte man jeden Schuß bezahlen. Auf Befragen gab er an, daß er die Pistole von Schickler erhalten habe.
»Welche Verhaltensmaßregeln erhielten Sie von Schickler?«
»Ich sollte bei irgendwelchen Zwischenfällen, besonders beim Auftauchen der Volkspolizei, von meiner Waffe rücksichtslos Gebrauch machen.«
»Haben Sie schon einmal geschossen?« bohrte der Vorsitzende nach.
»Nein.«
»Hat Schickler Ihnen erklärt, wie Sie die Pistole handhaben müssen?«
Mantolla, den Blick zu Boden gesenkt, antwortete leise: »Ja, ich brauchte nur den Sicherungshebel umwerfen und dazwischenhalten.«
Im Verlaufe des dritten Verhandlungstages befaßte sich das Gericht mit den übrigen Angeklagten. Ohne Ausflüchte gaben sie ihre Tatbeteiligung zu. Prodöhl notierte in seinem Notizblock:

Acht von ihnen sind junge Burschen, 18 bis 26 Jahre alt. Halbstarke, die auf dem Parkett des »Kleinen Ballhauses« oder im Schöneberger Ami-Jugendklub zu Hause waren. Ihnen war jedes Mittel recht, einen Zwanzigmarkschein zu verdienen. Hinzu kam die Sensationslust, die der »Boß« Schickler geschickt anstachelte. »Ihr werdet von der Wochenschau gefilmt, dann seid ihr Helden.«

Am 26. Oktober verkündete der Strafsenat die Urteile im Barlay-Prozeß. Schickler wurde in Abwesenheit wegen gewerbsmäßigen Verbrechens gegen die Handelsschutzbestimmungen und verbotenen Waffenbesitz zu einer Gesamtstrafe von neun Jahren Zuchthaus verurteilt. Edmund Schober erhielt sechs Jahre. Für Tischer verhängte das Gericht fünf, für Mantolla vier und zweieinhalb Jahre Zuchthaus entfielen auf Simon. Die Mitangeklagten erhielten Gefängnisstrafen zwischen dreieinhalb Jahren und vierzehn Monaten.

Prodöhl war nicht mehr zum Gerichtsgebäude gegangen. Die Urteile ließ er sich telefonisch von der Pressestelle in der Littenstraße durchsagen. Ein Jahr später begann er seine Karriere als Krimiautor. In seinen Kurzgeschichten, Tatsachenberichten, Romanen und Fernsehfilmen verband er Elemente der Reportage und der Dokumentation mit der freigestalteten Erzählung. Viele Fälle, die der Berliner Gerichtsreporter erlebt hat, sind uns auf diese Weise literarisch überliefert. Der »Überfall auf den Circus Barlay« gehört nicht da-

„Barlay-Ueberfall“ vor Gerich

Zwölf Mitglieder einer Gangsterbande auf der Anklageba

Ganoventreff „Kleines Ballhaus“

Der zweite Verhandlungstag im „Barlay-Prozeß“

Berlin (BZA). Mit der Vernehmung ... Ganoventreff ...

Schickler verkuppelte Minderjährige

Schwere Anklagen der Westberliner Bevölkerung

Strafanträge im Barlay-Prozeß

Berlin (Eig. Ber.). Am 4. Verhandlungstag des Überfalles auf den Zirkus Barlay stellte heute vormittag die Vertreterin der Anklage ihre Strafanträge.

Für die nach Westberlin geflüchteten Anstifter des Verbrechens, den 44jährigen früheren Zirkusbesitzer Alois Schickler und seinen 29jährigen Geschäftsführer Edmund Schober forderte die Staatsanwältin Verurteilung in Abwesenheit zu Zucht... bzw. 7 Jahren.

Westberliner Günther Ma[redacted], auf 3 Jahre Zuchthaus lautet der Strafantrag für den 21jährigen Tierpfleger Johannes S[redacted] und auf 2 Jahre Zuchthaus für den 20jährigen Zirkusschmied Anton S[redacted].

Den von Schickler für den Überfall verleiteten Westberliner Angeklagten [redacted] und [redacted] die alle im Alter zwischen 18 und 21 Jahren sind, wurde ihre Jugend strafmildernd zugute gehalten. Der Strafantrag lautete auf Gefängnis ... 1 Jahr und 5 Mo-

9 Jahre Zuchthaus für Schickler

Berlin (-öhl. Eig. Ber.). Gestern verkündete der 3. Strafsenat des Berliner Stadtgerichts die Urteile im Barlay-Prozeß. Der nach Westberlin geflüchtete Zirkusbesitzer Alois Schickler wurde wegen gewerbsmäßigen Verbrechens gegen die Handelsschutzbestimmungen und verbotenen Waffenbesitzes zu neun Jahren Zuchthaus verurteilt.

Sein mit ihm geflüchteter Geschäftsfreund Edmund Schober erhielt ebenfalls in Abwesenheit sechs Jahre Zuchthaus. Über die Mitangeklagten, die an dem versuchten Diebstahl der 23 Dressurpferde des Zirkus Barlay beteiligt waren, wurden vier Jahre Zuchthaus bzw. Gefängnisstrafen von 3½ Jahren bis zu 14 Monaten verhängt.

Quelle: Archiv des Autors

zu. Der Propagandarummel, der die Affäre von Anbeginn begleitete, hatte Prodöhl wohl hellhörig gemacht.

Dafür entdeckte die staatliche Filmproduktion DEFA den Stoff als Spielfilmvorlage. Hans Kubisch und Wolfgang Kohlhaase, zwei junge Dramaturgen in den Babelsberger Studios, schrieben das Drehbuch. Unter der Regie von Gerhard Klein entstand ein Kriminalfilm, der vor allem junge Zuschauer ansprach.

»Alarm im Zirkus« begann mit dem Textvorspann: »Von dem verbrecherischen Versuch Westberliner Gangster, die wertvollen Rassepferde des Zirkus Barlay aus dem demokratischen Sektor Berlins

nach Westberlin zu entführen, erzählt dieser Film, der sich im wesentlichen an die kriminellen und politischen Tatsachen hält …«
Die Filmschöpfer hielten sich an die offizielle Version, die in der DDR-Propaganda verbreitet wurde. Erwin Geschonneck, in der Physiognomie einem Alois Schickler durchaus ähnlich, spielte den abgefeimten Ballhausbesitzer Klott. Er läßt die Pferde holen, um sein Etablissement in ein Hippodrom zu verwandeln. Im Film sind es Kinder, die eine Anzeige bei der Volkspolizei veranlassen. Krimigerecht auch das wilde Feuergefecht, das der Bandenchef Jimmy den Polizisten noch liefern darf.
Es versteht sich, daß der Drehstab tatkräftige Unterstützung bei der Berliner Volkspolizeiführung fand. Funkwagenbesatzungen wirkten als Statisten mit. Dem Schauspieler Uwe Jens Pape in der Rolle des Jimmy wurde die Schußwaffe zur Verfügung gestellt, die man bei Günter Mantolla gefunden hatte.
Im Sommer 1954 gelangte der Film in die Kinotheater. Nahezu 3 000 Besucher wohnten einer festlichen Aufführung im Berliner

Uwe Jens Pape in der Rolle des Bandenchefs Jimmy mit der Original-Beretta. Quelle: Archiv des Autors

Friedrichstadtpalast bei. Gerechter Beifall belohnte die Filmschöpfer. Bis die Veranstaltung zur Propagandashow verkam. Die Zeitschrift »Die Volkspolizei«, Ausgabe 17/54, berichtete:

> Die Begeisterung erreichte jedoch ihren Höhepunkt, als drei junge Arbeiter vom Parkett aus die Bühne betraten, ein Kraftfahrer, ein Schlosser und ein Mechaniker. Das Erlebnis der Veranstaltung hatte sie veranlaßt, ihren Wunsch, in die Volkspolizei einzutreten, allen Werktätigen mitzuteilen …

Quelle: Archiv des Autors

»Alarm im Zirkus« ist ein Kinostreifen, der die Stilmittel des Kriminalfilmgenres voll ausreizt. Ein spannendes Stück Unterhaltung, das den Zuschauer überzeugte und im Gedächtnis blieb. Vielleicht hat der Film deshalb – neben den vielen Presseberichten – dazu beigetragen, Klischeevorstellungen vom »Überfall auf den Circus Barlay« bis heute zu erhalten.

BRENNPUNKT OPTIK

Schmuggel über die Pyrenäen
1957

Berlin glänzte in den letzten Strahlen der untergehenden Sonne. Ein Regenguß war über die Friedrichstadt hinweggezogen. Auf den Dächern und auf dem Asphalt verdunstete die Feuchtigkeit.
Das Zeitkino am Bahnhof Friedrichstraße spielte an diesem Aprilabend des Jahres 1959 den DEFA-Streifen »Ware für Katalonien«. Ein Kriminalfilm über einen weitverzweigten Optikschieberring im geteilten Berlin. Der 140 Plätze umfassende Saal befand sich im S-Bahnbogen in der Georgenstraße. Die Spätvorstellung war gut besucht, der Film zudem spannend, so daß die Besucher sich kaum daran störten, wenn ab und an eine S-Bahn über die Betondecke des Zuschauerraumes dahingrummelte.
In der letzten Reihe saß ein hochgewachsener Mann von Mitte Dreißig. Seinen eleganten Übergangsmantel hatte er über die Lehne des Nachbarsessels geworfen. Mehr als alle anderen Zuschauer nahm er Anteil an dem Leinwandspektakel. Manche Filmszene begleitete er mit beifälligem Kopfnicken, andere erweckten seinen Unwillen, oder er lächelte nur still vor sich hin. Vielleicht ein Kunstkritiker, der sich für die Kulturseite einer Zeitung mit dem Film auseinandersetzen muß, vermutete die Platzanweiserin. Erst gegen Ende des Streifens wurde der Mann merklich unruhiger.
Ein grauer VW-Käfer jagt auf der Leinwand zum Brandenburger Tor. Teschendorf, der Chef der Schieberbande, fährt zur Sektorengrenze. Ein Volkspolizist stoppt den Wagen am üblichen Kontrollpunkt. Im gleichen Augenblick wird der VW von mehreren Funkwagen umstellt. »Herr Teschendorf. Steigen Sie bitte aus!« fordert der Filmkommissar. Der Mann mit dem Beinamen »der Spanier« - setzt langsam die Füße auf die Straße, dann stößt er die Tür mit solcher Wucht auf, daß der Kommissar rückwärts taumelt. Der Ban-

denchef hetzt los. Wenige Meter trennen ihn noch von der Sektorengrenze, als der clevere Kommissar ihm ein Bein stellen kann. Teschendorfs verzweifelter Versuch, sich mit einem Schlagring zur Wehr zu setzen, erstickt im Judogriff des Kriminalbeamten. Handschellen klicken. »Da fällt mir etwas ein, Herr Teschendorf«, sagt der Kommissar. »Ein gewisser Holzapfel ist doch mit einem Schlagring ermordet worden.«
»Ich kenne keinen Holzapfel«, erklärt Teschendorf.
Auch der Mann in der vorletzten Reihe, der jetzt seinen Mantel über den Arm nahm und den noch dunklen Kinosaal rasch verließ, hatte nie von einem Mordfall Holzapfel gehört. »Geben Sie mir bitte dreißig Filmprogramme«, verlangte er an der Kinokasse.
Die junge Frau am Schalter wunderte sich. »Gleich dreißig?« fragte sie erstaunt. Sie musterte den schlanken Herren im gutgeschnittenen Übergangsmantel. Der hatte einen seidenen Schal um den Hals geschlungen und trug Karlsbader Lederhandschuhe.
»Warum nicht?« strahlte er aus großen blauen Augen zurück. »Für mich ist der Film sehr interessant.« Er lächelte verschmitzt.
Während sie die Filmprogramme abzählte, überlegte sie angestrengt, an wen der Dunkelhaarige sie wohl erinnere. Erst als der Herr bezahlt hatte und das Lichtspieltheater verließ, fiel ihr die gewisse Ähnlichkeit mit dem Filmschauspieler Wilfried Ortmann auf, der in »Ware für Katalonien« als Chef der Schmugglerbande agierte.

Hasso Schützendorf um 1950. Quelle: Archiv des Autors

Wilfried Ortmann als Teschendorf in »Ware für Katalonien«. Quelle: Archiv des Autors«

Die Kassiererin strich die drei Mark ein. Da fand sie neben den Münzen ein Kärtchen, das der Besucher offenbar an der Kinokasse zurückgelassen hatte. Sie las: »Wissen Sie, wer eben bei Ihnen war? Hasso Teschendorf – der Spanier. Angeblich im Film verhaftet. Eben hat er bei Ihnen 30 Filmprospekte gekauft!«
Amüsiert lachte sie auf.
»Nanu, was ist dir denn passiert?« fragte die Platzanweiserin, die durch eine Hintertür in den winzigen Kassenraum kam. Die Jüngere reichte ihr das Kärtchen.
Die Platzanweiserin schüttelte den Kopf. Dann wurde sie nachdenklich. »Zeig das lieber der Polizei«, riet sie ihrer Kollegin.
Der Filmbesucher, der mit bürgerlichem Namen Hasso Schützendorf hieß, war schnurstracks in die mit polierten braunen Sandsteinplatten ausgestattete Halle des Bahnhofes Friedrichstraße geeilt. Für zwei Groschen zog er am Automaten eine S-Bahnfahrkarte. Auf dem Bahnsteig A verkündete eine Lautsprecherstimme: »Eingefahrener Zug in Richtung Potsdam. Hier letzter Bahnhof im demokratischen Sektor.«
Schützendorf hastete die Treppe hinauf. Er stieg in die Bahn. Dem

Mann in der dunkelgrauen Uniform des »Amtes für Zoll und Kontrolle des Warenverkehrs« sah er gelassen entgegen. Der Zollkontrolleur ging durch das Abteil. Hier und da warf er einen prüfenden Blick auf ein Gepäckstück. Schützendorf hielt den Stapel Filmprogramme auf dem Schoß. Der Zöllner registrierte es mit einem winzigen Lächeln und verließ das Abteil. Wäre es ihm eingefallen, den Ausweis des kinointeressierten Reisenden zu verlangen, hätte der ihm einen Deutschen Personalausweis, ausgestellt auf den Namen eines Dr. Wenner, präsentiert. Falsche Pässe waren Schützendorfs Spezialität. Da hatten die Drehbuchschreiber in »Ware für Katalonien« durchaus nicht gelogen. Aber dieser Mord in der Laubenkolonie, gleich zu Beginn des Filmes, war eine pure Erfindung. Und diese miese Hütte im spanischen Castel de Fels mit dem Esel davor grenzte schon an Blasphemie. Schützendorf stülpte verärgert die Lippen auf. Drei Luxusvillen hatte er damals in Spanien besessen! Er suchte die Besetzungsliste im Filmprogramm. »Buch: Lothar Creutz, Carl Andrießen, Richard Groschopp«, las er. »Regie: Richard Groschopp«. Hasso Schützendorf beschloß, dem Regisseur eine Karte zu schreiben. Daß er dieses Vorhaben um einige Monate aufschieben mußte, war in diesem Augenblick nicht abzusehen.

Am 6. November 1945 war die Unversität in Hamburg wiedereröffnet worden. Unter den Studenten, die zu Vorlesungsbeginn in die Hörsäle drängten, befand sich auch der einundzwanzigjährige Hasso Schützendorf, der für das Medizinstudium eingeschrieben war. Er hatte sich als »Opfer des Faschismus« ausweisen können und fiel in die Kategorie der förderungswürdigen Personen. Im Studentenrat vertrat er die Positionen der Kommunistischen Partei und entschied mit, wer die Studienrichtung Humanmedizin belegen durfte. Sein Auftreten war von einer unnachahmlichen Radikalität und einer gewissen Geltungssucht geprägt. Kein Wunder, daß die Presse von seinen Auftritten Kenntnis nahm. Das eine oder andere Blatt erwähnte seinen Namen. Das rief Neider auf den Plan.
Im Januar 1946 sah sich der Prorektor für Studienangelegenheiten zu einer Unterredung mit dem kommunistischen Studentenvertreter gezwungen. Den Anlaß hatte ein Brief geliefert, dessen Absender nicht eindeutig zu eruieren war. Er schien zum Umkreis der Familie Schützendorf zu gehören, denn er enthielt Informationen, die Hasso Schützendorf Jahre später zu der Behauptung bewogen, den Brief habe seine Mutter verfaßt.

In der Annahme, man wolle ihm eines der vielen neuen Ehrenämter antragen, begab sich Schützendorf unbeschwert ins Rektorat.
»Ihre Kommilitonen schätzen Sie als einen engagierten Studenten«, bekam er dort zu hören. »Sie setzen sich für die Gerechtigkeit ein. Sehr schön, mein Lieber. Trotzdem muß ich Sie bitten, uns diesen Brief zu erklären. Er enthält die Mitteilung, Sie besäßen keine Matura!« Der Prorektor, der Kälte wegen in einen Wintermantel gehüllt, musterte den jungen Mann, dem alle Farbe aus dem Gesicht wich.
»In Königsberg«, stotterte Schützendorf. »Der Krieg ... wissen Sie, das Reifezeugnis ist mir verlorengegangen ...«
»Geben Sie sich keine Mühe.« Der weißhaarige Mann beugte sich energisch über den Tisch. »Ich habe mir Ihre Studienbewerbung gründlich angesehen. Sie behaupten, daß Ihr Reifezeugnis infolge Kriegseinwirkung vernichtet wurde. Dafür haben Sie die eidesstattliche Erklärung beigebracht, das Abitur in Königsberg erworben zu haben. Aber die Beglaubigung, lieber junger Freund, ist eine Fälschung!«
Hasso Schützendorf schwieg fassungslos.
»Warum, Schützendorf? Warum in aller Welt haben Sie denn das getan?«
Mag sein, daß Hasso Schützendorf unter dem Eindruck seiner Entlarvung, die wie ein Blitz über ihn gekommen war, den Drang zum Reden verspürte oder daß der lebenserfahrene Prorektor, der eine gewisse Sympathie für den jungen Mann empfand, instinktiv den richtigen Ton gewählt hatte, jedenfalls vertraute Hasso Schützendorf ihm an diesem Nachmittag seine Lebensgeschichte an.
»Wie Sie aus meinen Papieren ersehen, bin ich am 3. November 1924 in Düsseldorf geboren, und zwar in einer Künstlerfamilie. Mein Vater und fast alle seine Brüder waren Kammersänger. Meine Mutter war die Tochter eines Generals. Künstler und Militärs – das paßte nicht so recht zusammen. Nach der Scheidung bin ich bei meinem Vater geblieben. Seine Engagements wechselten häufig, wir zogen umher und immer wieder gab es ›Tanten‹, die mir die Mutter ersetzen sollten. Auf Gut Braunsdorf bei Berlin habe ich die Volksschule absolviert. Danach brachte mich mein Vater auf dem fürstlichen Pädagogicum in Putbus auf Rügen unter. Etwa hundert Schüler waren wir dort. Eine schöne Zeit. Aber mir passierte etwas ganz Dummes. Aus dem Bücherschrank meines Vaters nahm ich einige Bücher mit. ›Die Weiberherrschaft‹ oder ›Über die wahre Liebe‹ – Sie verstehen, was ich meine – und die habe ich unter der Bank an

meine Mitschüler verliehen.« Ein kurzes Lächeln blitzte in Schützendorfs Augen auf. »Heute lacht man darüber, aber als das damals rauskam, gab es einen Skandal. Ich flog im hohen Bogen aus dem Pädagogicum und landete als sittlich verwahrloster Schüler im Wichern-Heim in Hamburg. Nebenbei versuchte ich, beim Film unterzukommen. Man gab mir ein paar kleinere Rollen. Ich verkehrte mit jungen Leuten. Wir interessierten uns für Jazz, der ja bei den Nazis unterdrückt war. Und als ich einmal unvorsichtig äußerte, es wäre am besten ins neutrale Schweden abzuhauen, da steckten mich die Nazis ins KZ Neuengamme. Sechs Monate war ich dort. Ein alter Kommunist hat mir im Arbeitskommando das Leben gerettet. Dem habe ich dann versprochen, wenn alles vorbei ist, in die KP einzutreten.«

»Jetzt begreife ich Ihre Position im Studentenausschuß.«

Schützendorf nickte. Mit der Miene eines leidgeprüften und vom Schicksal überhart angepackten Menschen fuhr er fort: »1943 wurde ich an die Ostfront geschickt, in eine Bewährungskompanie. Ich bin stiften gegangen, wurde geschnappt und wegen Fahnenflucht zum Tode verurteilt. Ein Onkel, der im Generalstab saß, konnte meine Begnadigung erwirken. Zwölf Jahre Festungshaft. Als die Engländer uns befreiten, wurde ich durch die Behörden als ›Opfer des Faschismus‹ anerkannt. Ich war 20 und wollte endlich aus meinem Leben etwas machen. Deshalb«, Schützendorf hob den Kopf und blickte seinem Gegenüber treuherzig ins Gesicht, »nur deshalb habe ich mich für das Studium der Medizin entschieden. Leider fehlte mir das Abitur. Und da habe ich eben ...«

Wenn auch manches in dieser Lebensbeichte reichlich phantastisch klang, die bitteren Erfahrungen des Einundzwanzigjährigen konnte niemand bestreiten. Ein bißchen Mitleid war, weiß Gott, schon angebracht. Der Prorektor stand vor einer schwierigen Entscheidung. Wenn die Leitung der Universität den Vorfall zur Anzeige brachte, geriet Schützendorf erneut in die unerbittlichen Mühlen der Justiz. War jugendlicher Leichtsinn – mehr konnte es doch nicht sein! – diese Entscheidung wirklich wert?

Der Rektor gab sich einen Ruck. Mit einer schmerzlich-bedauernden Geste erklärte er: »Wir wollen Ihre Sache vergessen, Schützendorf. Aber Sie werden verstehen, daß wir Sie an unserer Lehranstalt nicht dulden können.«

Der aus seinen Träumen gestürzte cand. med. nickte beschämt.

Der strenge Ausdruck im Gesicht des Prorektors für Studienangele-

genheiten milderte sich. »Mir scheint zudem, Sie haben eine recht passable Stimme. Warum versuchen Sie es denn nicht am Konservatorium?«
Jahrzehnte später erzählte Schützendorf der westdeutschen Illustrierten »Quick«:

> Es folgten vier Semester Konservatorium. Ich stammte ja aus einer musikalischen Familie. Bald jedoch dämmerte mir die Erkenntnis: Es ist ziemlich mühsam von Oper zu Oper zu tingeln. Geschäfte machen ist besser.

Die Lebensgeschichte des Hasso Schützendorf steckt voller Widersprüche. Abenteuerliche Berichte über seine Vergangenheit als Schmuggler, Schieber und Fälscher, die sich in den unterschiedlichsten Medien wiederfinden, lassen sich nur schwer entwirren. Immer wieder macht man die Erfahrung, daß Phantasie und Wirklichkeit in Schützendorfs Selbstdarstellungen verschwimmen, wie in dem zitierten Bericht.

Die Hansestadt Hamburg bot Mitte 1946 das Bild einer übervölkerten Trümmerstadt. Die Menschen hungerten. Hasso Schützendorf nutzte jede Gelegenheit, seine soziale Lage zu verbessern. Es ging ums Überleben. Bei der Suche nach zusätzlichen Erwerbsquellen konnte man nicht wählerisch sein. In einem der vielen Tanzlokale, die in den Ruinen und Kellerräumen an der Reeperbahn untergekommen waren, verdingte er sich an den Abenden als Musiker. Angeheizt durch die neuen anglo-amerikanischen Rhythmen, hatten die Amüsierlokale regen Zulauf. Nach der Aufhebung des Fraternisierungsverbotes mischten sich auch britische Soldaten mit Sinn für Amüsement und die ungeahnten Möglichkeiten, die der Schwarze Markt ihnen bot, unters Publikum.
Hinter dem Begriff »organisieren« verbarg sich ein ganzes Lebensgefühl. Beschaffen auf jede Art und Weise war die Devise. Schützendorfs erste Tauschgeschäfte verliefen nach dem Prinzip: 250 Mark im Ankauf für ein Pfund Butter. Weiterverkauf als »echte Landbutter« für 300 Mark. Diese brachten 60 Chesterfield-Zigaretten, die man tags darauf mit einigem Geschick für 380 Mark verhökern konnte. Hasso Schützendorf fand Geschmack an dem einträglichen Spiel.
Auf dem Schwarzen Markt gab es fast alles zu kaufen. Er war zur mächtigsten ökonomischen Institution in allen Besatzungszonen geworden. Während die Deutschen sich aus reiner Existenznot betei-

ligten, mischten die Angehörigen der Besatzungsmächte aus Gewinnsucht mit. Für Produkte, deren Preise minimal waren, wurde Geld genommen, alles übrige nach Kaffee oder Zigaretten bemessen. Leitwährung war die Ami-Zigarette und Hasso Schützendorf schaffte sie heran – die Chesterfield, die Camel oder die Lucky Strike. »Der Schwarze Markt ist ein Tummelplatz für Leute mit Grips im Schädel«, behauptete er. »Nur wer Mumm in den Knochen hat, bekommt hier eine Chance!«

1946 richtete die Hamburger Polizei ein Sonderdezernat zur Bekämpfung der Schwarzmarkt-Kriminalität ein. Polizeibeamte in Zivil streiften über die Märkte an den Landungsbrücken, in St. Pauli oder am Hauptbahnhof, um die professionellen Schieber herauszufischen, doch die wahren Drahtzieher der Geschäfte im Zwielicht blieben unangreifbar. Dafür mußten die Polizisten sich mit den kleinen Schwarzhändlern begnügen, die ihnen täglich ins Netz gingen. Polizeihaft und einige Wochen Knast galten als Berufsrisiko in den einschlägigen Kreisen. Auch Hasso Schützendorf, noch immer eine unbedeutende Größe auf der Hamburger Szene, erwischte es bei einer Razzia.

Vom Standpunkt des Geschäftsmannes aus gesehen, erwies sich seine Inhaftierung später als Gewinn. »König ist der, der über einen ausreichenden Nachschub an Zigaretten verfügt«, belehrte ihn ein Zellengenosse. »Und das sind die Besatzungstruppen. Die Tommys unterhalten riesige Versorgungsdepots im Hafengelände, bewacht von der Deutschen Industriepolizei. Die Depots werden im Zuge der Truppendemobilisierung aufgelöst, die Waren jedoch nicht zurückgeführt, weil die Preisstruktur auf den Heimatmärkten nicht gefährdet werden darf. Schaffst du es, mit den Versorgungsbullen ins Geschäft zu kommen, ist deine Basis gesichert. Wer Schnaps liefert, wird bevorzugt bedient.«

»Die Schnapsbrennerei ist aber im Land verboten.«

»Hier ja. Bei den Russen drüben nicht.«

Als Hasso Schützendorf wenige Wochen später die Haftanstalt verließ, kannte er die wichtigsten Verbindungen, die ihm den Aufstieg in die Aristokratie des Schieber- und Schmuggelgewerbes ermöglichen sollten. Die Strategie des Tauschens, des Beschaffens und des Kompensierens, die er bald meisterhaft beherrschte, wurde zu seiner Lebensmaxime.

Abnehmer fand er in Hülle und Fülle für Damenstrümpfe, frische Heringe, für Penicillin oder Insulin. Aber auch Grundstücke, Rei-

sepässe oder die sogenannten Persilscheine, auf denen bestätigt wurde, daß die Inhaber politisch reine Westen hätten, konnte Schützendorf neben falschen akademischen Titeln, KZ-Bescheinigungen und Besitztumsurkunden über kriegsbeschädigte Häuser besorgen. Der Schwarze Markt wirkte wie eine Droge auf ihn. Es war das Risiko, das seine Phantasie beflügelte und ihn zu immer ausgefalleneren Unternehmungen anstachelte. Über die Hälfte der Lebensmittel, die Schützendorf auf den Markt brachte, stammten aus britischen Depots. Obendrein überließen ihm seine uniformierten Geschäftsfreunde eine Lagerhalle in jenem Teil des Hafens, der zum militärischen Sperrgebiet gehörte.
1995 gestand er in der ARD-Fernsehdokumentation »Die wirren Jahre«:

> Den meisten Profit machte man mit Zigaretten, Kaffee und Alkohol. Das waren die drei Artikel, die am meisten Geld brachten. Die anderen Sachen waren mehr oder weniger nötig, um vielseitig zu sein. Und es machte auch mehr Spaß, wenn man alles und auch große Mengen liefern konnte. Aber der größte Reibach war schon mit Alkohol, Zigaretten und Kaffee zu machen …
> Es gab nach dem Krieg praktisch alles, nur zu weit überhöhten Preisen. Und ich war einer der Glücklichen, die mit gutem Gespür an alle diese Sachen leichter rankamen, weil ich herausfand, wo es sie gab. Natürlich immer nur unter Stillschweigen, denn sonst wären die Leute ja aufgeflogen und hätten nicht mehr liefern können …
> Selbst wenn die Engländer mich in meiner Lagerhalle und die Waren, die ich im Store hatte, beschützten, das Risiko war dann doch vorhanden, wenn die Ware an die Verteiler abgegeben wurde.

Dabei ging ihm der Hinweis, daß man in der russischen Zone zu guten Preisen Schnaps holen könne, nicht aus dem Sinn. Im Juni 1946 brach Hasso Schützendorf zu einer Erkundungsreise über die Zonengrenzen auf. Seine Ziele waren Sachsen und das Berliner Umland, das er aus seiner Volksschulzeit gut kannte.

Der Kriminalanwärter Horst Girra, geboren am 8. November 1920 in Berlin, schlenderte zur Straßenbahnhaltestelle. Um 7.30 Uhr sollte er seinen ersten Dienst in der Kriminaldienststelle eines Lichtenberger Polizeireviers antreten. Diebstähle und Einbrüche würde er dort zu bearbeiten haben, hatte man ihm bei seinem Einstellungsgespräch im Polizeipräsidium erklärt. Bis zu diesem Tag war sein Leben ohne abenteuerliche Wendungen verlaufen. Volksschule von

1927 bis 1935. Danach eine Lehre als Verkäufer. 1939 die Einberufung zur Wehrmacht. 1942 war er an der Ostfront in sowjetische Gefangenschaft geraten, bis er am 4. Juni 1946 im Entlassungslager Gronenfelde die Heimkehrerbescheinigung erhielt. Eine deutsche Biographie, die für viele junge Männer vom Jahrgang 1920 zutraf.
Was er denn nun anfangen wolle, hatte der Herr auf dem Arbeitsamt ihn bei der Anmeldung gefragt.
»Arbeiten – was sonst?«
»Als Verkäufer?« Kummerfalten überzogen das Gesicht des Angestellten. »Da werden Sie wohl umlernen müssen«, meinte er mitfühlend.
»Wieso?«
»Weil die meisten Geschäfte zerstört sind. Und zu verkaufen gibts nicht viel. Wie wärs denn mit dem Polizeidienst?«
»Danke bestens. Uniform habe ich lange genug getragen. Nie wieder, kann ich Ihnen versichern!« Und um den Argumenten des anderen jeden Wind aus den Segeln zu nehmen, setzte er fix hinzu: »Ja, wenn ich wenigstens zur Kriminalpolizei könnte ...«
Der andere nahm ihn wider Erwarten beim Wort. »Selbstverständlich können Sie auch zur Kriminalpolizei, Herr Girra. Leute, die sich im Handelsbereich auskennen, werden bei der Kripo dringend gebraucht. Der Schwarze Markt ist wie eine Seuche.«
Horst Girra konnte nicht mehr zurück. Das ließ sein Stolz nicht zu. Von einer Minute zur anderen war er in einem Beruf gelandet, der ihm noch keineswegs geheuer erschien.
Zwei Pappeln ragten neben dem Haltestellenschild in den Himmel. Während Girra wartete, las er die Zettel, die mit Reißnägeln an die Stämme gezweckt waren. »Tausche gute Milchziege gegen Nähmaschine!« – »Biete guterhaltenen Kinderwagen gegen Naturalien!« – »Wer kennt den Aufenthalt von Martha Jaeckel und Sohn? Ihr Mann Paul Jaeckel sucht die Adresse!« – »Herrengarderobe Größe achtundvierzig gegen Lebensmittel!«
Die Straßenbahn schlingerte bimmelnd um die Kurve. Girra stieg ein. Eine gewisse Spannung und Neugier auf das, was ihn im Polizeidienst erwartete, hatte den jungen Mann erfaßt.

Der dünne Strichregen, der den Lkw mit dem Hamburger Kennzeichen in der Lüneburger Heide überraschte, war versiegt. Wie ein grauer Schleier hing die Feuchtigkeit in der Nachtluft. Die beiden Scheinwerferkegel des Opel-Blitz zitterten durch die Dunkelheit auf der Dannenberger Chaussee. Hasso Schützendorf hockte neben dem Mann am Steuer. Der Fuhrunternehmer, der zu seinen engeren Geschäftsfreunden zählte, übernahm regelmäßig Fahraufträge für die britische Militärregierung. Die breiten Hände des Fahrers umkrampften das zitternde Lenkrad. Die Tachometernadel tanzte bei Neunzig. Das Singen des Motors stimmt schläfrig.

Ein paar Kilometer weiter winkte eine rote Lampe: Stop!

Ein britischer Militärposten schob sich an den Lastkraftwagen heran, während ein zweiter Mann ihn im Hintergrund mit der Sten gun sicherte.

»Tripticket!« kommandierte der Posten.

Schützendorf griff ins Handschuhfach und überreichte die gewünschten Papiere.

Der Posten blätterte im Scheinwerferlicht. »Alles okay, John«, rief er seinem Kameraden zu. »Eine Ladung Kaffee, Zigaretten, Butter und Fisch von Hamburg nach Berlin-Spandau. Genehmigt vom General.« Er gab die Papiere zurück. »Drive on!«

Schützendorf führte grüßend die Hand zur Stirn. Der Spediteur am Lenkrad legte den Gang ein und rollte los. »Weiß der Teufel, warum die jetzt an allen Ecken kontrollieren«, knurrte er aufgebracht.

»Der Schwarze Markt soll stärker bekämpft werden«, grinste Schützendorf. »Bloß gut, daß der Captain neue Passierscheine und Frachtpapiere zur Hand hatte.«

»Wer ist dein Captain überhaupt?«

Hasso Schützendorf schüttelte lächelnd den Kopf. Über seine Verbindungen zu den Engländern schwieg er sich aus. Der Mann war zu wertvoll für ihn. Obwohl die »Civil Affairs Division« der britische Militärregierung einen energischen Kampf gegen Korruption und Schwarzhandel in den Reihen der Besatzungsarmee führte, war ihre Erfolgsquote gering. Der Captain hatte sich als Glücksgriff für Schützendorf erwiesen. Schon nach der ersten Stunde ihrer Bekanntschaft wußte er, daß der Engländer genau der Mann war, den er suchte. Er ahnte sogar, daß dieser wahrscheinlich noch weniger Skrupel kannte, als Schützendorf selbst, denn er sorgte unablässig für Nachschub im Store.

Der Lkw fuhr durch Dannenberg und bog kurz darauf nach Süden ab. Hinter Lüchow erreichten sie die Zonengrenze. Keine Posten. Nur ein schwarzes Schild mit der blendendweißen Aufschrift:

ANGLO-RUSSIAN
DEMARKATION-LINE.

Darunter der gleiche Text in Deutsch und dann in kyrillischen Buchstaben.
Die Bewachung der Zonengrenzen wurde im Juni 1946 noch großzügig gehandhabt. Selbst wenn ihnen russische Posten oder deutsche Polizisten entgegengetreten wären, die Papiere des Capitains, die ihre Fahrt als »Transportauftrag für die britischen Armee« legitimierten, garantierten ihnen die ungehinderte Passage bis Berlin.
Der Morgen dämmerte, als sie unweit der Stadt Brandenburg auf einen einsamen Parkplatz einbogen. Der Motor verstummte. Schützendorf stieg aus, um sich Bewegung zu verschaffen. Im gleichen Augenblick blinkte am gegenüberliegenden Waldrand ein Scheinwerferpaar auf. Ein dreirädriger Lieferwagen löste sich aus der Deckung und hielt neben dem Opel. Ein Mann in Lederjacke griente aus dem Fahrerhaus des Goliath. »Alle Achtung, immer binktlich«, sächselte er herzhaft. »Morchen, die Herrn!«
Hasso Schützendorf sah auf die Uhr. »Ich liebe die preußische Pünktlichkeit«, gestand er mit feiner Ironie. »Alles klar bei Ihnen?«
Die Männer öffneten die Ladeklappen. 500 Flaschen Kornbrand à 0,7 Liter wechselten in der nächsten halben Stunde in den Stauraum des Opel-Blitz. Im Gegenzug wurden zwei Heringsfässer und mehrere Butterkartons heruntergereicht.
Für Hasso Schützendorf ein lukratives Geschäft. Dreißig Mark berechneten ihm seine Partner im Osten für jede Flasche Schnaps. In Hamburg holte er mühelos den zehnfachen Preis dafür herein. Da seine sächsischen Lieferanten aber Heringe und Butter als Gegenwert verlangten, lag auf der Hand, daß auch sie ihren Schnitt bei dem Geschäft machten. Jede Fahrt in die sowjetische Zone hatte sich bislang als rentabel erwiesen. Die Bevölkerung hungerte, und es sah nicht danach aus, als ob sich in den nächsten Monaten etwas daran ändern würde.
Für eine Zigarettenlänge blieben die Männer auf dem Parkplatz noch beisammen. Schützendorf erkundigte sich nach Kontaktadressen in der sächsischen Strumpfindustrie. »Für Seidenstrümpfe besteht enormer Bedarf«, kündigte er an.
»Nu, da fahr'ch mal meine Lauscherchen aus, Chef!« versprach der andere, zertrat die Zigarettenkippe unter seinem Stiefelabsatz, stieg in den Goliath und ratterte winkend davon.

Am Freitag, dem 5. Juli 1946, geschah Ungewöhnliches an der britischen Zonengrenze bei Lauenburg. Wenige Minuten nach zwölf

Uhr gab der diensthabende Sergeant dem Posten ein Zeichen, der daraufhin den rotweißberingten Schlagbaum an der Demarkationslinie senkte. Zum ersten Mal seit der Besetzung Deutschlands war die Grenze zwischen der britischen und der sowjetischen Zone geschlossen worden. Wenige Tage später schlossen sich die Amerikaner mit einem gleichlautenden Befehl für die Ostgrenzen ihrer Besatzungszone an. Die Westmächte glaubten, sich der Flüchtlingsströme erwehren zu müssen, die nach dem Exodus der deutschen Bevölkerung aus Ostpreußen, Schlesien und dem Sudentenland die Länder der sowjetischen Besatzungszone übervölkerten und nun aus Existenznot weiter westwärts drängten. Die Russen sahen es eher als politischen Affront. Alle Verbindungswege, ob Straße oder Schiene, endeten fortan an den Zonengrenzen. Für Dienst- und Handelsreisende galten, um den ohnehin nur spärlich dahinplätschernden Interzonenhandel nicht vollends zum Ersterben zu bringen, Interzonenpässe.

Die Maßnahmen der Briten und Amerikaner wurden zur wesentlichen Ursache für den bald einsetzenden illegalen Grenzverkehr. Wer keine Reisepapiere besaß, ging schwarz über die grüne Grenze. Bis zu dreißig Kilometer führten die illegalen Grenzwege über Berge und Täler der Mittelgebirge. In den Flachlandregionen erschwerten Niederwald, Gestrüpp und sumpfige Wiesen die nächtlichen Marschrouten. Ortskundige Schlepper boten ihre Dienste an. Für die Grenzführer ein einträgliches Geschäft und für manchen Reisenden ein Weg in den Tod. Die Unübersichtlichkeit an der Grenze begünstigte Verbrecher. 59 Morde und 6 Mordversuche wurden 1946 im Grenzbereich Braunschweig-Land registriert. 1947 kamen 30 Morde und 7 Mordversuche hinzu. Als bekanntester Mörder dieser Zeit ist der »Massenmörder Rudolf Pleil« in die Kriminalgeschichte eingegangen.

Hasso Schützendorf, der »norddeutsche Schwarzmarktkönig«, wie er sich später nennen ließ, stellte sich auf die neue Lage ein. Mit Hilfe ortsansässiger Grenzführer organisierte er Trägerkolonnen. Bepackt mit Koffern und Ballen schleppten die schweigsamen Gestalten Bücklinge, Kaffee, Zigaretten, Medikamente und Schokolade in Richtung Osten und kehrten, meist noch in der gleichen Nacht, mit Schnaps, Seidenstrümpfen, Plauener Spitzen und Agfa-Fotofilmen, die im Stammhaus Wolfen hergestellt wurden, zurück. Schützendorf empfing die modernen Kulis auf abgelegenen Waldwegen. Er übernahm die Waren auf seinen Lastwagen, den er inzwischen als Eig-

ner besaß, und entlohnte die Träger reichlich. Wenn die Morgensonne über Hamburgs Oberhafen, eine vom Bomben und Luftminen rasierte Steinwüste, in der vereinzelt Speicher und Bürohäuser stehengeblieben waren, aufging, landeten die Waren in seinem Lager. Hasso Schützendorf kalkulierte wie ein echter Kaufmann das Preisgefälle. Er schloß Verträge ab und vereinbarte Liefertermine, die er auch peinlichst genau einhielt. Der Konkurrenzdruck auf dem Schwarzen Markt wuchs. »Wenn wir die 5000 Kilo Heringe nicht parat haben, schnappen uns andere das Ostgeschäft weg!« hämmerte er seinen Gewährsleuten im Fischereihafen ein. Und die Vertrauten lieferten, denn er zahlte großzügig in Schnaps und Zigaretten.
Am 25. November 1947 löschte der US-Frachter »American Farmer« in Bremerhaven eine Ladung von 4800 Kisten mit einem Gesamtgewicht von 192 Tonnen. Nur die Eingeweihten wußten, was sie enthielten: die neuen Banknoten, die – in den USA gedruckt – am »Tag X« in den Westzonen ausgegeben werden sollten. Hasso Schützendorf erhielt einen Tip aus dem Offizierskorps der Militärregierung. Da er ihn ernst nahm, drosselte er seinen Warenabsatz, kaufte aber unentwegt auf, so daß es im Store bald eng wurde. In der ersten Junihälfte 1948 kletterten die Schwarzmarktpreise in astronomische Höhen. Für eine amerikanische Zigarette wurden in Hamburg bis zu 30 Reichsmark bezahlt.
Am 18. Juni 1948 verkündete der Nachrichtensprecher im Westdeutschen Rundfunk: »Das erste Gesetz zur Neuordnung des deutschen Geldwesens ist von den Militärregierungen Großbritanniens, der Vereinigten Staaten von Amerika und Frankreichs erlassen worden und tritt am 20. Juni in Kraft.«
Die Währungsreform bedeutete eine Abwertung der bisherigen Zahlungsmittel im Verhältnis von 10 : 1. Jede Person erhielt ein Kopfgeld von 40 Mark, weitere 20 Mark wurden später ausgezahlt.
Überliefert ist, daß professionelle Schieber an diesem Tage ihre Zigaretten mit Hundertmarkscheinen anzündeten. Die finanzielle Brachialkur läutete das Ende der Schwarzmarktära ein, sie brach der Zigaretten-Zivilisation und den meisten Schwarzmarkthändlern das Genick.
Tags darauf füllten sich die Läden. Fassungslos standen die Menschen vor den prallgefüllten Schaufenstern, die zum Kauf animierten. Es gab noch nicht alles, aber was man da sah, glich einem Paradies. Hasso Schützendorf:

Für mich war das eine herrliche Zeit, denn ich hatte ja ein riesiges Warenlager, was ich gleich in D-Mark umsetzen konnte. Große Summen, die ich vorher schon in Gold investiert hatte. Brillanten, Stoffe – praktisch alles, was irgendwie von Wert war, was die Menschen brauchten. Das konnte ich gleich auf den Markt werfen und konnte noch hohe Preise kassieren. Am Anfang der Währungsreform war noch alles ziemlich teuer, und die Leute mußten teilweise den zwei- bis dreifachen Wert bezahlen. Erst nach etwa einem halben Jahr normalisierten sich die Preise und waren dann weit günstiger als heute noch. Aber am Anfang wurde die D-Mark nicht sehr geschätzt. Es gab vielleicht auch noch nicht so viele Sachen, so daß durch die Knappheit, die am Anfang noch da war, die Sachen überteuert wurden, und man am Anfang der Währungsreform Millionen machen konnte.

Sonnabend, der 26. Juni 1948. Seit zwei Tagen lief nun auch in Ostberlin und in der sowjetischen Besatzungszone eine Währungsreform. Girra, mittlerweile zum Oberassistenten aufgerückt, gehörte zu einer Einsatzgruppe in der Kriminaldirektion Dircksenstraße, deren Aufgabe die Abwehr krimineller Aktionen im Rahmen des Geldumtausches war. Als berufsunkundiger Kriminalanwärter hatte er noch im Herbst 1946 einen achtwöchigen Lehrgang an der Polizeischule in der Oberschöneweider Wattstraße besucht.
Die Währungsreform in den Westzonen beschwor für den Osten die Gefahr herauf, daß die entwerteten Reichsmarkbeträge nun massenhaft in die sowjetische Besatzungszone hineinschwappen könnten. Um diese tödliche Bedrohung für die ohnehin marode Wirtschaft abzuwendenden, ordnete Sokolowski die Schließung der Zonengrenzen an, womit er nur dem Beispiel folgte, das die Engländer und Amerikaner ihm im Juli 1946 geliefert hatten. Die D-Mark wurde als Währung in Groß-Berlin und in der SBZ verboten, ihr Besitz unter Strafverfolgung gestellt.

In großer Eile bereitete die SMAD unter Mitwirkung der ostdeutschen Wirtschaftskommission (DWK) eine eigene Währungsreform vor. Den Finanzexperten fiel nichts Besseres ein, als Spezialkupons drucken zu lassen, die am Tag des Geldumtausches auf die alten Reichsmarkscheine geklebt werden sollten.
Am 23. Juni veröffentlichte die SMAD den Befehl Nr. 111. Sofort erklärten die Kommandanten der Westsektoren die ostdeutsche Kuponmark in Westberlin für ungültig und brachten die mit dem »B«-Stempel versehenen D-Mark-Noten in Umlauf. Sokolowski konter-

Polizeikontrolle an der Sektorengrenze. Der Besitz von Westmark ist im Osten verboten. Quelle: Archiv des Autors

te mit der Sperrung des gesamten Eisenbahnverkehrs auf der Strecke Hannover-Helmstedt-Berlin und befahl die Stromlieferungen nach Westberlin einzustellen.

Am Potsdamer Platz und am Bahnhof Zoo, den angestammten Schwarzmarktzentralen, tauchten komplette Kuponbögen auf, die von den Schiebern gegen Reichsmark mit fünfzig Prozent Aufschlag verhökert wurden. Irgendein Gauner hatte eine undichte Stelle in der Wertpapierdruckerei oder im Verteilersystem für seinen Coup genutzt. Zwangszuführungen und Geldbeschlagnahmen an den Sektorengrenzen häuften sich. Eine fieberhafte Suche nach den Urhebern setzte in den nächsten Tagen ein. Die Spur führte in den amerikanischen Sektor. Ein Tempelhofer Graveur hatte die Klischees gefertigt, und ein ehemaliger Druckereibesitzer druckte in den Resten seines Betriebes frei drauflos. Der dritte der insgesamt fünf Täter war ein Stempelfabrikant aus Steglitz. Angesichts der schwelenden Interessenkonflikte im auseinanderdriftenden Polizeiapparat wäre der Fall wohl nie aufgeklärt worden, hätte es in der Polizeiinspektion Tempelhof nicht den dreiundvierzigjährigen Kriminalobersekretär Hermann Wagner gegeben, ein gestandenes SED-Mitglied, der seine Genossen im Ostsektor mit Informationen versorgte. Vier

Wochen später wurde die ostdeutsche Notwährung durch frisch gedruckte Banknoten ersetzt.
In einem abschließenden Bericht vermerkte die DWK, daß in den Ländern der sowjetischen Besatzungszone und an den Berliner Sektorengrenzen im Rahmen der Polizeikontrollen fast 90 Millionen alte Reichsmark beschlagnahmt wurden.
Als der Kriminaloberassistent Horst Girra bei der nächsten Gehaltszahlung für die neuen Banknoten quittierte, dachte er mit einem schmerzlichen Gefühl: Statt einer Währung haben wir nun zwei in der Stadt. Und wenn die Entwicklung so weiterläuft, gibt es bald einen abgrundtiefen Riß quer durch unser Berlin!

Nach der Währungsreform löste sich die Rationengesellschaft in den drei Westzonen rasch auf. Der Schwarze Markt begann auszutrocknen. Nur für Hasso Schützendorf nicht. Sein Gespür für gute Geschäfte ließ ihn nicht im Stich.
Der ostdeutschen Wirtschaft fehlten die objektiven Voraussetzungen, in der Rationierungsfrage gleichzuziehen. Die Bewirtschaftung von Lebensmitteln, Textilien, Lederwaren und Brennstoffen wurde beibehalten, Kaffee, Schokolade, Amizigaretten und Bücklinge wurden noch immer illegal gehandelt. Oder man fuhr nach Westberlin, um sie zum jeweiligen Tageskurs zu kaufen. Private Wechselstuben verkauften seit dem 2. August 1948 Westmark gegen Ostmark, Anfangs im Verhältnis 1 : 2,2, im September bereits für 1 : 3,9 und im August 1949 zum Kurs von 1 : 5,8! Wer hier nicht mithalten konnte, war auf den Schwarzen Markt angewiesen, der allen Bemühungen von Polizei und Justiz zuwider in der SBZ weiter existierte.

Im November 1948 eröffnete die staatliche Handelsorganisation die ersten »freien« Läden, in denen markenfreie Genußmittel oder Waren des täglichen Bedarfs zu teuren Preisen angeboten wurden. Auf Geheiß der DWK entstanden längs der Sektorengrenzen neue Geschäfte, gewissermaßen als Aushängeschilder in Richtung Westberlin, die unter dem Slogan »Die kluge Westberliner Hausfrau kauft in der HO« Kunden anlocken sollten. Am Potsdamer Platz etablierte die HO eine der größten Berliner Verkaufseinrichtungen im »Columbus-Haus«.
Trotz der Probleme ging es in der ostdeutschen Industrieproduktion aufwärts. Ökonomische Trumpfkarten besaß die 1949 gegründete

Quelle: Archiv des Autors

DDR vor allem in der sächsischen Strumpfwarenindustrie, in der Porzellanproduktion, im Musikinstrumentenbau und in der Herstellung von Büromaschinen. Letztere fehlten dringend in der Bundesrepublik, die Anfang 1950 einen regelrechten Boom bei Firmenneugründungen erlebte. Die Produktion von Schreibmaschinen lief erst in den Jahren 1951/52 bei »Olympia« in Wilhelmshaven an.

In diese Marktlücke stieg Hasso Schützendorf ein. Schreibmaschinen aus Sömmerda und Rechenmaschinen aus dem Berliner Secura-Werk rückten in den Mittelpunkt seiner halblegalen Geschäfte. Noch konnte er sie problemlos in den HO-Geschäften der DDR einkaufen. Eine Reiseschreibmaschine vom Typ »Erika« kostete mit Kunstlederkoffer etwa 350 DM Ost. Schützendorf setzte sie in der

Bundesrepublik, wo die Maschinen offiziell mit 320 DM West ausgepreist waren, für 250 Westmark ab, die er je nach Tageskurs in 1.300 Ostmark rückverwandeln konnte. Schon verfügte er über das nötige Kapital, um in der zweiten Runde drei bis vier Schreib- oder Rechenmaschinen einzukaufen. An jeder Maschine verdiente er also 250 Prozent.
Die eigentlichen Schwierigkeiten im Büromaschinengeschäft bereiteten die Zonengrenzen. Schützendorf bediente sich mehrerer Wege.

> Um die Schreibmaschinen von Halle nach Hamburg zu bekommen, habe ich Schaffner in den Interzonenzügen bestochen, damit sie mir für mein Schmuggelgut die Hundeabteile zur Verfügung stellten. Die wurden nicht kontrolliert.

Das Geschäft florierte prächtig. Nach der Devise »Nicht kleckern, sondern klotzen!« hielt er nach Lkw-Transporten mit genehmigten Umzugsgütern Ausschau. War er mit den Spediteuren handelseinig geworden, schmuggelte er seine Ware zwischen die Ladungen. Oder er bediente sich gefälschter Papiere, die er an den Kontrollstellen in Marienborn oder in Helmstedt vorwies.
Wie alles im Leben endeten seine ausgeklügelten Transporte abrupt. Hasso Schützendorf bei den Dreharbeiten zu dem Film »Zwei Schicksale oder Eine kleine Königstragödie«, der 1994 unter der Regie von Lothar Warneke im Auftrag der Kleinmachnower »Sanssouci-Film« entstand:

> Weil ich auch Leute mit rausschmuggelte aus dem Osten, kriegten die mal fünf Autos, also eine ganze Karawane, von mir. Weil auf den Interzonenpässen zwei oder drei Personen mit den gleichen Namen reisten, kriegten die Russen das raus. Die waren gar nicht so dumm. Und da konnte ich die Schreibmaschinen nicht mehr durch Marienborn schleppen.

Der Vorgang erregte auch jenseits der Grenze Aufsehen. Die bundesdeutsche Zollfahndung nahm Hasso Schützendorf aufs Korn. Man interessierte sich brennend für seine illegalen Schreibmaschinentransporte. Laut einem Bericht in der Illustrierten »Quick« gelang Schützendorf bei der Fahrt zur Vernehmung die Flucht aus dem Auto.

Wenn der VP-Kommissar Girra das Fenster seines Arbeitszimmers im Ostberliner Polizeipräsidium öffnete, brandete der Lärm des Straßenverkehrs von der vier Etagen tiefer gelegenen Neuen Königstraße herauf. Auf der gegenüberliegenden Seite sah er den Eingang zu einem kleinen Kino, und etwas weiter rechts, zum Alexanderplatz hin, eine Kneipe, in der sich Kriminalisten und Zeitungsreporter manchmal auf ein Bier zum Feierabend trafen. Hob Girra den Blick, dann sah er am Horizont die acht Schornsteine des Kraftwerks Klingenberg, und linker Hand den Trümmerberg am Friedrichshain, den die aufbauwilligen Berliner ihren »Mont Klamott« nannten.

Am 28. Juli 1948 war der Berliner Polizeiapparat auseinandergebrochen. Der Kriminaloberassistent Horst Girra hatte dem Aufruf Dr. Stumms, sich in der Friesenstraße registrieren zu lassen, keine Folge geleistet. Ein Entschluß, der weniger politisches Bekenntnis, sondern vom praktischen Verstand diktiert war. Girra wohnte im Ostsektor, warum sollte er nicht hier seinen Dienst verrichten. Er unterschrieb die ihm vorgelegte Loyalitätserklärung für Polizeipräsident Markgraf und wurde bei der Besetzung der freigewordenen Planstellen in der Kriminaldirektion Dircksenstraße berücksichtigt. Girra übernahm die Tätigkeit eines Sachbearbeiters für Wirtschaftsstrafsachen im Dezernat B. Wenige Wochen später begegnete er am Alex dem ehemaligen Kriminalobersekretär Hermann Wagner von der Tempelhofer Polizeiinspektion, den man in Westberlin fristlos entlassen hatte. Die Szenarien der fast synchron verlaufenden Entlassungswellen in allen vier Sektoren Berlins belegen, daß die Konfliktparteien in Ost und West das Ziel verfolgten, ihren Sicherheitsapparat von politisch nicht konform gehenden Kräften zu säubern.

Im Frühjahr 1950 konnte Oberst Paul Markgraf das Verwaltungsgebäude eines ehemaligen Versicherungskonzerns in der Ostberliner Neuen Königstraße als »Präsidium der Volkspolizei Berlin« einweihen. Markgraf wertete diesen Akt als einen »Ausdruck der erfolgreichen Verwirklichung des Zweijahrplanes auf dem Territorium der DDR«. Die Industrieproduktion hatte tatsächlich den Stand der Vorkriegsproduktion erreicht, war aber auf Gedeihen und Verderben vom internationalen Rohstoffmarkt abhängig. Die DDR-Wirtschaft benötigte dringend Importe, die sie auf dem Weltmarkt nur im Gegenzug mit hochwertigen Exportgütern realisieren konnte. Büro- und Rechenmaschinen gehörten ebenso dazu wie Glaswaren, Plauener Spitzen, Modelleisenbahnen und optische Geräte, also Lupen, Ferngläser und Fotoapparate.

Polizeipräsidium Neue Königstraße, 1950. Quelle: Archiv des Autors

Der Slogan von den »klugen Westberliner Hausfrauen, die in der HO kaufen«, schlug den Erfindern nun ins Gesicht. Die große Nachfrage nach den Industrieerzeugnissen führte zu Masseneinkäufen im Ostsektor und ermöglichte infolge Verschiedenheit der Währungssysteme so manchen Grenzgängern ein bequemes Leben. Im November 1952 erließ der DDR-Regierung eine »Verordnung zur Verhinderung von Spekulation mit Lebensmitteln und Industriewaren«. Der Verkauf von Konsumgütern an Westberliner Bürger wurde untersagt, die ungenehmigte Verbringung von Waren aller Art über die Sektorengrenzen unter Strafe gestellt.

Im Dezember 1952 erfolgte eine Reorganisation der Strukturen der Kriminalpolizei. Nachdem die Länder aufgelöst und politische Verwaltungsbezirke geschaffen waren, entstanden auf den Ebenen der VP-Bezirksbehörden und im Ostberliner Polizeipräsidium neben der Abteilung Kriminalpolizei eine Abteilung Untersuchung, der die Bearbeitung aller schweren Straftaten oblag. Horst Girra wurde ihr als VP-Kommissar zugeteilt. Hermann Wagner, seinem Wesen nach

ein konsequenter Mann, rückte zum Stellvertreter des Leiters der U-Abteilung auf.
Gegen Mittag wurde Girra ins Zimmer des Oberkommissars gerufen. Er respektierte Wagner, der sich im Umgang mit Unterstellten eines ganz und gar unmilitärischen Tones bediente. Girra hatte noch nie erlebt, daß der Oberkommissar den Optimismus verlor. Man mochte ihn, ohne im Grunde sagen zu können, weshalb.
Wagner fragte: »Kennen Sie sich mit Fotoapparaten und Ferngläsern aus, Girra?«
»Für ordentliche Tatortfotos reichen meine Kenntnisse allemal.«

Hermann Wagner ging 1970 in den Ruhestand. Quelle: Archiv des Autors

»Sie sollen ja nicht fotografieren. Da hätte ich einen von der Kriminaltechnik angefordert. Nach Informationen unseres Außenhandels werden auf dem Weltmarkt optische Geräte aus der DDR-Produktion angeboten. Das ist natürlich nicht schlecht, aber die Ware liegt im Preis weit unter dem international üblichen Verrechnungswert. So wie es aussieht, steckt organisierter Schmuggel dahinter. Wir brauchen jemanden, der das Problem anpackt. Ich habe dabei an Sie gedacht.«

Girra übernahm das Sachgebiet Optik in der U-Abteilung. Wagner riet ihm, bei der »Deutschen Export- und Importgesellschaft Feinmechanik-Optik« in der Berliner Schicklerstraße nachzufragen. »Lassen Sie sich gründlich informieren«, sagte er. »Holen Sie alle erreichbaren Auskünfte ein. Vergleichen Sie, und legen Sie mir dann eine ausführliche Analyse der abgeschlossenen Strafverfahren vor!«

Hasso Schützendorf saß bei »Kempinski«, einem der exklusivsten Etablissements am Kurfürstendamm, und blätterte gelangweilt in der Nachmittagskarte. Das Licht, der Raum, Glas und Marmor, Teppiche und Gäste, alles war gedämpft und vornehm. Lautlos glitten draußen auf dem sonnenüberfluteten Damm die Autos vorbei, und lautlos schwebte der Ober heran, um sich nach Schützendorfs Wünschen zu erkundigen.

»Kaffee, Mineralwasser und ein Kognak«, bestellte der Gast. »Doppelter natürlich.«

Der Ober fand nichts Unpassendes daran. Er deutete eine knappe Verbeugung an, murmelte ein »Sehr wohl, der Herr!« und verschwand.

Schützendorf war jetzt 28 Jahre alt. Er sah blendend aus. Ein sympathischer Typ. Smart und immer gut gelaunt, glich er aufs Haar einem jener unkompliziert netten und überaus tüchtigen Burschen, die in den amerikanischen Nachkriegsfilmen ihr Wesen trieben. Seine bewegte Vergangenheit, über die wilde Gerüchte umliefen, verlieh seiner Person einen etwas romantisch abgedunkelten Hintergrund. Er war sich der Wirkung, die er auf Frauen ausübte und die Männern Vertrauen einflößte, durchaus bewußt.

Nachdem Schützendorf seine Zelte in Hamburg notgedrungen abgebrochen hatte, war er mit gefälschten Papieren in Berlin aufgetaucht. Die Gegend um den Bahnhof Zoo, zwischen Joachimsthaler, Knesebeck- und Kantstraße wurde sein neues Revier. In den

Schalterhallen des Bahnhofgebäudes drückte sich das Strandgut der Großstadt herum. Prostituierte beiderlei Geschlechts boten ihre Dienste an. Die Schlepper geheimer Spielklubs und exklusiver Nachtlokale warfen allabendlich ihre Netze aus, während tagsüber elegante Herren promenierten, die dies und das und jenes zu verkaufen hatten oder kaufen wollten. Auf die Art der Ware und auf den Preis kam es an.

Hasso Schützendorf studierte die Szene. Nachdem er die Spielregeln durchschaut hatte, begann er seine neue Existenz aufzubauen. Die Sektorengrenzen und das Währungsgefälle Ost zu West waren der Born, aus dem viele schöpften. Sein Vorteil waren die Geldrücklagen, die er nach der Währungsreform angehäuft hatte, und seine Verbindungen in die »Zone«, die nie endgültig abgerissen waren. Er brauchte sie nur neu zu knüpfen.

Hasso Schützendorf wartete auf Ferdinand Georg, einen Schweizer Geschäftspartner, mit dem er sich um Viertel nach drei hier treffen wollte. Der Ober tauchte wieder auf, servierte den Kognak. Schützendorf stürzte die goldfarbene Flüssigkeit in einem Zug hinunter. Als er den Blick hob, betrat der Schweizer gerade das »Kempinski«. Georg sah sich kurz um und kam dann quer durch den Raum an Schützendorfs Fenstertisch.

Ferdinand Georg war mit einem weißen, nach der neusten Mode geschnittenen Trenchcoat und einer schottischen Sportmütze bekleidet. In seiner rechten Hand hielt er einen schweinsledernen Diplomatenkoffer. Der Inhalt wog schwer. »Tut mir leid, der Flieger hatte Verspätung«, entschuldigte er sich, während er mit einem Seufzer der Erleichterung auf das Stuhlpolster fiel.

»Hat alles geklappt?« fragte Schützendorf gespannt.

»Vier Barren à fünf Kilo. Wie vereinbart.«

»Keine Probleme beim Zoll?«

»Weder in Zürich noch in Tempelhof. Das Geld ist gut angelegt.«

»Darauf geb ich einen aus!« verkündete Schützendorf launig. Er hob den Arm und winkte dem Ober.

Hasso Schüzendorf und Ferdinand Georg waren im gleichen Alter. Der aus Bern stammende Georg wirkte nicht weniger elegant als sein deutscher Kompagnon. Etwas breiter in den Schultern vielleicht. Er trug dunkelblondes und sorgfältig frisiertes Haar. Makellos weiße Zähne leuchteten im gebräunten Gesicht. Die wohlgeformten Nägel an den schlanken Fingern waren leicht manikürt. Ein Bonvivant, der sportlich saloppe Kleidung bevorzugte.

Die Bekanntschaft der beiden Männer beruhte auf einer Zufallsbegegnung. Nachdem sie im Casino ihre Jetons am Roulette umgesetzt hatten, wobei Georg einen bescheidenen Gewinn einstrich, standen sie sich an der Bar gegenüber und wechselten ein paar belanglose Worte. Die Männer fanden sich auf Anhieb sympathisch. Georgs Dialekt veranlaßte Schützendorf zu der Frage, aus welchem Winkel der Welt der Herr eigentlich käme?

»Aus der Schweiz. Ich wohne in Bern. Bin geschäftlich hier.«

Über die Art der Geschäfte wollte er sich nicht so recht auslassen. Aber Hasso Schützendorf erriet, daß es in der Vita des Schweizers ebensoviele Ungereimtheiten geben mußte, wie in seiner eigenen. Ferdinand Georg war ein Glücksritter, der sich mit halblegalen Geschäften durchs Leben schlug, und nebenbei eine Vielzahl von Frauenbekanntschaften unterhielt. Daß die meisten dieser Frauen Schreibmaschinen und Fotoapparate für Georg im Ostsektor kauften, bekam Schützendorf bald mit.

»Nebbich!« kommentierte er die Klein-und-Klein-Geschäfte des Schweizers. »So eine Sache muß man ganz groß aufziehen. Wenn du willst, schmeißen wir uns zusammen. Ich liefere die Ideen und beschaffe das notwendige Geld. Du hilfst mir bei der Organisation.«

Daß Georg mittun durfte, geschah keineswegs aus einer caritativen Anwandlung heraus. Schützendorf brauchte den Schweizer. Die Währungsreform in der Ostzone hatte seine sächsischen Lieferanten empfindlich gebeutelt. So manches ansehnliche Vermögen war dabei zum Teufel gegangen. Die Geschäftspartner ließen Schützendorf wissen, daß sie an weiteren Transaktionen interessiert seien, verlangten aber in Gold bezahlt zu werden, weil das Edelmetall eine beständige Wertanlage darstelle.

Schützendorfs Goldreserve erschöpfte sich. Und das, was die »Gold, Silber, Brillanten« murmelnden Jünglinge am Bahnhof Zoo feilboten, war garantiert überteuert. Gold konnte man in der Schweiz zu relativ günstigen Preisen erwerben. Da Georg die Schweizer Staatsbürgerschaft besaß, ergaben sich ungeahnte Möglichkeiten, den Goldaufkauf zu intensivieren.

Im Frühjahr 1953 hatte der Schweizer sein Einverständnis erklärt. Er stieg als Partner bei dem Deutschen ein. Schützendorfs Pläne nahmen reale Gestalt an.

1994 erzählte Hasso Schützendorf vor der Kamera der »Sanssouci-Filmproduktion«:

Damals merkte ich, daß ZEISS ein fabelhaftes Geschäft war. Und das

Geld beschaffte ich mir, indem ich Gold – damals wurde Gold verlangt in der Ostzone – da kaufte ich dann fünf, zehn oder zwanzig Kilo Gold in der Schweiz. Man verdiente allein vom Verkauf in der Ostzone ein Drittel. Ich kaufte einmal für viereinhalbtausend Schweizer Franken Gold und verkaufte es in Leipzig und in der ganzen Ostzone, vor allem bei den Juwelieren in Dresden.

Nachdem der Ober im »Kempinski« die zweite Bestellung Kognak serviert hatte, schob Georg den Diplomatenkoffer über den Tisch. Schützendorf öffnete das Zahlenschloß und bewunderte die vier mattglänzenden Barren. Zwanzig Kilo achtzehnkarätiges Feingold lagen in dem Koffer. Sie repräsentierten einen Wert von einhunderttausend Westmark. Das Betriebskapital der »Schützendorf & Co GmbH« war für die nächste Zeit gesichert.

Während Schützendorf die Geschäftsführung übernahm, kümmerte sich Georg um die Anwerbung von Optikeinkäufern in Ost- und Westberlin. Daß ihm das bei seinem sprichwörtlichen Glück bei den Frauen nicht sonderlich schwer fiel, ist nachzuvollziehen.

Girras Analyse ging von den objektiven Bedingungen an der Berliner Sektorengrenze aus. Nominell existierten noch immer vier Sektoren, doch die Stadt war längst auf ein Hüben und Drüben reduziert. Der Viermächtestatus garantierte, daß die 81 Straßenübergänge an der 42,5 Kilometer langen Trennlinie offen blieben; dazu 13 Übergänge der S- und U-Bahnen. Allein den Bahnhof Friedrichstraße durchfuhren 285 Züge in vierundzwanzig Stunden. Etwa eine halbe Million Menschen wechselte täglich zwischen Ost und West. Nur ein verschwindend kleiner Teil – etwa 0,01 Prozent – konnte kontrolliert werden. Die Kontrollen fanden nicht regelmäßig statt. Für die Monate Januar bis August 1953 wies die Statistik 27 240 Beschlagnahmen aus.

»Die meisten Vorgänge von Verschiebungen optischer und anderer hochwertiger Industrieerzeugnisse tragen überörtlichen Charakter«, führte Girra aus. »Die Täter kommen aus allen sozialen Schichten der DDR-Bevölkerung. Kleinbürgerliche Elemente, aber auch Arbeiter, Angestellte und werktätige Bauern kaufen ›Westwaren‹, und Schieberelemente nutzen das aus. Neben Vorbestraften, Prostituierten und sogenannten politischen Flüchtlingen wird oftmals die Unkenntnis von Rentnern, Hausfrauen und Jugendlichen mißbraucht.«

Selbstverständlich sah der Kommissar, daß die Versorgungsengpässe in der DDR, die in erster Linie auf höhere Rüstungausgaben und auf die schmerzliche Reparationspolitik der sowjetischen Besatzungsmacht zurückzuführen waren, die Menschen geradezu nötigten, sich Genußmittel, modische Kleidung, Schuhwerk und Ersatzteile in Westberlin zu beschaffen. Dazu mußten sie ihr Ostgeld eintauschen oder Waren verkaufen. Für viele Westberlinbesucher ein selbstverständlicher Vorgang, der ihnen keinesfalls das Gefühl vermittelte, »Handlanger der imperialistischen Kriegstreiber« zu sein. Aber Girra war auch klug genug, die amtliche Lesart der DDR-Propaganda nicht zu attackieren.

»In der letzten Zeit interessieren sich die Schieberzentralen besonders für optische Geräte«, schrieb er, und fügte zum Beweis einen Artikel aus der »BZ am Abend« vom 31. Juli 1953 an, in dem die Festnahme und Verurteilung des 29jährigen Werner Wirrwarr gemeldet wurde. Der Großschieber hatte sich als Kameramann der DEFA ausgegeben und zahlreiche Frauen und Mädchen veranlaßt, hochwertige Fotoapparate und Objektive einzukaufen, die er dann nach Westberlin verschob.

Girra überlegte: Um die illegale Ausfuhr von optischen Geräten wirkungsvoll zu stoppen, müßte man das Verkaufssystem in den Griff bekommen. Beim Verkauf eines Fernglases oder Fotoapparates ist eine Rechnung auszustellen, in die der Fachverkäufer neben der Nummer des Gerätes die Personalien des Käufers und dessen Ausweisnummer einzutragen hat. Anhand der Rechnungsdurchschriften, die der VP zu übergeben sind, könnte man ziemlich rasch die professionellen Aufkäufer herausfischen.

Am 15. Oktober 1953 erließ die Abteilung Handel und Versorgung beim Magistrat von Groß-Berlin die entsprechende Instruktion für alle Verkaufseinrichtungen. Eine Verkaufsurkunde wurde eingeführt, die neben den technischen Gerätedaten folgenden Text enthielt:

> Es ist nicht gestattet, diese Ware nach Westberlin, Westdeutschland oder dem Ausland zum Zwecke des Verkaufens, Verschenkens, Verleihens oder Lagerns zu transportieren. Der illegale Transport dieser Ware aus der DDR oder dem Demokratischen Sektor von Berlin nach Westberlin, Westdeutschland oder dem Ausland wird nach den geltenden Gesetzen bestraft.
>
> Ich habe von dieser Belehrung Kenntnis genommen.

Ein Verfahren, das für das gesamte Handelsnetz in der DDR Gültigkeit erlangte.

Komplettiert wurden diese Maßnahmen durch die Ausgabe neuer

Personalausweise im November und Dezember 1953 für alle Personen, die das 14. Lebensjahr erreicht hatten. Zur schnelleren Identifizierung der Dokumente dienten römische Ziffern vor den Ausweisnummern. Für den Bezirk Cottbus die VI, für Dresden eine IX und die Berliner Ausweise trugen eine XV.
In der Hauptabteilung Kriminalpolizei suchte man fieberhaft nach Wegen, um die neuen Regelungen für die Strafverfolgung nutzbar zu machen. Am Stammsitz des VEB Carl Zeiss in Jena wurde eine Sondereinheit der Volkspolizei etabliert, die den Verkauf optischer Geräte in der gesamten DDR überwachen sollte. Fernschreibleitungen aus den vierzehn Bezirken der Republik und aus Ostberlin tickten allnächtlich die Daten der aktuellen Optikverkäufe an den »Operativstab Optik«. Stießen die Auswerter in Jena auf Personalien oder Ausweisnummern, die sich wiederholten, war Straftatverdacht geboten. Fernschreiben an die Kripo-Kommissariate VE in den Volkspolizei-Kreisämtern und in den Berliner Inspektionen brachten dann die zuständigen Mitarbeiter vor Ort in die Spur.

Am Morgen des 23. Februar 1954 sah es noch keineswegs nach einem spektakulären Erfolg aus. Gegen neun Uhr kramte Girra eine Schachtel farbiger Stecknadeln aus seinem Schreibtisch und trat vor die Karte an der linken Wand seines Arbeitszimmers. Sein Stimmungstief war weniger dem Wetter geschuldet, das die Straßen mit einem schmutzig-grauen Schneematsch überzogen hatte, sondern lag im Rapportbericht des Operativstabes begründet, der über die polizeiliche Lage in den letzten vierundzwanzig Stunden Aufschluß gab.
Bei der VP-Inspektion Friedrichshain war der Einbruch in das HO-Geschäft Stalinallee 325 angezeigt worden. Unbekannte Täter hatten Zeiss-Ferngläser in einem Gesamtwert von etwa 20 000 DM erbeutet. Der Kriminaldauerdienst, der den Tatort in Augenschein nahm, gelangte zu dem Schluß, daß die Täter mit Nachschlüsseln gearbeitet hatten. Das schränkte den Kreis der Tatverdächtigen naturgemäß ein. Die Ermittlungen der Friedrichshainer Kriminalisten konzentrierten sich jetzt auf alle Personen, die Zugang zu den Schlüsseln haben konnten.
Girra kannte das Objekt. Schon vor drei Wochen war das Schaufenster der Fachfiliale eingeschlagen worden, um die Dekorationsstücke – zwei Fotoapparate und ein Theaterglas–- zu entwenden. Der Kommissar neigte eher zu der Ansicht, daß die beiden Tathandlun-

gen in Zusammenhang standen. Aber da die Untersuchungen den Friedrichshainer Kriminalisten oblagen, verbot sich eine direkte Einmischung.

Girra heftete die Fahndungsliste mit den Nummern der gestohlenen Geräte ab. Dann nahm er eine Nadel mit blauem Glaskopf aus der Schachtel und stieß sie in den Stadtplan. Obwohl er über die meisten Strafverfahren nur in groben Zügen Bescheid wußte, verfolgte er aufmerksam die Entwicklungstendenzen im Optikbereich. Die Karte war mit einer Vielzahl solcher Nadeln besteckt. Die Farbe Rot bezeichnete die Verkaufseinrichtungen, in denen optische Geräte unter Vorlage verfälschter Personalausweise gekauft worden waren. Die blauen Nadeln markierten die Einbrüche, und die gelben standen dort, wo sich die Ausweisdiebstähle häuften. Von einigen Markierungen liefen dünne Fäden über die Sektorengrenzen nach Westberlin. Die meisten trafen sich am Bahnhof Zoo, wo man nach den Aussagen gefaßter Optikschieber zwei oder drei Aufkaufzentralen vermutete.

Das Kartenbild, das in der Tat einem weitverzweigten Spinnennetz glich, verdeutlichte die Intensität der Optikverschiebungen und der sogenannten Begleitkriminalität. Girra nannte sie im Scherz seine »gläserne Spinne«.

Der Regen war stärker geworden. Hasso Schützendorf parkte das Borgward Coupe am Straßenrand. Der Mann, der schnelle Sportwagen liebte, schwang sich aus dem Sitz und hastete mit hochgezogenen Schultern über die Fahrbahn. Das Haus Jebenstraße 1 war ein vierstöckiges Bürohaus, das mehreren Großhandelsfirmen, Ex- und Importgesellschaften, Maklerbüros, niedergelassenen Rechtsanwälten und einem dubiosen Massagesalon als Firmensitz diente. Für das leibliche Wohl der vielen Angestellten sorgte eine kleine Kantine, die unter dem großsprecherischen Namen »Klatt-Casino« von einem gewissen Hoffmann betrieben wurde.

Das im Hochpaterre gelegene Casino war Hasso Schützendorfs Ziel. Er stieß die gläserne Schwingtür auf und betrat einen nicht allzu großen Raum, der Gästen eine Mischung aus intimer Baratmosphäre und bürgerlicher Kneipe bot. Ein blonder Mittdreißiger, das Gesicht schmal und blaß, mit auffälligen Koteletten, die beinahe die Kinnlinie berührten, erhob sich an einem der Tische. »Ekelhaftes Wetter«, sächselte der Mann zur Begrüßung.

Schützendorf schüttelte die Regentropfen von seinem Dufflecoat.

»Tag, Siggi«, sagte er und reichte dem anderen mit wohldosierter Distanz die Rechte. Dieser Siggi war nicht seine Kragenweite, doch er brauchte ihn. Siegfried Ditters stammte aus Leipzig. Nach einer mehrjährigen Zuchthausstrafe im Oelsnitzer Bergbaurevier, wo er wegen Wirtschaftsverbrechen einsaß, war er 1953 nach Westberlin geflüchtet. Der Haftentlassungsschein und seine Erklärung, daß die Stasi ihm eine Spitzelverpflichtung abpressen wollte, hatte ihm die Anerkennung als politischer Flüchtling eingebracht. Inzwischen betrieb Ditters einen schwunghaften Handel mit Ostausweisen. Ein Netz von Kleinganoven lieferte ihm die in Schieberkreisen begehrten Dokumente ins Haus, wobei es ihn herzlich wenig interessierte, ob der Ausweis einem Zonenflüchtling am Bahnhof Zoo abgeschwatzt oder von einem Taschendieb in Ostberlin gestohlen war. Das »Klatt-Casino« war nicht nur Ditters' Stammkneipe, hier wickelte er auch die meisten seiner Geschäfte ab.

»Na, Siggi, wie stehen die Aktien?« fragte Schützendorf ohne tiefere Bedeutung.

»Beschissen ist noch geprahlt!«

»Da kommen mir gleich die Tränen«, grinste Schützendorf, während er sich am Tisch niederließ.

»Im Ernst«, wetterte Siggi. »Im Osten haben die so 'ne Agitationskampagne gestartet: ›Bürger achtet auf eure Personalausweise! Dieser Ausweis ist Ihr wichtigstes Dokument!‹ Seitdem kommt immer weniger Ware rein. Mein Umsatz geht zurück!«

Schützendorf reagierte hellhörig. »Falls in deinem Köpfchen die Idee umgehen sollte, die Preise zu treiben, bist du bei mir an der falschen Adresse!« warnte er. »Im Pokern bin ich dir über, Siggi. Ich brauche neue Ausweise!«

»Wieviel?«

»Mindestens zehn. Ich nehme sie alle blanko.«

Siggi zögerte. »Das wären dann vierhundertfuffzich Emmchen«, meinte er vorsichtig.

»Du hast wohle 'ne Meise!« fuhr Schützendorf ihm in die Parade. »Ich sagte blanko. Das bedeutet, daß du keinen Federstrich an die Flebben verschwenden mußt, die deine Leute dir für schlappe fünfzehn Mücken anschleppen.«

»Zwanzig«, verbesserte Siggi.

»Meinetwegen auch zwanzig. Wenn ich dir fünfunddreißig für jeden Ausweis zahle, beträgt deine Gewinnspanne immer noch fünfundsiebzig Prozent.«

»Ja, aber mein Risiko?«
»Von welchem Risiko sprichst du eigentlich?« höhnte Schützendorf. »Während ich und meine Leute in der Ostzone den Arsch riskieren, sitzt du hier im Trockenen und versuchst auf unsere Kosten deinen Schnitt zu machen!« Er hielt einen Augenblick inne, um dann unverhofft einzulenken. »Also gut - vierhundert!« Gleichzeitig zog er einen blauen DDR-Personalausweis aus der Tasche und schob ihn mit dem Geld über den Tisch.
Siggi stutzte.
»Den verrechnen wir!« forderte Schützendorf. »Kannst ihn von mir aus in die Windscheidstraße tragen.«
»Du weißt von Helmut Stroh?«
Schützendorf lachte schon wieder. »Ich wäre ein schlechter Geschäftsmann, wenn ich die Konkurrenz aus den Augen ließe. Solltest du dir übrigens merken, Siggi. Ist 'ne eiserne Geschäftsregel bei mir. Solange Stroh mir nicht in die Quere kommt, kannst du ihm so viel Ausweise liefern, wie du willst.«
Siggi klappte den Ausweis auf. Johannes Rumpf, las er, wohnhaft in Rostock, Bornsdorfer Weg 7. Auch mit der Nummer war alles in Ordnung. Hinter der römischen I stand die Zahl 0305820. »Aber hier ist ja dein Bild drin!«
»Ach Gott, entschuldige.« Schützendorf nahm den Ausweise zurück und löste das Paßbild ab. »Jetzt darfst du ihn nach Belieben verwenden!«
Siggi nickte. »Ein gewisser Weinschenk hat neulich nach einem Ausweis gefragt. Der kriegt ihn«, entschied er. »Weinschenk liefert an Stroh. Und hier sind deine Flebben!«
Schützendorf griff nach dem dicken Umschlag, der die Ostausweise enthielt. Siggi verstaute das Geld in seiner Brieftasche, die mit Banknoten reichlich gespickt war.

Die Nacht vom 24. zum 25. Februar 1954 verlief ungewöhnlich ruhig für den Diensthabenden im Operativstab des VP-Präsidiums in der Neuen Königstraße. Gegen 23.46 Uhr war in der Schönhauser Allee eine hilflose Person im volltrunkenen Zustand aufgefunden worden. 01.46 Uhr meldete die Inspektion Pankow einen Verkehrsunfall in der Mühlenstraße.
Die Zeiger der elektrischen Uhr an der Stirnwand des Raumes wanderten langsam um das Zifferblatt. Um 04.52 Uhr klingelte eines der vielen Telefone auf dem Arbeitstisch des Lageoffiziers. Der Appa-

rat gehörte zum öffentlichen Leitungsnetz der Deutschen Post. Der Anruf kam also »von draußen«, wie es im Polizeijargon hieß. Der Diensthabende nahm den Hörer ab und schaltete die Tonaufzeichnungsanlage ein.
»Präsidium der Volkspolizei. Guten Morgen!«
Der Anrufer war ein Mann. »Mein Name tut nichts zur Sache«, erklärte er rasch. »Ich möchte Ihnen nur etwas mitteilen.« Das Tonband hielt fest:
»In der Wilhelm-Pieck-Straße wohnt ein junger Mann, der republikflüchtig war und sich seit Oktober 1953 wieder im demokratischen Sektor von Berlin aufhält. Bisher ging er jedoch noch keiner Arbeit nach. Mit Nichtstuern hält er in seinem Zimmer Trinkgelage ab. Ich will nicht mehr zusehen, daß sich solche fragwürdigen Personen im demokratischen Sektor von Groß-Berlin umhertreiben, die wahrscheinlich ihren Lebensunterhalt aus der Beute strafbarer Handlungen bestreiten. Ich selber bin Arbeiter, habe eine Familie zu ernähren und verdiene mein Brot auf ehrliche Art. Meinen Namen will ich nicht nennen.«
Jeder Polizeiapparat der Welt erhält ab und an solche anonymen Hinweise. Manchmal wollen notorische Denunzianten einem verhaßten Nachbarn oder einem unliebsamen Arbeitskollegen eins auswischen. Die Erwähnung der nächtlichen Trinkgelage deutete im vorliegenden Fall auf das Motivgefüge des Anrufers hin. Der Aktenvermerk hätte gut und gern im Papierkorb landen können, wenn die Dezernatsleiter, die beim Chef der Kriminalpolizei zum Morgenrapport versammelt waren, nicht über den Begriff »zurückgekehrter Republikflüchtling« gestolpert wären. Personen, die als Rückkehrer oder Zuwanderer in die DDR kamen, galten als unsichere Kantonisten und unterlagen für eine bestimmte Zeit der polizeilichen Überwachung.
Ungewöhnlich war auch der Zeitpunkt des Anrufes. Der Unbekannte hatte sich gegen 04.52 Uhr gemeldet. Das ließ den Schluß zu, daß es sich um einen Nachtschichtler handelte und der Mann erst nach reiflicher Überlegung im Betrieb zum Hörer gegriffen hatte, um seinen Frust bei der Polizei loszuwerden. Zwei Anhaltspunkte also: Er wohnt im Haus und er war in der vergangenen Nacht zur Arbeit.
Eine Stunde später war anhand der Meldeunterlagen der Abteilung Paß- und Meldewesen geklärt, daß zu den Personen, die seit Oktober 1953 in der Wilhelm-Pieck-Straße zugezogenen waren, ein gewisser Graßmann gehörte. Kripo-Akten aus dem Jahre 1952 beleg-

ten, daß gegen den sechsundzwanzigjährigen Graßmann vor der Flucht nach Westberlin wegen Diebstahlsverdacht ermittelt worden war. Das rechtfertigte die Wiederaufnahme des eingestellten Verfahrens.

Noch vor Mittag betraten die VP-Kommissare Lehmann und Blocksdorf sowie VP-Meister Günther das Haus in der Wilhelm-Pieck-Straße. Graßmann bewohnte zwei Räume im Dachgeschoß. Als die Tür nach anhaltendem Klopfen endlich geöffnet wurde, saß Graßmann noch der Schlaf in den Augen. Im Gespräch mit den Kriminalisten gab er sich aufgeschlossen. Er habe im Westen keinen Fuß fassen können, weil sich keine passende Arbeit fand, erklärte er ungeniert. »Naja, und die unsicheren sozialen Verhältnisse ... Sie wissen ja. Da bin ich eben zurückgekommen. Hier ist doch meine Heimat.«

Wo er jetzt arbeite?

»Gegenwärtig bin ich noch auf der Suche.«

»Und wovon leben Sie?«

»Gelegenheitsarbeiten. Mal hier und mal dort. Ich hab ein bißchen fotografiert und damit Geld verdient ... Außerdem habe ich einiges gespart«, fügte er rasch hinzu.

»Die Ersparnisse heben wir uns für später auf«, erklärte Kommissar Lehmann. »Jetzt interessiert uns Ihr Fotoapparat.«

»Warum? Wozu?«

Unterkommissar Blocksdorf reichte ihm den Durchsuchungsbefehl. Da erst ließ Graßmann die servile Maske fallen. »Scheiß Polizeistaat!« zischte er wütend.

In der anschließenden Wohnungsdurchsuchung, bei der zwei unbeteiligte Zeugen aus dem Haus zugegen waren – einer war tatsächlich erst in den Morgenstunden aus dem VEB Bergmann-Borsig heimgekehrt – forderte Blocksdorf zwei Zeiss-Ferngläser, drei Fotoapparate, ein Objektiv, eine Lupe und verschiedene Werkzeuge, wie Zentrumsbohrer, Brustleier, Schraubenzieher und eine Handvoll Feilen zutage.

VP-Meister Günther zog die Fahndungsliste mit den Nummern gestohlener Optikgeräte zu Rate und staunte nicht schlecht. Die Ferngläser und Fotoapparate waren vor zwei Tagen beim Einbruch in das HO-Geschäft Stalinallee 325 entwendet worden.

Während die Zeugen das Beschlagnahmeprotokoll unterschrieben, polterten zwei junge Männer in die Wohnung. Die Überraschung war auf beiden Seiten. Der berühmte Kommissar Zufall hatte den

Kriminalisten Graßmanns Komplizen in die Hände gespielt. Sie hießen Rospe und Nowatzki. Das Trio wurde unter dringendem Tatverdacht festgenommen.
In Rospes Wohnung fanden die Polizisten kein Diebesgut, dafür aber einen Schraubenzieher, an dem noch Reste von Fensterkitt hafteten, einen halb bearbeiteten Schlüsselrohling und Metallspäne im Mülleimer. Letzten Aufschluß brachte ein Stück liniertes Schreibpapier, das mehrere Zeichnungen eines Schlüsselbartes aufwies.
Graßmann und Komplizen verbrachten eine unruhige Nacht im Polizeigewahrsam. Inzwischen gingen die Spezialisten des 1952 unter Leitung des VP-Inspekteurs Kurt Rothe gegründeten Kriminaltechnischen Institutes ans Werk. Daktyloskopie und Trassologie lieferten bestechende Ergebnisse.
Als Graßmann und Rospe am darauffolgenden Morgen ihren Vernehmern gegenüber saßen, wiesen die Kriminalisten ihnen auf Anhieb den schweren Diebstahl in einem HO-Lebensmittelgeschäft aus dem Jahre 1952 nach. Die Fingerabdrücke, die sie am Tatort hinterlassen hatten, waren ihnen zum Verhängnis geworden. Der Schock hielt an, als man ihnen das vorläufige Gutachten des Trassologen vorlas. Die Metallspäne aus Rospes Mülleimer paßten haargenau zu den Spänen, die man beim Ausbau des Kastenschlosses im HO-Geschäft Stalinallee 325 gefunden hatte. Und die gezackten Skizzen gaben das Profil des Sicherheitsschlüssels zu eben diesem Kastenschloß wieder.Die sachliche Beweisführung blieb nicht ohne Wirkung. Graßmanns und Rospes Bastionen waren erschüttert. Unter dem Eindruck der vorgelegten Beweise gestanden sie ihre Täterschaft. Und da bekanntlich ein Geständnis das nächste nach sich zieht, folgten weitere Straftaten, von denen die Kriminalisten bislang keine Ahnung hatten. Nowatzki, so sagten beide aus, habe die Verbringung der Diebesbeute nach Westberlin organisiert. Dieser revanchierte sich mit Aussagen, die seine Komplizen erneut belasteten und zur Aufklärung weiterer Straftaten führten. Die Namen anderer Tatbeteiligter fielen. Der Kreis wurde immer größer.
In diesem Stadium der Untersuchung stießen die Kommissare Lehmann, Blocksdorf und der VP-Meister Günther an den Rand ihrer Leistungsfähigkeit. Da der Vorgang auszuufern drohte, ging er in die Regie der Untersuchungsabteilung über. VP-Rat Hermann Wagner, seit kurzem Chef der U-Abteilung, setzte seine besten Spezialisten ein, die durch Mitarbeiter aus den nachgeordneten VP-Inspektionen unterstützt wurden. Als kluger Schachzug erwies sich, daß Leh-

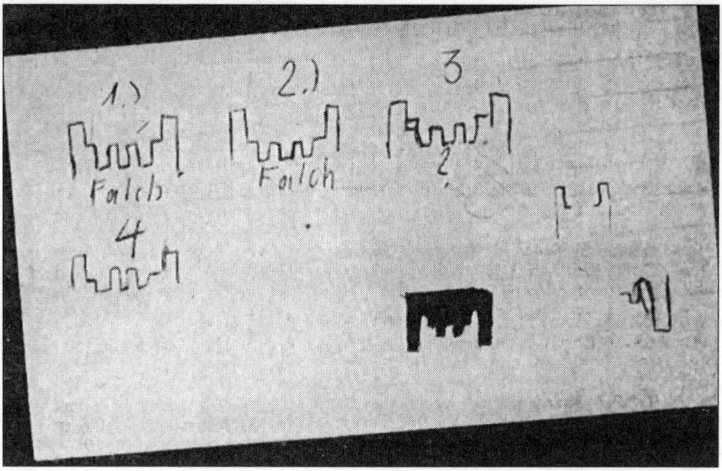

Schlüsselzeichnungen als Beweismittel sichergestellt. Quelle: Archiv des Autors

mann, Blocksdorf und Günther nach wie vor als Vernehmer für Graßmann, Rospe und Nowatzki fungierten.
Insgesamt 40 Personen wurden in den folgenden Tagen als Mittäter ermittelt und überführt. 219 Straftaten kamen zur Aufklärung, darunter Diebstähle und Schmuggel von Schreibmaschinen, Rechenmaschinen, optischen Geräten, Textilien, Kaffee, Zigaretten und Lebensmitteln.
In der Schlußphase der Untersuchung nahm Kommissar Girra an den Vernehmungen der Hauptbeschuldigten teil. Seine Aufgabe lautete, Informationen über die Westberliner Schieberzentralen aus den Tätern herauszuholen. Er hatte sich eine Sammlung von Karteikarten angelegt. Für jeden Namen eine Karte, die er laufend ergänzte, sobald er auf neue Anhaltspunkte stieß.
»Die Schreibmaschinen lieferte Nowatzki an eine Büromaschinenhandlung in der Charlottenburger Wielandstraße«, berichtete er tags darauf seinem Chef. Girra nannte den Namen der Firma.
Wagner merkte auf. »Ist das nicht dieselbe Adresse, an die auch die Küllert lieferte? Sie erinnern sich doch, Girra?«
Ingrid Küllert hatte 64 Schreibmaschinen im Kinderwagen nach Westberlin geschmuggelt, bis sie bei einer Zufallskontrolle an der Sektorengrenze aufflog.
»Und die optischen Geräte?« wollte Wagner wissen.

»An ein Fotogeschäft in der Kantstraße«, erklärte Girra. »Aber da muß es noch eine Zentrale am Bahnhof Zoo geben. Ist wohl so eine Art Büro- oder Geschäftshaus. Ein gewisser Sachsen-Walter kauft dort auf.«
»Sachsen-Walter?«

Der harmlose Kinderwagen, der als Schreibmaschinencontainer diente. Quelle: Archiv des Autors

»Wenn ich richtig vermute, handelt es sich um Walter Schulz. Ist nach einer Wirtschaftsstrafsache aus Leipzig geflüchtet.«
»Dann haben ihn doch die Leipziger in der Täterlichtbildkartei.«
»Richtig. Und wo Schulz auftaucht, kann Siggi Ditters nicht weit sein.«
»Auch ein Sachse?«
»Für gewöhnlich arbeiten die beiden Hand in Hand.«
Der Rat war zufrieden. »Fordern Sie die Lichtbilder aus Leipzig an, Girra! Vielleicht bekommt Ihre Spinne bald ein Gesicht. Nach und nach weitet sich der Optikschmuggel zu einem unschönen Politikum aus!«

»Sie meinen, weil unsere Exportaufträge auf dem Weltmarkt zurückgehen?«
»Nicht nur das, Girra.« Wagner war hinter seinem Schreibtisch aufgestanden. Er stand jetzt direkt vor seinem Mitarbeiter und sagte, während er mit dem Finger auf Girras Brust tippte: »Im Nahen Osten und in Nordafrika sind Hunderte Zeiss-Gläser aus der Jenaer Produktion aufgetaucht. Verstehen Sie mich?«
»Aber es ist doch kein Geheimnis, daß wir die antikolonialistischen Befreiungsbewegungen in aller Welt unterstützen.«
»Trotzdem hat die Sache einen Haken. Die Ferngläser gehören nämlich zur Ausrüstung der imperialistischen Armeen. Das bedeutet, unser Außenhandel ist in den Verdacht geraten, ein Doppelspiel zu treiben!«

Ein kühler Luftzug strich über den hochgelegenen S-Bahnhof in Potsdam-Babelsberg. Der viel zu kurze Sommer des Jahres 1954 neigte sich dem Ende zu. Menschentrauben drängten sich an der Bahnsteigkante. Feierabend in den Babelsberger Motorenwerken und in den DEFA-Studios. Etwa vierzig Prozent der Belegschaft wohnte in Westberlin. Die S-Bahnzüge fuhren im Fünf-Minuten-Takt. Straßenbahnen und Busse karrten die Umsteiger heran.
Hasso Schützendorf stand in der Mitte des Bahnsteiges. Er hatte sich in einen weiten Lodenmantel gehüllt, auf dem Kopf trug er einen grünen Hut mit kurzem Federschmuck. Eine abgeschabte Ledertasche vervollständigte seinen Aufzug. Aus der rechten Manteltasche lugte eine Ausgabe des »Neuen Deutschland«. Einige Meter entfernt wartete Ferdinand Georg. Auch er mit ungewöhnlicher Leibesfülle gesegnet.
Die Bahn polterte heran. Als der Zug zum Halten kam, befand sich das Traglastenabteil vor Schützendorfs Nase. Es gelang ihm, einen Sitzplatz in einer Ecke zu ergattern, auf dem er sich mit durchgedrücktem Rückgrat vorsichtig niederließ, so als stecke ihm der Hexenschuß im Kreuz.
»Einsteigen! Zuuurückbleiben!«
Der S-Bahnzug ruckte an und jagte mit aufheulenden Elektromotoren aus dem Bahnhof. Hasso Schützendorf schlug das Leib- und Magenblatt für alle SED-Genossen auf. Er las die Schlagzeilen, entdeckte aber keine einzige Nachricht, die seine Aufmerksamkeit fesseln konnte.
Die letzten Häuser von Babelsberg blieben zurück. Gärten. Ein

Waldstück. Der Zug fuhr in den Bahnhof Griebnitzsee ein, hielt mit quietschenden Bremsen am Bahnsteig.
»Griebnitzsee! Griebnitzsee!« plärrte der Lautsprecher auf dem Bahnsteig. »Letzter Bahnhof vor dem amerikanischen Sektor!«
Die Tür flog auf. Ein junger Mann in der dunkelgrauen Uniform des AZKW (Amt für Zoll und Kontrolle des Warenverkehrs der DDR) trat in das Abteil. Er grüßte militärisch. Sein prüfender Blick streifte über die Fahrgäste. Mit gleichgültigen Mienen erduldeten sie die Musterung. Niemand ließ sich das Unbehagen anmerken, das auch den friedlichsten Durchschnittsbürger angesichts der staatlichen Kontrollorgane unweigerlich überkam.
»Darf ich bitte Ihr Gepäck sehen?«
Schützendorf ließ das »Neuen Deutschland« sinken. Er deutete auf seine unansehnliche Aktentasche. Doch die Frage des Zollkontrolleurs galt seinem Nachbarn, der wie ein gutsituierter Besucher aus der Provinz aussah. Sein massiger Körper steckte in einer derben Joppe. Eine Schimütze bedeckte den runden Schädel, während auf dem zartroten Gesicht dicke Schweißtropfen perlten. Mit den Füßen versuchte der Mann einen Koffer unter die Bank zu schieben. Vergeblich. Der Zollkontrolleur sagte: »Bitte kommen Sie mit dem Koffer zur Kontrolle!«
Ein stummes Nicken als Gruß für den ND-Leser Schützendorf. Der Zöllner hielt ihn für seinen Gesinnungsgenossen, für einen Forstangestellten vielleicht, der tagsüber in den Potsdamer Waldgebieten zu tun hatte.
»Nach Erkner zurückbleiben!«
Die Druckluft zischte in die Türschließautomaten. Mit eigentümlichem Singen starteten die Elektromotoren, wurden hochgeschaltet. Als die S-Bahn über die Stahlkonstruktion der Teltow-Kanal-Brücke polterte, knüllte Schützendorf das ND zusammen. Die Fahrten im dichtesten Berufsverkehr gehörten zu seiner Taktik. Kein Zöllner vermochte in dem Gedränge jeden Reisenden unter die Lupe zu nehmen. Nur ein Zufall konnte zu einer Entdeckung führen. Und diesen Zufall hatte er mit Hilfe des »Neuen Deutschland« noch immer überlistet.
Bahnhof Wannsee. Hasso Schützendorf stieg aus. Vom anderen Ende des Zuges schlenderte Georg heran. Er grinste über das ganze Gesicht. Noch ein dritter Mann war im Zug gewesen, auch er mit Ferngläsern und Fotoapparaten behangen, die am Körper unter der Kleidung verborgen waren.

»Die Potsdamer Tageszeitung! Heute mit neuer Tarantel!« Neben dem Treppenabgang rief ein pickliger Jüngling seine Zeitungen aus. »Die Potsdamer Tageszeitung! Ein Westberliner Blatt für die Ostzone!«

Mit der nächsten S-Bahn kamen die drei Männer, die den Rest der Schlepperkolonne bildeten. Großes Hallo. Wieder war alles gutgegangen. Rund einhundertfünfzig Geräte hatten sie mit einem Schlag über die Grenze gebracht.

»Jungens, das feiern wir heute Abend«, versprach Schützendorf. »Ich lade euch zu Sekt und Kaviar ein!«

Unter den Augen der Westberliner Zollbeamten, die in der Bahnhofsvorhalle postiert waren, marschierten sie zu den Parkplätzen. Hasso Schützendorf im Interview:

> Der Westzoll guckte, ob wir was in der Hand haben, aber wir hatten ja alles unter dem Mantel gut versteckt, daß man da nichts merkte. Der Westzoll erlaubte nicht, daß ich die Gläser in den Westen einführte. Das war genauso ein Delikt gegen den Interzonenhandel. Nur in Westdeutschland galt es als Kavaliersdelikt, während es schon im Osten ein Wirtschaftsverbrechen war. Die wußten ja, daß ihnen der Exporthandel kaputtging, wenn wir die Zeiss-Sachen billiger anboten, als sie selbst …
>
> Aber es hat Spaß gemacht damals. Wir aßen jeden Morgen russischen Kaviar aus Neunhundert-Gramm-Dosen. Dazu machten wir jeden Morgen im Hotel russischen Sekt auf. Wir lebten damals schon wie die Made im Speck.

Nacht für Nacht spien die Fernschreiber im Polizeipräsidium Papierschlangen in die Ablagekörbe. Die Schriftzeichen und Zahlenkolonnen enthielten die Auswertungsergebnisse des »Operativstabes Optik Jena«. Als Girra am Montag die Fernschreiben in Empfang nahm, entdeckte er sofort, daß in der vergangenen Woche eine Käuferkolonne im Südwesten der Republik unterwegs war. Am Mittwoch hatte ein Paul Aschemann in Suhl einen Fotoapparat der Marke »Exakta Varex« und ein Zeissglas 8 x 30 gekauft. Bereits am Nachmittag tauchte der gleiche Käufer in der fünfzig Kilometer entfernten Bezirksstadt Erfurt auf, wo er in zwei Verkaufsstellen je eine Contax-Kamera und zwei Ferngläser unter Vorlage seines Personalausweises erwarb. Am darauffolgenden Tag kaufte Aschemann in Apolda und Weißenfels ein, während er am Freitag Halle und Bernburg heimsuchte. Beim Lesen des Fernschreibens stieß Girra auf weitere fünf Personen, deren Einkaufsrouten sich mit Aschemanns Fischzug deckten. Und in der einen oder anderen Stadt waren fast zeitgleich mehrere Kunden aufgetaucht, die sich gefälschter Ausweise bedienten. Wenn er die Zahl der gekauften Gegenstände summierte, kam er auf rund 120 Geräte. Er wußte aber aus Erfahrung, daß die Zahl vermutlich höher lag. Eine Dunkelziffer blieb immer.

Girra zog die Karteikarten und brachte sie auf den aktuellen Stand. Zu seinem nicht geringen Erstaunen entdeckte er, daß der Ausweis mit der Nummer I 0305820 im Jenaer Fernschreiben wieder aufgeführt war. Herr Johannes Rumpf aus Rostock, Bornsdorfer Weg 7, hatte die Bezirke Rostock und Neubrandenburg heimgesucht. Schon nach der ersten Einkaufsreise des Herrn Rumpf im Februar 1954 hatte Girra den Ausweisinhaber überprüfen lassen. Die Rostocker K teilte ihm mit, daß die Meldekarte des Johannes Rumpf den Vermerk »republikflüchtig« trug. Von Mai bis August war »Rumpf« dann nicht mehr in Erscheinung getreten. Gut möglich, daß der Ausweis inzwischen den Besitzer gewechselt hatte. Girra nahm die Ausweisdaten erneut in die Fahndungsliste für die Berliner Foto-Optik-Geschäfte auf.

Hasso Schützendorf besaß eine modern eingerichtete Wohnung in Charlottenburg, zu der nur die wichtigsten Freunde Zutritt hatten. Eine Maßnahme, die seiner Sicherheit diente. Geschäfte tätigte er im Hinterzimmer eines unauffälligen Schreibwarenladens nahe dem Bahnhof Zoologischer Garten. In der Wohnung bewahrte er die unentbehrliche Ausrüstung für sein Schmuggelgewerbe auf – Personalausweise aus der DDR, Handwerkszeug zum Fälschen und eine kleine sechsschüssige Browning-Pistole.

Sauber gefälschte Ostausweise und die Mobilität seiner Käufer und Schlepper waren die wesentlichste Voraussetzung für die Effektivität der Schützendorf-Organisation. Die Mitarbeiter heuerte der Chef persönlich an. Verschwiegenheit und ein gewisses Maß an Risikobereitschaft erwartete er von jedem. Eigenschaften, die er selbst demonstrierte, denn bei vielen Fahrten in die DDR steuerte Hasso Schützendorf die Einkäufe vor Ort. Und er plante wie ein preußischer Generalstäbler. Auf jeder Tour fuhren seine Leute unter anderen Namen. Bevor die Jenaer Kontrollorgane dahinter kamen, daß Karl Stöppler oder Gustav Bröselbach ein Dutzend Fotoapparate oder Ferngläser gekauft hatten, grasten die Käufer längst wieder mit neuen Ausweisen eine andere Gegend ab. Daß ab und an einer der Leute dabei hopsging, war bedauerlich, aber letztendlich unter Berufsrisiko zu verbuchen. In diesem Geschäft durfte man nicht zimperlich sein. Um so eindringlicher hämmerte Schützendorf seinen Leuten ein, niemals den gleichen Ausweis am gleichen Ort mehrfach zu benutzen. Um die Beschaffung der Ausweise und um das Zurechtfrisieren jedes Passes kümmerte er sich selbst.

Hasso Schützendorf hatte es sich in seiner Wohnung bequem gemacht. Ein Glas Rotwein stand auf dem Tisch und eine Zigarette verströmte aromatischen Duft. Jedesmal, wenn Schützendorf die Ostausweise, das Fläschchen mit dem Pelikan-Tintentod und die Buchstaben zum Nachstanzen der Prägestempel aus der Stahlkassette holte, versuchte er diese anregende Atmosphäre zu erzeugen. Das Fälschen der Pässe verlangte viel handwerkliches Geschick und die Intuition des Künstlers.

Schützendorf schaltete eine Tischlampe ein und richtete den gebündelten Lichtstrahl auf das kleine blaue Heftchen. Unter Zuhilfenahme eines Pinsels strich er Pelikan-Tintentod über die Unterschrift des ehemaligen Ausweisinhabers. Während die Schriftzüge verblaßten, um später ganz und gar zu verschwinden, nahm Schützendorf sich den nächsten Ausweis vor. Mit einer Rasierklinge zerschnitt er das alte Paßbild. Dann griff er eine winzige Nagelschere und bog die metallenen Ösen, mit denen die Paßbilder rechts oben und links unten befestigt waren, vorsichtig auf. Schützendorf setzte ein neues Paßbild ein, drückte die Ösen wieder fest und hatte jetzt nur noch den Trockenstempel auf der rechten unteren Fotoecke nachzuprägen. Er entschied sich, die drei fehlenden Buchstaben aufzupausen und sie von der Rückseite her mit der stumpfen Klinge eines Federmessers durchzudrücken.

Eine andere Methode war, den Prägestempel komplett auszuwechseln. Selbst in diesem Falle wäre Schützendorf nicht in Verlegenheit geraten. Seine Stahlkassette enthielt neben einer Handvoll Gummistempel, die als Volkspolizei-Dienstsiegel Verwendung fanden, einen vollständigen Satz metallener Stempel, mit denen er mühelos Zahlen, Buchstaben oder sogar den Polizeistern nachstanzen konnte.

Weit nach den 22-Uhr-Nachrichten löschte Hasso Schützendorf an diesem Abend die Tischleuchte. Bevor er die Kassette wegschloß, betrachtete er das Ergebnis seiner Arbeit. Er konnte zufrieden sein. Sechs blitzsaubere Ausweise lagen vor ihm. Jeder mit neuem Paßbild versehen, Geburtsdaten und Personenbeschreibung dem jeweiligen Inhaber angepaßt. Nur die Unterschriften fehlten noch. Die mußte jeder von seinen Leuten selbst leisten, denn die Übereinstimmung der Unterschriften im Ausweis und auf der Kaufurkunde war unerläßlich.

Das Jahr 1954 neigte sich seinem Ende zu. Im Dezember begann die Suche nach den passenden Weihnachtsgeschenken. Die Regale in den Geschäften waren gefüllt. Zu erwarten war aber auch, daß die Optikschieber den Käuferansturm im Weihnachtsgeschäft nutzen würden, um ihr Schäflein ins Trockene zu bekommen. Die Berliner Polizeiführung befahl einen Großeinsatz unter dem Decknamen »Wespe« für die letzte Weihnachtswoche. Vom 18. bis 23. Dezember erfolgte eine verstärkte Überwachung der Übergänge an den Sektorengrenzen. Zivilstreifen der Polizei observierten in den Foto/Optik-Abteilungen der großen Warenhäuser. Ausgewählte Fach- und Einzelhandelsgeschäfte hielt die Kriminalpolizei unter Kontrolle. 1802 Personen fielen den Überprüfungen zum Opfer. In 193 Fällen waren sie berechtigt, so daß kriminalpolizeiliche Ermittlungsverfahren eingeleitet wurden.
Der Mann, der am Freitagvormittag das Optikgeschäft in der Leninallee 251 betrat, fiel durch seine besonders große Kopfform auf. Mindestens Hutgröße 64, staunte der Lehrling Peter Zabel, der an

Kontrolle an der Sektorengrenze. Quelle: Archiv des Autors

der Brillenauslage stand und Staub wischte. Der Kunde gab sich selbstsicher. Mit raschem Blick musterte er das Angebot an Feldstechern in den gläsernen Vitrinen. »Ich möchte ein Fernglas ›Deltrinten‹ für 285 Mark!« verlangte er, wobei er den Eindruck erweckte, als kenne er sich in diesen Dingen aus.
Der Geschäftsinhaber reichte ihm das gewünschte Glas. Der Kunde trat zum Schaufenster, setzte das Glas an die Augen, er prüfte Schärfe und das Funktionieren der Regulierungsmechanik.
»In Ordnung. Nehm ich.« Er stellte das Glas auf den Ladentisch neben seine dickbauchige Aktentasche.
»Sie haben eine gute Wahl getroffen«, erklärte der Optikmeister verbindlich. »Wenn ich dann um Ihren Ausweis bitten darf?«
Gleichmütig schob der Kunde den Personalausweis über den Tisch.
»Heinrich Hoffmann, geboren am 25. September 1908«, las der Geschäftsinhaber. »Geburtsort: Berlin, wohnhaft in Berlin O 112, Boxhagener Straße 51«. Bei diesem Eintrag stutzte der Optiker. Der Kunde sprach hochdeutsch, aber unverkennbar mit einer Thüringer Dialekteinfärbung. Unter dem Vorwand, den Rechnungsblock aus dem Büro holen zu müssen, eilte der Geschäftsinhaber ins Hinterzimmer und suchte mit fliegenden Fingern nach der Fahndungsliste der Volkspolizei. Es dauerte nur Bruchteile von Sekunden, dann hatte er den Namen gefunden. »Heinrich Hoffmann, 25.9.1908, Boxhagener 51, Ausweis Nummer XV 1006904!« Kein Zweifel, der Mann war ein steckbrieflich gesuchter Schieber! Für einen Moment zögerte der Meister, doch dann siegte sein Pflichtbewußtsein. Er schob einen Bleistift in die Wählerscheibe des Telefons und wählte den Polizeinotruf 01. »Sofort einen Toniwagen in die Leninallee 251. Im Optikgeschäft ist ein Schieber«, sagte er mit vor Aufregung fast heiserer Stimme in die Sprechmuschel.
Als der Geschäftsinhaber wieder hinter dem Verkaufstresen erschien, warf der Kunde gerade die Ladentür von außen ins Schloß. Das knackende Geräusch und der leise Glockenton, der beim Auflegen des Hörers auf die Gabel entstanden war, hatten den mißtrauischen Mann gewarnt.
»Schnell, Peter, lauf ihm nach. Die Polizei muß gleich hier sein!«
Der Lehrling rannte los. Später sagte er als Zeuge aus, er habe angenommen, der Kunde sei mit dem Fernglas geflüchtet ohne zu bezahlen. Die Jagd ging um die nächste Straßenecke, führte hinein in die Langenbeckstraße. Eine Sackstraße, wie der Lehrling wußte, die vor einer Grünanlage endete.

Der alarmierte Funkstreifenwagen brauste heran. »Ich glaube, er ist nach links gerannt«, berichtete Peter Zabel den Polizisten, während er stoßweise nach Luft japste. »An der Ruine des ausgebrannten Hauses habe ich ihn zum letzten Mal gesehen!«
Die Polizisten gingen routiniert vor. Mit gezogenen Pistolen durchsuchten sie den Trümmerberg. Eine Rutschspur zwischen Gesteinsbrocken, Schutt und altem Gerümpel wies ihnen den Weg zu einem quadratischen Kellerloch. Als einer der Polizisten den Kopf in das Kellerloch steckte, sah er den Flüchtigen, der wie ein Häuflein Unglück in der hintersten Ecke des zur Hälfte mit Unrat gefüllten ehemaligen Hauskellers hockte.
Eine halbe Stunde später wurde der Mann, der drei Personalausweise und mehrere tausend Mark Bargeld bei sich führte, auf dem Polizeirevier 68 einer ersten Befragung unterzogen. Auf die Frage, wer er denn nun tatsächlich sei, ob Heinrich Hoffmann, Kurt Dunkel oder Johannes Rumpf, schwieg er beharrlich. Die einzige Einlassung, zu der er sich dem Kriminaldauerdienst der VP-Inspektion Friedrichshain gegenüber hinreißen ließ, lautete: »Ich sage nichts, bevor ich nicht mit meinem Rechtsanwalt gesprochen habe.«
Der festgenommene Schieber wurde zur U-Abteilung im Polizeipräsidium überstellt. Horst Girra, am 7. Oktober 1954 zum Oberkommissar befördert, nahm sich des merkwürdigen Vogels an. Sein Rezept, den Mann mit verständnisvoller Leutseligkeit zum Reden zu bringen, versagte. Nach zwei Stunden gab er genervt auf. »Also gut, wenn Sie uns nichts zu sagen haben, dann leiten wir jetzt ein erkennungsdienstliches Verfahren ein. Es sollte mich doch sehr wundern, wenn Sie nicht schon längst in irgendeiner Ecke der Republik kriminalpolizeilich erfaßt sind. Daß ich Sie hierbehalten muß, ist Ihnen doch klar.«
Diesmal war Girra auf der richtigen Spur. In der ersten Januarwoche des neuen Jahres flatterten die ersten Ermittlungsergebnisse auf seinen Schreibtisch. Straftatenvergleichskartei und Zentrale Fingerabdrucksammlung teilten mit, daß der zur Auswertung übersandte Zehnfingerabdruckbogen mit den Abdrücken des Fuhrunternehmers Otto Weinschenk aus Gotha übereinstimmen, der 1950 wegen Wirtschaftsverbrechen zu einer dreijährigen Gefängnisstrafe verurteilt worden war. Seit der vorfristigen Haftentlassung galt Weinschenk als republikflüchtig.
Die Kollegen des Fahndungsdezernates steuerten Fotos aus der Gothaer Täterlichtbildkartei bei.

Und das Kriminaltechnische Institut legte ein Sachverständigengutachten vor:

1. Beim vorgelegten Ausweis Nr. I 0305820, Johannes Rumpf, wurde das ursprüngliche Geburtsjahr 1893 durch Überschreibung auf 1903 geändert. Die Unterschrift des legalen Ausweisinhabers ist chemisch entfernt und neu überschrieben worden.
Das Bild wurde ausgewechselt, das neue Foto nur über die Ösen geschoben. Der Prägestempel ist aufgepaust und von der Rückseite her durchgedrückt worden.
2. Beim vorgelegten Ausweis XV 1006904, Heinrich Hoffmann, wurden sämtliche Tintenschriftzüge chemisch entfernt und neu überschrieben. Nach Behandlung mit Schwefelwasserstoffdämpfen konnte festgestellt werden, daß der Ausweis ursprünglich auf den Namen Schmidt, Erna ausgestellt war.
Das Bild wurde auf die gleiche Weise wie unter 1. beschrieben ausgewechselt.

Sicherheitshalber forderte Girra beim »Operativstab Optik« eine vollständige Liste aller Optikeinkäufe auf die Ausweise Hoffmann, Dunkel, Rumpf und auf den Namen Otto Weinschenk an. Mit der Kurierpost aus Jena kam auch ein Stapel Rechnungsdurchschläge, deren Unterschriften schon beim ersten Hinsehen eine Vielzahl übereinstimmender Merkmale mit den Schriftzügen des Otto Weinschenk verrieten.

Girra ließ seinen schweigsamen Kunden vorführen. »Na, Herr Weinschenk, können Sie sich endlich erinnern, auf welchen Namen Ihre Mutter am 25.9.1908 die Geburt ihres erstgeborenen Sohnes Otto eintragen ließ?«

Weinschenk erstarrte. Mit diesem Empfang hatte er nicht gerechnet. Sie wußten also, wer er war. Wahrscheinlich auch, daß er noch ein reichliches Jahr Knast bei ihnen guthatte. Die würden sie ihm beim nächsten Prozeß unweigerlich in Rechnung stellen. Er entschloß sich, die Flucht nach vorn anzutreten. Wer sich kooperativ zeigte, konnte mit dem Satz, »Der Beschuldigte war aufrichtig bemüht, durch seine Aussagen zur allseitigen und umfassenden Aufklärung der Straftat beizutragen«, im Schlußbericht der Kripo rechnen. Solche Hinweise stimmten die Richter mitunter milde.

Otto Weinschenk gestand, seit der Haftentlassung im Februar 1952 insgesamt 82 Ferngläser und Fotoapparate im Thüringer Raum auf seinen Personalausweis gekauft und nach Westberlin verbracht zu haben. Auf den Namen Heinrich Hoffmann hatte er in Berlin 27

Geräte gekauft, und auf den Namen Kurt Dunkel wiederum in Thüringen 17 Geräte.

»Bleibt der Ausweis Johannes Rumpf«, sagte Girra. »Aus den Unterlagen geht hervor, daß Sie seit 1953 weit über vierzig Geräte gekauft haben!«

»Nee, nee, Herr Oberkommissar. Da stimmt was nich. Den Ausweis Rumpf hab ich ja erst seit August 54. Den hab ich für vierzig Westmark von einem gewissen Siggi gekauft. Die Einkäufe seit August gebe ich zu, was vorher war nich.«

Girra stutzte. Er wühlte die Rechnungen heraus, legte sie nebeneinander und verglich. Er kam nicht umhin, sich einzugestehen, daß er voreilig gewesen war. Die Unterschriften aus den Jahren 1953 und 1954 besaßen zwar entfernte Ähnlichkeit, aber sie waren von unterschiedlicher Hand gezeichnet. Er würde den Schriftsachverständigen im KTI bemühen müssen.

»Das wären dann immer noch einundzwanzig Geräte in Berlin, Leipzig, Halle, Merseburg und Aschersleben!«

»Geb ich zu, Herr Oberkommissar. Das andere nich!«

»Alles in allem 147 Ferngläser, Fotoapparate und Zubehör. An wen haben Sie die Geräte in Westberlin geliefert?«

»Zuerst an einen gewissen Walter Schulz ...«

»Sachsen-Walter?« fragte Girra.

Weinschenk staunte: »Sie kennen ihn, Herr Oberkommissar? Walter hat sich schon im August nach Hamburg abgesetzt. Da habe ich dann an Siggi verkauft, der mir auch die Ausweise lieferte. Er gab mir Fahrtrouten an, die seine Leute – das waren zwei Frauen aus Dresden und drei Musiker aus Leipzig-- immer benutzten.«

»Wo findet man diesen Siggi?«

»Der hält sich in einer Kantine am Bahnhof Zoo auf. Jebenstraße 1. Das ist ein großes Industriehaus. Eine Menge Großhandelsfirmen sind da untergebracht.«

Girra legte Weinschenk einen Stapel Fotos aus der Leipziger Täterlichtbildkartei vor.

»Mann, da ist ja Siggi«, kam es verdutzt von Weinschenks Lippen. »Aber Ditters is nich der Boß. Da steckt noch 'n anderer dahinter. Hab mal was von 'nem Helmut Stroh gehört.«

»Wie sieht der Mann denn aus?«

Weinschenk grübelte. »Strohs Verbindungen reichen bis Amerika, erzählt man. Läuft alles über Hamburg. Aber da gibts noch einen Konkurrenten. Am Bahnhof Zoo hab ich mal so'n großen Dunkel-

blonden gesehen. Der ›lange Fred‹, oder so ähnlich nennen sie ihn. Der Mann soll Ausländer sein.«
Otto Weinschenk unterschrieb das Vernehmungsprotokoll und wurde in die Untersuchungshaftanstalt zurückgebracht. Über seine Zukunft hegte er keine Illusionen. Drei Monate später, am 19. April 1955, verurteilte ihn der 2. Strafsenat des Berliner Stadtgerichts zu einer Freiheitsstrafe von zwölf Jahren Zuchthaus.

Hasso Schützendorf hatte einen Faible für langbeinige und gutgewachsene Blondinen. Inga Möllner kam seinem Wunschtyp ziemlich nahe, zumal ihr Haar einen vagen Stich ins Rötliche aufwies. Sie mochte Anfang Zwanzig sein, wohnte im Stadtteil Prenzlauer Berg und arbeitete als Büroangestellte in einem großen Ostberliner Handelskontor. Ihre Bekanntschaft zu machen, war Hasso Schützendorf nicht schwer gefallen. Als er sie unter dem Namen Dr. Müller ansprach, setzte er auf die Taktik »vollendeter Kavalier«, womit er den Vorstellungen des jungen Mädchens, die in einer spießigen Kleinbürgerfamilie aufgewachsen war, entgegenkam. Inga Möllner wartete auf den Mann ihres Lebens, einen Traumprinzen, der sie im eleganten Sportwagen mitnehmen und ihr die große Welt zu Füßen legen würde. Ihr neuer Bekannter besaß einen solchen Sportwagen. Er sah gut aus, war lebenslustig und offenbar auch recht wohlhabend. Ein Typ, der in den lauten Betrieb der Großstadt gehörte, aber seine Herkunft und seine familiären Verhältnisse, über die er nur dunkle Andeutungen machte, gaben ihr Rätsel auf.
Einem Nachmittagsbummel am Kudamm waren weitere Verabredungen gefolgt. Hasso Schützendorf – pardon: Dr. Müller – zog alle Register seiner Liebenswürdigkeit, bis er sie im Wagen nach Hause bringen durfte. Inga wohnte bei ihren Eltern in einer Seitenstraße in der Nähe des S-Bahnhofes Prenzlauer Allee. Er merkte sich die Straße und die Hausnummer und verabschiedete sich mit einem vollendeten Handkuß. Das Wackeln der Wohnzimmergardine in der dritten Etage des Hauses, hinter der neugierige Augen spähten, war ihm nicht entgangen.
Schützendorf lenkte seinen Wagen um die nächste Straßenecke, bog in die Wisbyer ein und rollte nur fünf Minuten später über die Sektorengrenze am S-Bahnhof Bornholmer Straße. Die Lage der Wohnung ging ihm nicht mehr aus dem Sinn. Zwei Stationen auf der Ringbahn bis Gesundbrunnen, überlegte er, und ein reichlicher Kilometer bis zum französischen Sektor. Ideal für ein Ausweichquar-

tier in Ostberlin. Vielleicht konnte man hier einen Stützpunkt errichten, eine Anlaufstelle für Optikverkäufer aus der Ostzone, die sich mit der Ware nicht über die Grenze trauten. Er mußte das Mädchen Inga an sich binden.
Doch die Möllner war längst nicht so entgegenkommend, wie Schützendorf es sich erhofft hatte. Er überlegte bereits, wie er sich am besten aus der Affäre ziehen könnte, als eine Zufallsbeobachtung ihm unverhofft zu Hilfe kam. Er entdeckte, daß Ferdinand Georg, den er als Flugzeugmechaniker aus der Schweiz bei den Möllners eingeführt hatte, eine unerklärliche Schwäche für das Mädchen bewies. Auch ihr schien der Schweizer nicht gleichgültig zu sein, denn sie flirtete mit ihm heftig. Mit den Worten, »Weißt du was, die ist mir zu quatschig«, überließ Schützendorf seinem Partner das Feld.
Eine Woche später hielt Fred Georg vor Inga Möllners Betrieb, und als er sie unter den vielen jungen Frauen entdeckte, die das Portal verließen, drückte er auf die Hupe. Georg fuhr einen mausgrauen Volkswagen mit dem Schweizer Kennzeichen BE–363. Die Möllner erkannte ihn auf den ersten Blick.
»Doktor Müller läßt sich entschuldigen«, erklärte Georg mit einem Lächeln. »Eine unvorhergesehene Geschäftsreise.«
»Macht überhaupt nichts«, behauptete sie, schlüpfte in den Wagen und hauchte ihm einen Kuß auf die Wange.
Der mausgraue VW hielt nun immer öfter an den Abenden in der stillen Seitenstraße im Prenzlauer Berg.
»Vielleicht bist du auch nur einer von denen, die nur ein paarmal kommen und die man dann nie wiedersieht.
»Du brauchst keine Angst zu haben, wir bleiben zusammen.« Georg behauptete nicht, daß er sie heiraten würde, aber er ließ auf seine Art durchblicken, daß es nicht ausgeschlossen sei, denn am Weihnachtsabend des Jahres 1955 sollte er ihr tatsächlich die Verlobungsringe überreichen.

In den Sommermonaten nahm der Verkauf optischer Erzeugnisse in den Berliner Geschäften beängstigende Ausmaße an. Der Außenhandel der DDR berichtete über Beschwerden des Schweizer Verbandes der Fotohändler, die ihr Mißfallen über Preisdrückerei mit illegal eingeführten Zeisserzeugnissen zum Ausdruck gebracht hatten. Die Schweizer Bundespolizei fahnde inzwischen eifrig nach ostzonalen Kameras, aber es sei dringend angezeigt, daß man die illegalen Kanäle im Herkunftsland wirkungsvoller verstopfe.

Die Staatsanwälte Bell und Krüger von der Abteilung II beim Generalstaatsanwalt von Groß-Berlin, die sich mit den Prozessen gegen gefaßte Schieber herumschlugen, verlangten vom Magistrat »administrative Maßnahmen zur Verhinderung der Verschiebung von optischen Geräten, Schreib- und Rechenmaschinen und Meißner Porzellan«.

- Abschrift -

Magistrat von Groß-Berlin
Abt. Handel und Versorgung
K 1000 Kar/Hb.

Berlin N 4, den 6.7.55
Chausseestr. 106
Fernruf: 42 50 86
Hausanschluss - 5 -

002

An den
Generalstaatsanwalt von Groß-Berlin
z. Hd. Staatsanwalt B e l l

B e r l i n C 2
Grunerstr. 8 -10

Betr.: Verschiebung von optischen Geräten, Schreib- und Rechenmaschinen sowie Meissener Porzellan.
Bezug: Ihr Schreiben vom 13. 6. 1955

In Erledigung Ihres obigen Schreibens teilen wir Ihnen mit, daß wir mit folgenden Massnahmen einverstanden sind bzw. sie als notwendig erachten:

1.) Das Zurückhalten von gekauften Gegenständen darf die Zeitdauer von 3 Tagen nicht überschreiten.

2.) Aufstellung einer Liste, die nur die wertvollsten Waren auf den Gebieten Optik und Porzellan enthalten sollte, so daß der Kreis der von dieser Massnahme Betroffenen dann sehr eng gezogen würde.

3.) Verbindungsaufnahme der Verkaufsstellen mit einer zentralen Stelle der Volkspolizei, um einen Zeitgewinn bei der Überprüfung der Personalien zu erreichen. (Belehrung einer Verkaufskraft durch die Volkspolizei).

4.) Bekämpfung des Schiebertums durch verstärkte Kontrollen unter breitester Mithilfe der Bevölkerung (Vervielfachung der Arbeiterkontrolle).

5.) Pressekampagne gegen das Schiebertum.

6.) Bei Verstößen gegen die Ausweisplfiicht, besonders im privaten Handel, sofortige Bestrafungen vornehmen, im Wiederholungsfalle auch Geschäftsschliessungen.

gez. Karsten
(K a r s t e n)
Leiter der Abteilung
Handel u. Versorgung

Quelle: Polizeihistorische Sammlung Berlin

Sie regten an, »daß derartige Artikel nicht mehr sofort beim Kauf den Käufern auszuhändigen seien«.
Am 6. Juli 1955 antwortete der Abteilungsleiter Handel und Versorgung:

> In Erledigung Ihres obigen Schreibens teilen wir Ihnen mit, daß wir mit folgenden Maßnahmen einverstanden sind, bzw. sie als notwendig erachten:
> 1.) Das Zurückhalten von gekauften Gegenständen darf die Zeitdauer von drei Tagen nicht überschreiten.
> 2.) Aufstellung einer Liste, die nur die wertvollsten Waren auf dem Gebiet Optik und Porzellan enthalten sollte, so daß der Kreis der von diesen Maßnahmen Betroffenen dann sehr eng gezogen würde.
> 3.) Verbindungsaufnahme der Verkaufsstellen mit einer zentralen Stelle der Volkspolizei, um einen Zeitgewinn bei der Überprüfung der Personalien zu erreichen.
> 4.) Bekämpfung des Schiebertums durch verstärkte Kontrollen unter breitester Mithilfe der Bevölkerung (Vervielfachung der Arbeiterkontrolle).
> 5.) Pressekampagne gegen das Schiebertum.
> 6.) Bei Verstößen gegen die Ausweispflicht, besonders im privaten Handel, sofortige Bestrafungen vornehmen, im Wiederholungsfalle auch Geschäftsschliessungen.

Für Mittwoch, den 20. Juli, luden die Staatsanwälte zu einer Besprechung der anstehenden Maßnahmen in die Grunerstraße ein. VP-Oberrat Heidenreich, der Leiter des neuen Kripodezernates »Schutz des Volkseigentums« (VE), entsandte seinen Spezialisten, Oberkommissar Schöne. Horst Girra vertrat die Interessen der Abteilung Untersuchung, während das AZKW den Zollsekretär Preußing beauftragt hatte.
Über den Inhalt der Pressekampagne wurde man sich rasch einig. Der Vorschlag der Staatsanwälte, zwischen Verkauf und Aushändigung der optischen Geräte an den Kunden eine dreitägige Sperrfrist einzulegen, die von der Volkspolizei zur Überprüfung der Käufer genutzt werden sollte, stieß bei den Polizisten auf erhebliche Vorbehalte. Die Realisierung der Idee verlangte die Errichtung einer speziellen Struktureinheit in der Kriminalpolizei, für die wiederum personelle Voraussetzungen fehlten. Die Berliner Volkspolizei litt ständig unter Personalmangel. Mit den Versetzungen junger Männer aus Mecklenburg, aus der Altmark oder dem sächsischen Raum

hoffte die Polizeiführung dem Kadernotstand beizukommen. Dafür holten sie sich ein anderes Problem auf den Hals. Angesichts der Zunahme sächselnder Ordnungshüter sank die Akzeptanz der Volkspolizei in den Augen der Berliner Bevölkerung. Ganz und gar Böswillige prägten den Begriff von »Ulbrichts sächsischer Besatzungsmacht«.
Weder Girra noch Schöne standen in der Führungshierarchie soweit oben, daß sie Entscheidungsbefugnisse gehabt hätten. Oberkommissar Schöne berichtete seinem Chef. Heidenreich tat das Nächstliegende. Er setzte sich mit der Hauptabteilung K in Verbindung. VP-Kommandeur Hillner, der die Abteilung VE leitete, lehnte das Ansinnen der Staatsanwälte ab. Nachdem sich auch der Ost-Berliner Kripochef, Inspekteur Messer, Hillners Standpunkt zueigen gemacht hatte, notierte Oberkommissar Schöne am 29. Juli für die Akten:

> Nach Rücksprache mit der HVDVP - Hauptabteilung K - Abteilung VE, Gen. VP.-Kdr. Hillner und dem Gen. Inspekteur Messer als Abtlg. Leiter K im PdVP ist dieser Vorschlag nicht realisierbar.
> Die Abteilung K muß zu diesem Vorschlag ihre Mitarbeit versagen.

Um so eifriger kümmerten sich Girra und Schöne um die Vorbereitung der Pressekampagne. Sie trugen Auszüge aus Vernehmungsprotokollen gefaßter und zum Teil bereits verurteilter Optikschieber zusammen, unterlegten sie mit statistischen Zahlenangaben über die Auswirkungen des Schieberunwesens auf die Außenhandelsbilanzen der DDR und stellten das Material in einer Pressekonferenz, die Polizeipräsidium und Generalstaatsanwaltschaft gemeinsam ausrichteten, den anwesenden Journalisten vor.
Es komme darauf an, den Lesern und Rundfunkhörern so eindringlich wie möglich die Schädlichkeit der Schieberringe vor Augen zu führen, erklärte Staatsanwalt Bell. Je treffender ein Vergleich die Lebensinteressen der Werktätigen berühre, desto überzeugender wirke er in ihren Köpfen nach.
Die Autoren der 20-Pfennig-Broschüre »In guten Händen«, die 1955 aus Anlaß des 10. Jahrestages der Volkspolizei in die Zeitungskioske geworfen wurde, verfuhren nach diesem Rezept:

> Aber nicht nur Buntmetall- und Schrottdiebe gefährden und schädigen unsere Wirtschaft und unser schnelleres Vorwärtskommen, sondern auch alle anderen, die sich durch Schiebergeschäfte auf Kosten der Werktätigen mühelos bereichern wollen. Wenn ein im Jahre 1954 festgenommener Verbrecher 200 Ferngläser nach Westberlin ver-

Quelle: Archiv des Autors

schoben hat, dann hat er unseren Werktätigen und unseren Kindern damit rund 1400 Zentner Bananen entzogen. Seine Schiebereien haben verhindert, daß wir die Ferngläser im normalen Außenhandel verkaufen konnten, um dafür vielleicht Südfrüchte oder andere wichtige Waren einzukaufen.

Der Gerichtsreporter und Krimiautor Prodöhl ging das Thema literarisch an. In seiner Kriminalgeschichte »Ausweis Nr. XV 0869888«, die im Februar 1956 in der Unterhaltungszeitschrift »Das Magazin« veröffentlicht wurde, ließ er seinen Protagonisten, Kommissar Schulz, zu einem Tatverdächtigen sagen: »Wissen Sie, was das bedeutet, Hering? Auftrag über zweitausend Contax storniert? Ungefähr eine halbe Millionen Dollar sind unserem Außenhandel bei diesem einen Auftrag durch die Lappen gegangen. Mehrere tausend Zentner Bananen, Apfelsinen oder Kaffee können nicht mehr eingeführt werden!«

Hasso Schützendorf betrat den Wartesaal der 1. Klasse im Berliner Bahnhof Zoo. Seine mehrwöchige Geschäftsreise, die ihn in die Schweiz, nach Frankreich und zuletzt bis in die nordspanische Provinz Katalonien geführt hatte, war erfolgreich verlaufen. Da sich die Marktlage in der Schweiz zunehmend ungünstiger entwickelte, mußten andere Absatzmärkte gefunden werden. Schützendorf son-

Quelle: Archiv des Autors

dierte die südfranzösischen Reiserouten bis über die Pyrenäen. In Madrid stieß er auf eine renommierte spanische Ex- und Importgesellschaft, die nicht abgeneigt war, auf Schützendorfs Angebote einzugehen. In Barcelona fand sich das Handelshaus »CABOREX«, das vor allem in die lateinamerikanischen Länder exportierte. Der weltgewandte Deutsche überzeugte auch hier. Bei der Gelegenheit lud man ihn zu einem Kurztrip nach Mallorca ein. Noch bevor die ersten deutschen Touristenströme über die Insel der Träume hereinbrachen, entdeckte Hasso Schützendorf den Ort, den er zu seinem Alterssitz erkor.

Nach Berlin zurückgekehrt, verdreifachte Hasso Schützendorf die Aktivitäten seiner Organisation. Der gerade erschlossene Absatzmarkt erwies sich als besonders aufnahmefähig. Schützendorf suchte nach neuen Schmuggelwegen. Waren die illegal gekauften Fotoapparate und Ferngläser erst einmal in Westberlin gelandet, mußten sie auf ähnliche Weise in die Bundesrepublik verbracht werden, bevor sie über die französischen und spanischen Grenzen gelangen konnten. Hasso Schützendorf erinnerte sich seiner Erfahrungen mit den Reichsbahnern in Halle.

Der Mann, der den Transport der »heißen Ware« von Westberlin nach Frankfurt/Main übernehmen sollte, arbeitete als Zugführer bei der Bundesbahn. Schützendorf war mit ihm im Wartesaal ver-

abredet. Er entdeckte den Eisenbahner sofort. Die Männer begrüßten sich. Schützendorf nahm Platz und bestellte Kaffee.
»Also, wie sieht es aus? Haben Sie sich entschieden?«
»Ich sage nicht nein, aber ein paar Einzelheiten möchte ich schon noch wissen.«
Dafür zeigte Schützendorf Verständnis. »Die Sache ist ganz einfach. Kurz vor der Abfahrt Ihres Zuges werden Ihnen zwei Personen mehrere Pakete übergeben. Die Pakete müssen nach Frankfurt. Wo und wie Sie die Dinger verstecken, ist Ihr Problem. Nach der Ankunft in Frankfurt wird sich eine Kontaktperson bei Ihnen melden, der Sie die Pakete dann wieder aushändigen.« Schützendorf lächelte. »Das ist alles. Leichter können Sie Ihr Geld gewiß nicht verdienen.«
Der Eisenbahner, der aufmerksam zugehört hatte, hegte Bedenken. »Können Sie mir sagen, was in den Paketen ist? Mit Rauschgift will ich nämlich nichts zu tun haben.«
»Guter Mann, in den Paketen ist keine Spur Rauschgift. Mein Ehrenwort!«
»Ja, was dann?«
»Ferngläser und Fotoapparate, die nicht durch die Zollkontrolle sollen.«
»Also Optik aus dem Osten?« Der Mann dachte einen Augenblick nach. »Und wenn die mich erwischen?«
Schützendorf legte eine Hand auf den Arm des Eisenbahners. »Also, hören Sie gut zu! Die Pakete, die wir Ihnen liefern, tragen die Aufschrift ›Flüchtlingsgut für ... Müller, Lehmann oder Schulze‹. Jeder, der von drüben kommt, und als politischer Flüchtling anerkannt wird, erhält von den Behörden die offizielle Erlaubnis ›Flüchtlingsgut‹ im Wert von soundsoviel Mark in die Bundesrepublik einzuführen. Verstehen Sie? Sie brauchen die Pakete also nur im Zug zu verstecken, guter Mann, und sie bei der Ankunft wieder hervorzuholen. Sollte dennoch ein Schnüffler über die Ware stolpern, dann haben Sie damit nichts zu tun. Der Aufkleber ›Flüchtlingsgut‹ ist Ihre Sicherheitsgarantie.«
»Hört sich gut an«, räumte der Eisenbahner ein. »Ein paar Versteckmöglichkeiten wüßte ich schon. Günstiger wäre es natürlich, wenn die Pakete noch vor der Bereitstellung des Zugtrains verstaut würden. Rangierer oder die Leute aus der Wagenreinigung haben die besten Chancen!«
»Das muß ich mir mal durch den Kopf gehen lassen. Danke für den Tip!«

Der Eisenbahner nickte zufrieden. »Bitte, bitte. Und was die Bezahlung anbelangt ...«
Sie verhandelten noch eine Weile und schieden dann als Partner.

»CABOREX« orderte hundert Contax, vierzig Exakta, vierzig Praktica, Zusatzobjektive und einhundertzwanzig Ferngläser 8 x 50 mit Mitteltrieb. Schützendorf und Georg animierten ihre Aufkäufer, doch die Ware, die sie heranschaffen konnten, reichte nicht aus, um den spanischen Auftraggeber zufriedenzustellen. Da »CABOREX« drängte, beschlossen Schützendorf und Georg eine Einkaufstour in den sächsischen Raum.
»Du fährst doch bestimmt zu deiner Flamme in den Ostsektor«, sagte Schützendorf, nachdem sie sich über die Reiseroute geeinigt hatten. »Ruf den Hans Simson in Dresden an. Wir treffen uns am Mittwoch im Astoria!«
Simson war pünktlich und bestens präpariert. Selbstverständlich wußte er, warum die beiden kamen. Seinerzeit in die Goldaffäre involviert, war er mit einem blauen Auge knapp davongekommen. Seiner Treue zu Hasso Schützendorf tat das keinen Abbruch. Die Begrüßung in der Hotelhalle fand mit großem Hallo statt. Dann erst fand Schützendorf Zeit, sich an den Portier zu wenden. »Mein Name ist Doktor Müller. Ich hatte telegrafisch zwei Zimmer bestellt.«
Der Portier blätterte in einem Journal. Er fand die Eintragung. »Jawohl, das geht in Ordnung. Herr Doktor Müller und Herr Ingenieur Höppner aus Berlin. Ihre Zimmer liegen im dritten Stock.« Er legte die Schlüssel auf den Tresen und deutete auf den Meldeblock. »Wenn die Herren sich dann bitte eintragen würden. - Angenehmen Aufenthalt!«
Systematisch klapperten die Männer am Donnerstag die Optik-Verkaufsstellen im Elbtal zwischen Schmilka und Meißen ab. Am Freitag suchten sie Freiberg, Freital, Kamenz, Bischofswerda und Bautzen heim.
Am Abend ließen sie in der Hotelbar »eine Kuh fliegen«. Unmengen von Alkohol vertilgten die drei Männer. Als Schützendorf und Georg am darauffolgenden Morgen Kassensturz hielten, meinte Schützendorf: »Ich habe noch ein Bündel Ostmark flüssig. Das Geld wird umgesetzt.«
Georg warnte: »Das Versteck im Wagen ist randvoll!«
»Dann lagern wir die Sachen eben bei deiner Flamme in Ostberlin ein. Wir holen die Sachen später ab.«

Hans Simson bemerkte trocken: »Von mir aus mach' mer noch 'ne Runde. E paar Fenn'che mehr sinn och nich zu verachten.«
Seine Bereitwilligkeit gab schließlich den Ausschlag. Georg parkte den Wagen auf dem Dresdener Altmarkt. Während Simson vom vielen Kognak noch immer leicht benebelt zu einem renommierten Optikgeschäft marschierte, folgten die Berliner im gehörigen Abstand. Hans Simson betrat das Geschäft. Zwei junge Mädchen warteten hinter dem Verkaufstresen auf Kundschaft. Ihr Lächeln setzte in Simson ungeahnte Regungen frei. Die Arme theatralisch ausgebreitet, sang er plötzlich mit voller lauter Stimme: »Welche Wonne, welche Lust ...« Dabei kam er ins Straucheln, hielt sich an einem gläsernen Verkaufsregal fest, in dem es beängstigend klirrte und schepperte.
»Kann ich Ihnen helfen, mein Herr?« Der Lärm hatte den Filialleiter alarmiert, der mit besorgter Miene herbeieilte.
Simson grinste unverfroren. »'ne Bragdiga häd'ch gerne. Oder och zwee.«
Alkoholdunst wehte dem Verkaufsstellenleiter ins Gesicht. »Gleich zwei?« fragte er deshalb vorsichtig. »Haben Sie denn auch genügend Geld?«
»Is das vielleicht nischt?« Simson zerrte ein Bündel Banknoten aus der Brusttasche und fuhrwerkte damit in der Luft herum. »Wenn mir's baßt, koof 'ch dein' ganzen Laden hier auf.«
Unauffällig schlüpfte eine der Verkäuferinnen ins Hinterzimmer. »Volkspolizei? Kommen Sie so schnell wie möglich«, flüsterte sie ins Telefon. »Hier ist ein komischer Kerl. Vielleicht ein Schieber.«
Während Simson sich den Spaß leistete, eine Kamera nach der anderen zu begutachten, um sie mit witzigen Kommentaren zu versehen, hielt draußen ein Polizeiwagen. Zwei Uniformierte stürzten herein und zerrten den Kunden kurzerhand auf die Straße.
Schützendorf und Georg sahen mit Entsetzen, wie Simson zum Funkwagen geführt wurde.
»Willst du nichts tun?« zischte Georg. »Wir sollten ihm helfen!«
Schützendorfs rechte Hand glitt in die Jackentasche. Doch seine Finger zuckten, als sie die Griffschalen des Brownings berührten, zurück. Eine einfache Rechnung schoß ihm durch den Kopf. Drei Polizisten gehörten zum Funkwagen, jeder mit einer Pistole Nullacht und 16 Schuß Munition bewaffnet. Was richtete man mit einer kleinen Browning und sechs Patronen gegen die überlegene Feuerkraft der Vopos aus?

»Da ist nichts zu machen! Simson ist ein Rindvieh!« knirschte Schützendorf wütend. »Los, wir verschwinden!«
»Hauptsache, er hält dicht!«
Sie fuhren auf der Autobahn Richtung Leipzig. Ihre Stimmung war gedrückt. Am ersten Parkplatz scherten sie aus. Während Schützendorf sicherte, wechselte Georg mit verblüffender Schnelligkeit die IA-Nummer des Wagens gegen sein Berner Kennzeichen aus. Die Nummernschilder steckten lediglich in einer Schienenhalterung, wobei zwei aufgesetzte Muttern den Anschein erweckten, als wären die Kennzeichen in der üblichen Weise angeschraubt.
Etwa zehn Tage vermochte Simson, die Dresdener Kripo hinzuhalten. Die beiden Ausweise, die er in seinen Taschen hatte, wurden als Fälschungen erkannt. Der »Operativstab Optik Jena« lieferte die dazugehörigen Verkaufsbelege. Lichtbildvorlagen in den Optikverkaufsstellen des Bezirkes Dresden ergänzten die Ermittlungsergebnisse. Wenige Monate später wurde er vom Bezirksgericht zu einer fünfjährigen Zuchthausstrafe verurteilt. Einen Teil seiner Haft verbrachte er in Bautzen.

Als Girra aus dem Urlaub zurückkehrte, den er mit seiner Familie in einem Ferienheim der VP auf der Insel Rügen verlebt hatte, fand er einen umfangreichen Informationsbericht aus Dresden auf seinem Schreibtisch vor.
Der Bericht zitierte Passagen aus den Vernehmungen des Beschuldigten Hans Simson, die sich auf seine Westberliner Auftraggeber bezogen. Simson hatte zugegeben, im Hotel Astoria mit einem Dr. Klaus Dieter Müller und einem Ingenieur Hermann Höppner zusammengetroffen zu sein. Bei letzterem handele es sich vermutlich um einen Schweizer Staatsbürger, der in Wahrheit Ferdinand Georg hieß. Ziemlich groß und dunkelblond. Simson hatte ihn in Westberlin am Bahnhof Zoo kennengelernt. Er fuhr einen mausgrauen VW-Käfer.
Girra suchte die Karteikarte heraus, die er vor einem Jahr für den »langen Fred« angelegt hatte. Otto Weinschenk hatte ihn als ›groß und dunkelblond‹ beschrieben. War der Schweizer der mutmaßliche Chef des zweiten Schieberrings?
Girra erfaßte die beiden Namen und den Volkswagen. Eine zweite Karte legte er für Dr. Klaus Müller an, der in Simsons Beschreibung reichlich blaß ausfiel.

Der Ballsaal war in violettes Licht gehüllt. Die Band spielte einen Tango. Während die Beleuchtung abgedunkelt wurde, tasteten Scheinwerferkegel von irgendwoher zur Decke empor, brachen sich in einer rotierenden Kugel aus Spiegelglas und fielen dann wie Konfetti auf die tanzenden Paare herab.

Renate Diebner tanzte mit einem jungen Mann. Krampfhaft versuchte er eine lockere Konversation in Gang zu bringen, doch Renate war nicht interessiert. Der Knabe war nicht der Typ, der sie zum Schmelzen bringen konnte. Zu fade und ein Langweiler obendrein.

Die Musik verstummte. Die Spiegelkugel stand still. Der Tangospuk zerstob. Renates Partner dankte mit einer Verbeugung. Sie übersah seine Huldigung, nahm wortlos am Tisch neben ihrer Freundin Sabine Burg Platz.

Die beiden Mädchen waren im gleichen Alter. Anfang Zwanzig. Renate und Sabine kannten sich seit zwei Jahren. 1954 hatten sie an der Humboldt-Unversität in Ostberlin ein Medizinstudium aufgenommen. Ihre Studienleistungen blieben mäßig, dafür entwickelten die hübschen Kommilitoninnen bald einen unstillbaren Vergnügungsdrang, den sie nicht nur bei den Veranstaltungen im Studentenwohnheim, sondern auch in den Tanzlokalen in Ost- und Westberlin auslebten, wobei letzteres in den Augen der FDJ-Gruppenfunktionäre als besonders verwerflich angesehen wurde.

Drückende Schwüle erfüllte den langgstreckten, mit blauem Tabaksdunst geschwängerten Raum. Renate griff nach einer Zigarette. Gelangweilt musterte sie die Gäste an den anderen Tischen. Ihr wandernder Blick fiel auf zwei gutaussehende Männer um die Dreißig, die soeben die Nachtbar betreten hatten und jetzt die Barhocker erkletterten.

»Wäre der Rechte nicht nach deinem Geschmack?« fragte sie ihre Freundin. »Du schwärmst doch immer für elegante und reifere Männer.«

»Der Dunkelblonde könnte mir schon gefallen«, stimmte Sabine Burg zu. Sie versuchte zu erraten, welchem Gelderwerb die beiden Männer nachgingen. »Ich denke - Geschäftsleute«, vermutete sie. »Sicher wohlhabend.«

Hasso Schützendorf fing die Blicke der beiden Mädchen eher zufällig auf. Sofort stieß er Ferdinand Georg an. »Siehst du die beiden Käfer dort an dem Ecktisch? Die angeln wir uns!«

Als die Band zu spielen begann, standen sie schon am Tisch. »Verzeihung, würden die Damen mit uns tanzen?«

Ob ihres schnellen Flirterfolges verwirrt standen die Mädchen auf und gingen zur Tanzfläche. Georg hatte Sabine Burg erwählt. Hasso Schützendorf legte den Arm um Renate Diebner und zog sie fest an sich. Anfangs wehrte sie sich dagegen, doch dann gab sie nach. Der Mann gefiel ihr. Das wußte sie und ließ sie ein wenig zittern. Sie tanzten schweigend, bis Schützendorf das Gespräch suchte: »Netter Laden. Sind Sie öfter hier?«
»Ab und an.«
»Sie sind aus dem Osten, nicht wahr?«
Renate Diebner lachte burschikos. »Betätigt der Herr sich vielleicht als Hellseher?«
»Nein, nein, gewiß nicht«, entgegnete ihr Partner ernsthaft. »Aber der leichte Dialekt in ihrer Stimme läßt mich vermuten, daß Sie aus dem sächsisch-anhaltinischen Raum kommen. Ich hab ein Ohr dafür. Die Gegend zwischen Wittenberg und Dessau vielleicht?« Vorsichtig tastend begann er ihre Lebensverhältnisse zu erkunden.
»Meine Freundin und ich studieren Medizin an der Humboldt-Universität«, gab Renate Diebner Auskunft.
»Oh, Kompliment für die Damen!« sagte Schützendorf artig. »Ich habe nämlich selbst ein paar Semester Medizin studiert. In Hamburg war das.«
»Dann sind Sie Arzt?«
»Nein, schöne Frau. Das Medizinstudium gab ich auf, nachdem ich herausgefunden hatte, daß man als Geschäftsmann mehr Geld verdient, als ein Arzt es jemals könnte.«
Das Geplänkel ging weiter, sie wechselten die üblichen belanglosen Sätze, mit denen man einen Flirt am Glimmen erhält.
Nach dem Tanz zogen die Herren sich wieder an die Bar zurück. Die Freundinnen fanden am Tisch Gelegenheit, ihre Eindrücke auszutauschen. »Er hat erzählt, daß sie Kaufleute sind. Ex- und Import von Industriewaren«, berichtete Sabine Burg aufgeregt. »Der Hauptsitz ihrer Firma liegt in Südfrankreich. Und zu Hause ist er in der Schweiz.« Sie legte den Kopf in den Nacken und schloß für einen Moment schwärmerisch die Augen. »Das wäre ein Mann für mich«, seufzte sie.
An der Bar kamen Schützendorf und Georg überein, die hübschen Studentinnen nicht mehr aus den Augen zu lassen. Nach und nach würden sie die beiden in ihren Ring einbauen. Zuerst galt es die Mädchen an sich zu binden. Die Idee für diesen Coup ergab sich beim nächsten Tanz als sie die Partnerinnen wechselten.

Hasso Schützendorf erzählte der wißbegierigen Sabine Burg, daß sein Freund und er nicht nur erfolgreiche Geschäftsleute seien, sondern auch mehrere Villen in Spanien besäßen, wo sie regelmäßig ihre Ferien verbrachten.
Die Kleine biß sofort an. »Einmal in Spanien Urlaub machen«, rief sie begeistert, um im nächsten Augenblick illusionslos hinzuzufügen: »Aber von unseren paar Kröten Stipendium geht das ja gar nicht.«
Hasso Schützendorf kam ihr entgegen. »Nichts leichter als das, mein Fräulein. Herr Gottschalk und ich laden Sie und Ihre Freundin nach Castel de Fels ein!«
Ihre Freude blieb getrübt. »Wir bekommen doch im Osten keine Pässe!«
»Das lassen Sie mal meine Sorge sein. Ich besorge Ihnen anständige Papiere!«
Nach der Tanztour führten die Herrn die Damen zur Bar. Es dauerte nicht lange und sie schmiedeten Urlaubspläne.
»Die Semesterferien für das Winterhalbjahr 1957 beginnen Ende Januar.«
»Dann sollen Sie uns in Spanien recht herzlich willkommen sein!«

Was Renate Diebner und Sabine Burg während ihres Spanienaufenthaltes tatsächlich erlebten, ist in dem Tatsachenbericht »Schmuggel über die Pyrenäen« nachzulesen, den die Ostberliner Zeitung »BZ am Abend« im Januar 1958 veröffentlichte. Die Diebner und die Burg waren von Westberlin aus nach Frankfurt am Main geflogen, wo sie von Georg alias Werner Gottschalk abgeholt wurden, um die Weiterfahrt nach Spanien im Auto anzutreten. Schützendorf erwartete sie in Castel de Fels. Als die Autotouristen die spanische Grenze erreichten, geschah dies:

> Der spanische Zollbeamte setzt eine diensteifrige Miene auf. Aber er kann kaum schnell genug nach den tausend spanischen Peseten (etwa 80 D-Mark) greifen und sie in seiner Tasche verschwinden lassen. »In Ordnung, Señor. Gute Fahrt!«
> Nach einem kleinen Imbiß in einer Fonda in Rivas öffnet der Fahrer ein raffiniertes Versteck seines Volkswagens und läßt seine beiden Begleiterinnen einen Blick hineintun. Erschrocken fahren Sabine Burg und Renate Diebner zurück. »Das ist doch …!«
> »… nur ein bißchen Schmuggel«, ergänzt der Besitzer des Fahrzeugs. »Und jetzt paßt mal gut auf. Ihr seid quasi schon Mitglieder eines in-

ternationalen Schmuggelrings. Das Geschäft lohnt, das werdet ihr später schon an unseren drei Villen merken. Ihr lernt bei mir etwas Autofahren und werdet für uns die in Frankreich lagernden Waren abholen. Keine Sorge, der Zoll ist sicher. Der kleine Beamte freut sich über jede Peseta, der vorgesetzte Agent erhält seinen Teil und selbst in den Taschen des Handels- und Finanzministers dieses Wunderlandes klingelt unser Geld. Na, wie steht's?«

Sabine und Renate sehen sich an. »Fahren Sie uns sofort zurück!« fordern beide.

»Jawohl, direkt ins Polizeipräsidium in die Neue Königstraße. Die würden sich mächtig über euch freuen«, höhnt der Mann. »Nichts mit den Flausen. Werdet euch schon nicht langweilen. Haben da noch einige nette Täubchen eurer Sorte in Castel de Fels. Und schließlich – so übel von Figur sind mein Freund und ich auch nicht.«

Einen Tag später parkt ein mausgrauer Volkswagen vor der Luxusvilla ›Natalia‹, Calle 2, in Castel de Fels, einem kleinen Ort unweit Barcelonas. Und eine Woche danach werden dem Chef der Handelszentrale »Caborex« in Barcelona, Muntaner Straße 121, Sabine Burg und Renate Diebner als neue Mitglieder der Schieberbande vorgestellt.

Ereignisse und Zusammenhänge sind in diesem Bericht vereinfacht dargestellt. Der in einigen Passagen etwas naiv anmutende Text war auf die rasche Lektüre der Leser von Tageszeitungen abgestimmt. Dennoch steht außer Zweifel, daß die mitgeteilten Fakten den Tatsachen entsprechen. Der Autor Rolf Pfeiffer hatte sich auf Akten der Berliner Volkspolizei gestützt, zu denen die Protokolle mit den Aussagen der beiden Medizinstudentinnen gehörten. Daß die jungen Frauen während der kriminalpolizeilichen Vernehmungen bemüht waren, ihre schuldhafte Verstrickung so harmlos wie möglich darzustellen, liegt auf der Hand.

In Wahrheit hatte das wichtige Gespräch in der Halle der Casa Natalia stattgefunden. Hasso Schützendorf war mit einem hellen Anzug bekleidet und trug ein dunkelblaues Hemd, um den Hals schlang sich ein seidener Schal. In dem zierlichen Korbsessel neben ihm lagen ein Hut und leichte Lederhandschuhe, die Schützendorf am Steuer seines Wagens gern benutzte. Beklommen hörten Renate Diebner und Sabine Burg ihrem Gastgeber zu, der ihnen die Grundstrukturen seines weitverzweigten Schmuggelnetzes erklärte. Die Transportwege führten durch halb Europa. Das hatten sie mittlerweile begriffen.

»Kameras und Ferngläser von Westberlin nach Westdeutschland zu bringen, ist kein so großes Problem. Da sind die Milchtankfahrer, die von Berlin nach Hannover, Frankfurt oder sonstwohin kommen. Das Personal in den Interzonenzügen der Bundesbahn. Da gibt es Piloten verschiedener Fluggesellschaften, die sich nicht scheuen ein

Weg der Mädchen und des Schiebergutes. Quelle: Archiv des Autors

bißchen zu schmuggeln. Und daß man auch mit Zollbeamten reden kann, habt ihr doch an der spanischen Grenze erlebt.«
Wichtige Einzelheiten gab Schützendorf verständlicherweise nicht preis. So verschwieg er den Studentinnen, daß die Städte Ravensburg und Lörrach die bedeutenden Umschlagplätze auf westdeutschen Boden für den Schmugglerring waren. Woche für Woche nahmen hier die knallgelb gespritzten Lastwagen der »Spedition TANZAS, Lörrach – In- und Auslandstransporte – mehrere größere Pakete auf, um sie im Transitverkehr zwischen der Bundesrepublik Deutschland, der Schweiz und Frankreich auf der »Autoroute la Catalane« als Lagergut bis ins südfranzösische Perpignan oder nach Foix zu befördern.
Eine Handvoll angeworbener Mittelsmänner übernahm den Transport auf der letzten Etappe. Sie führte über die spanische Grenze bis nach Barcelona. Nie war jemand auf die Idee gekommen, das Transitgut zu kontrollieren.
»Ich denke, es macht euch nichts aus, während eures Urlaubes ein paar Fahrten nach Perpignan zu unternehmen«, sagte Schützendorf gönnerhaft. »Ihr könnt dabei eure Urlaubskasse ein bißchen aufbessern und helft uns eine Menge Geld zu sparen. Der Anblick

attraktiver Blondinen läßt das Herz jedes spanischen Zöllners höher schlagen.«
Der Fernbahnsteig des Berliner Bahnhofes Zoologischer Garten lag im diffusen Dämmerlicht. Der Interzonenzug nach Frankfurt am Main über Hannover hatte den Bahnhof vor fünfzehn Minuten verlassen. Der Fahrkartenkontrolleur an der Bahnsteigsperre schloß die Wanne, und der Gepäckschaffner zog seinen Karren zum Aufzug.

»BZ am Abend« vom 13.1.1958. Quelle: Archiv des Autors

Gegen ein Uhr verließ der Aufsichtsbeamte seinen Dienstraum und lief zur Toilette am anderen Ende des Bahnsteiges. Dabei entdeckte er auf einer einsamen Bank ein mittelgroßes Paket, das in graues Packpapier eingeschlagen war. Da der Beamte weit und breit keinen

Menschen sah, dem das Paket gehören konnte, trat er näher und nahm den Fund in Augenschein. Das Paket mochte ein Gewicht von ungefähr zehn Kilogramm haben. Es war reichlich verschnürt und trug den Aufkleber »FLÜCHTLINGSGUT DER LISA NASS AUS HELBRA«.
Der Eisenbahner kannte keine Lisa Nass. Seine verkehrsgeografischen Kenntnisse sagten ihm, daß Helbra irgendwo in Thüringen lag – das heißt in der Ostzone. Die Vermutung, daß das Paket bei der Abfahrt des Interzonenzuges vergessen worden war, drängte sich auf. Wahrscheinlich würde Lisa Nass noch im Laufe des Tages telefonisch aus Hannover oder Frankfurt anfragen, um nach ihrem Paket zu forschen.
Auf dem Rückweg zum Dienstraum nahm der Eisenbahner das Paket an sich und trug es vorschriftsmäßig ins »Fundbuch des Bahnhofes Bln. Zoo, Aufsicht Fernbahnsteig A« ein. Unter der Rubrik Inhalt vermerkte er »unbek.«.
Vierundzwanzig Stunden später war das Paket noch immer nicht ausgelöst. Die Dienstvorschrift verlangte, daß es jetzt dem Zentralen Fundbüro der Reichsbahn zugesandt wurde. Nur die Angestellten der Fundsachenstelle im S-Bahnbogen am Bahnhof Alexanderplatz hatten die Befugnis, den Inhalt zu sichten. Sie staunten nicht schlecht, als sich das »Flüchtlingsgut der Lisa Nass« als 13 hochwertige Zeiss-Ferngläser entpuppte.
Der Bürovorsteher verständigte die Transportpolizei. Zehn Minuten später nahm der Kriminaldauerdienst des Transportpolizei-Abschnittes Berlin die Ferngläser in Augenschein. Da es sich um fabrikneue Optiken handelte, beschlagnahmte er das Paket. Die Nummern der Ferngläser hielt er im Beschlagnahmeprotokoll fest und schickte eine Durchschrift an die Abteilung K im VP-Präsidium. Das Verpackungsmaterial, das aus einem stabilen Pappkarton und dem beschrifteten Packpapier bestand, wurde an das Kriminaltechnische Institut übergeben. Die Spezialisten entdeckten eine handgeschriebene 12 im Innern des Kartons, und sie schlußfolgerten, daß das Fundpaket Teil einer kompletten Versandpartie sein müsse. Sie schlossen nicht aus, daß Mitglieder des Schmugglerringes möglicherweise nach dem verlorengegangenen Paket forschen würden.
Für die Dauer von drei Wochen erhielt das Fundbüro Verstärkung. Zwei Kriminalisten hielten sich in Bereitschaft, um Personen, die nach dem Fundgut fragen sollten, »zwecks Klärung eines Sachverhaltes« festzusetzen.

Vor dem Panorama der schneebedeckten Pyrenäen zog sich das Betonband einer neuen Straße durch das südfranzösische Departement Pyrenees-Orientales. Kurz hinter Perpignan passierten Renate Diebner und Sabine Burg im geliehenen Volkswagen die Hängebrücke über den Tech und fuhren zur französischen Zollstation am Paß von Perthus hinauf. Paßkontrolle und Zollformalitäten verliefen reibungslos. Die Franzosen zeigten kein Interesse für die beiden Pakete im grauen Packpapier auf dem Rücksitz des Wagens.

Renate Diebner saß am Steuer, während sie bergab zur spanische Grenzstation La Junquera rollten. Korkeichenwälder bedeckten die Hänge zu beiden Seiten der Fahrbahn. Klopfenden Herzens näherten sich die Mädchen der spanischen Zollkontrolle. Achtmal hatten sie in den zurückliegenden Wochen die Grenze passiert, ohne aufzufallen. Diese Fahrt sollte die letzte sein. Die Semesterferien gingen zu Ende. In den nächsten Tagen mußten sie die Heimreise antreten.

Renate Diebner brachte den Wagen vor der Zollbaracke zum Stehen. Ein junger Mann in der graugrünen Uniform der spanischen Zollbeamten näherte sich sofort dem Auto. »Bienvenidos al suelo espaneol!« Überschwenglich hieß er die blonden Schönheiten aus Alemania auf spanischem Boden willkommen, nahm ihre Papiere entgegen und reichte sie durch das kleine Fenster in die Grenzbaracke, wo die Dokumente die vorgeschriebenen Sichtvermerke erhielten. Die attraktiven Blondinen lächelten freundlich. Dem Beamten wurde es heiß unter der Uniformmütze. Der Kavalier in ihm war gefordert, so daß er die ohnehin mit großer Zurückhaltung vorgenommene Besichtigung des Wageninnenraumes als bloße Formalität beendete. An die zwei Pakete verschwendete er keinen Blick. Die Papiere kamen zurück. Die Mädchen dankten mit ihrem strahlendsten Lächeln. Der Beamte hob den Schlagbaum. Sein Abschiedsgruß für Renate Diebner und Sabine Burg geriet zu einer Kombination von militärischer Ehrenbezeugung und galanter Verbeugung. Sein Blick hing noch lange am Heck des Volkswagens, bis dieser in einer Talsenke verschwand.

»Uff!« stöhnte Sabine Diebner. »Geschafft. So langsam kann man sich an dieses Spiel gewöhnen.«

»Hör bloß auf! Ich schwitze jedesmal Blut und Wasser. Drei Kreuze, wenn wir erst wieder in Berlin sind!«

»Tröste dich, noch bleibt uns ja der Blick auf die einmalige Landschaft. Kannst du dir vorstellen, wie schön es hier im Sommer ist.«

Im Hintergrund die Berge der Pyrenäen, vor ihnen die Weite der Costa Brava und das Mittelmeer, das in der Ferne mit dem Blau des Himmels zu verschmelzen schien. Die dichtbesiedelte Küste zwischen Barcelona und der südfranzösischen Riviera mauserte sich seit Beginn der fünfziger Jahre zum Touristenparadies. Weiße Hotelbauten bekränzten die Strände.
Das Malheur passierte, als sie Girona erreichten. Beim Überholmanöver touchierte Renate Diebner einen entgegenkommenden Wagen. Der Schaden an den Fahrzeugen wog zwar nicht schwer, doch die spanische Polizei mußte her. Die Gendarmen von Girona waren mißtrauischer als die Zöllner von La Junquera. Sie wollten nicht nur die Papiere der beiden deutschen Fahrzeuginsassinnen sehen, sondern auch den Inhalt der verschnürten Pakete auf dem Rücksitz des mit einem Schweizer Kennzeichen ausgestatteten VW.
Renate Diebner und Sabine Burg landeten bei den Zollbehörden. Es nutzte ihnen nichts, daß sie lautstark erklärten, die Ferngläser aus reiner Gefälligkeit für einen Bekannten über die Grenze gebracht zu haben. Der grämliche Untersuchungsrichter, dem sie vorgeführt wurden, ließ sich auf kein Palaver ein. Er steckte die hübschen Damen aus Alemania, die so harmlos dreinschauen konnten und ihn mit ihren Unschuldsbeteuerungen nervten, wegen dringenden Schmuggelverdachts ins Gefängnis.

Im Polizeipräsidium in der Neuen Königstraße war Optimismus angesagt. Obwohl sich die Hoffnung, dem Schieberring über das Reichsbahnfundbüro auf die Schliche zu kommmen, nach mehreren Wochen zerschlug, war Oberkommissar Schöne, der sich seit Beginn des Jahres 1957 Oberleutnant nennen mußte, einen wesentlichen Schritt vorangekommen.
Schöne hatte die Nummern der Ferngläser an den »Operativstab Optik« übermittelt. Inzwischen hielt er die Antwort aus Jena in den Händen. Sechs Personen waren als Käufer der insgesamt 13 Ferngläser genannt. Bei einem Abgleich der Verkaufsurkunden mit den polizeilichen Meldekarteien stellte sich heraus, daß drei Käufer gefälschte Ausweise benutzt hatten, während die Kunden Nummer 4, 5 und 6 ihre eigenen Ausweise vorlegten. Nummer 4 war bereits vor Monaten nach Westberlin abgedampft, für die Kriminalisten also nicht greifbar.
»Bleiben Arno Richter und Monika Laschke. Ich möchte wetten, die sind neu im Geschäft«, erklärte Schöne in der Dienstberatung des

Referates 4a, das auf drei Planstellen aufgestockt worden war. »Ich will alles über die beiden wissen. Macht euch in die Spur!«

Als Schönes Mitarbeiter den ABV im Wohngebiet kontaktierten, wußte der Unterleutnant Bescheid.

»Arno Richter oder Arni, wie ihn seine Kumpel rufen, wohnt zur Untermiete bei der Laschke. Arbeitet als Heizer im Kabelwerk Oberspree. Macht öfter blau, als seiner Lohntüte zuträglich sein kann. Der Alkohol hält die beiden zusammen. Wenn man den Nachbarn glauben will, geht die Laschke manchmal in der Charlottenburger Hardenbergstraße auf den Strich. Was liegt denn an, Genossen?«

»Optik!«

Der Unterleutnant pfiff durch die Zähne. »Ist eigentlich gar nicht ihr Ding. Da müssen die beiden wirklich klamm gewesen sein.«

Oberleutnant Schöne trabte zum Dezernatsleiter, um sich die Zustimmung für die Festnahme des verdächtigen Pärchens zu holen. Major Heidenreich hörte ihm aufmerksam zu – und winkte ab. »Verschieben Sie das Ganze um ein paar Tage. Mehr kann ich im Augenblick auch nicht sagen.«

Verwirrt kehrte Schöne in sein Zimmer zurück. Er fand keine Erklärung, zumal Heidenreich ihn noch vor wenigen Tagen mit der ewigen Frage nach brauchbaren Ermittlungsergebnissen auf Trab gehalten hatte.

Am 12. März 1957 begann für die Berliner Volkspolizisten eine Serie von Alarm- und Einsatzübungen, die den Auftakt zur Ausbildung im Straßen- und Häuserkampf gaben. Die mit der Einführung militärischer Offiziersdienstgrade forcierte Militarisierung der Volkspolizei fand ihre Fortsetzung im demonstrativen Säbelgerassel. Die Logik des Kalten Krieges triumphierte. Nachdem uniformierte Kampfgruppenbataillone am 1. Mai 1954 über den Marx-Engels-Platz paradiert waren, marschierten Einheiten der Westberliner Bereitschaftspolizei zur alljährlichen Polizeiparade mit Stahlhelmen und aufgepflanzten Bajonetten auf.

Erst im April gab Heidenreich den Männern des Referates 4a wieder grünes Licht. Um sechs Uhr morgens wurden Monika Laschke und ihr Galan aus seligen Träumen geweckt.

»Wa-wa-wat s-solln dette?« stotterte Arni empört, zog sich aber widerstandslos an und ließ sich aus der Wohnung führen. Die Durchsuchung brachte nichts Belastendes zutage, außer einem kleineren Westmarkbetrag, der in den Jahren der offenen Grenze wohl in jedem Ostberliner Haushalt zu finden war.

»Sie haben am 4. Januar 1957 im Optikladen in der Memhardstraße ein Fernglas ›Deltrinten‹ gekauft?« wurde Arni im Präsidium gefragt.
»Kann ma nich erinnern.«
»Aber, Arni!« Schöne lächelte amüsiert. »Hier habe ich die Verkaufsurkunde mit der Nummer des Personalausweises, und hier ist auch Ihre Unterschrift!«
»Na jut«, lenkte der Heizer ein. »So'n Jlas zu k-koofen, i-is ja nich verboten.«
»Da haben Sie Recht, Arni. Und wo ist das Glas jetzt? In der Wohnung war nämlich keines zu finden.«
Arno Richter stellte sich ahnungslos. »Tja, denn weeß ick eben och nich«, behauptete er mit der treuherzigsten Miene der Welt.
Oberleutnant Schöne zog das Glas aus einem Schubfach und stellte es abrupt auf die grüne Schreibunterlage. »Bitte, wenn Sie die Nummern vergleichen wollen?«
Arno staunte. »W-wo ham Sie'n d-dette her?«
»In einer Partie Schieberware beschlagnahmt!« schaltete Girra sich ein. »Das Glas, das Ihre Verlobte gekauft hat, war übrigens auch dabei!«
»Na, nun mal raus mit der Sprache, Arni! Wer hat die Gläser nach Westberlin gebracht?«
»Da fragen Se ma lieber Mo-monin«, brummelte der Heizer. »Die hat det Ding anjeleiert!«
Monika Laschke keifte wie ein Fischweib auf dem Rostocker Viktualienmarkt. Sie verlangte den Polizeipräsidenten Fritz Eikemeier zu sprechen, um sich bei ihm zu beschweren. Oberleutnant Schöne riß der Geduldsfaden. »Mit solchem Gerede kommen wir nicht weiter, Frau Laschke.« Er ließ Arno Richter ins Zimmer führen. »Mach deiner Braut mal klar, Arni, daß wir längst wissen, wo die Ferngläser abgeblieben sind!«
»Stimmt, Moni. D-du hast sie doch am Bahnhof Zoo ver-verkooft!«
»Blöder Hund!« Ein giftiger Blick streifte ihren Galan.
Girra unterband den drohenden Familienkrach, indem er sachlich fragte: »An wen haben Sie denn die beiden Gläser verkauft?«
»Die Leute im Dreh nennen ihn bloß den ›langen Fred‹. Der hat'n Büro in der Kantstraße.«
»Beschreiben Sie uns doch mal den Mann!«
»Groß, schlank und sehr elegant. Immer schnieke in Schale.«
Girra lauschte fasziniert. »Und ein Auto hat er auch?« pokerte er.

»'n grauen VW-Käfer«, antwortete die Laschke. »Ich hab mir sogar die Nummer gemerkt. Weil ich am 3.6. Geburtstag hab.«
»Nichts wie raus damit!«
»BE-363!«
Am Nachmittag zogen die Kriminalisten Bilanz. Major Wagner, der Leiter der U-Abteilung, hatte sich in Heidenreichs Zimmer eingefunden. Oberleutnant Schöne trug vor: »Wir können davon ausgehen, daß eine Verbindung zwischen der Aufkaufszentrale in der Kantstraße und dem Bahnhof Zoo besteht. Wahrscheinlich existiert ein Versteck in einem der Interzonenzüge. Deutet man die 12 als eine fortlaufende Nummer, so ist das Paket als Teil einer größeren Sendung anzusehen. Bei der Übergabe muß es aus uns noch unbekannten Gründen eine Panne gegeben haben, so daß das Paket auf dem Bahnsteig zurückblieb.«
»Zu unserem Glück«, freute sich Wagner.
»Zwei Käufer sind inzwischen identifiziert. Die Laschke hatte mit der Aufkaufzentrale in der Kantstraße Kontakt. Auf Grund ihrer Beschreibung können wir annehmen, daß der Chef des Optikschieberringes einen mausgrauen Volkswagen mit dem Schweizer Kennzeichen BE-363 fährt.«
»BE steht übrigens für Bern«, warf Heidenreich ein. »Der Mann dürfte Eidgenosse sein.«
»Was die Beschwerden der Schweizer Optikhändler erklärt.« Wagner kniff die Lider zusammen, zog die Brauen hoch und wiegte den Kopf nach rechts und links, als staune er selbst über die Zusammenhänge, die sich hier offenbarten.
Horst Girra legte seine berühmten Karteikarten auf den Tisch. »Die Dresdener Genossen haben im vergangenen Jahr einen gewissen Hans Simson festgesetzt. Simson war mit einem Doktor Müller und einem Schweizer unterwegs, der einen grauen VW-Käfer fuhr. Laut Hotelunterlagen nannte er sich Hermann Höppner.«
»Keinen Hinweis auf den Klarnamen?«
Girra sah auf seine Karte. »Der Mann heißt wahrscheinlich Ferdinand Georg!«

Der Spanienaufenthalt hatte länger gedauert als vorgesehen. Hasso Schützendorf und Ferdinand Georg mußten alle Hebel in Bewegung setzen, um die beiden Mädchen bei der spanischen Justiz auszulösen. Sie zahlten eine saftige Kaution und trachteten danach, die Mädchen so schnell wie möglich außer Landes zu bringen. Renate

Diebner und Sabine Burg bestanden auf ihre Rückkehr nach Berlin. Daß sie schweigen würden, war so gut wie sicher. Die Ostberliner Behörden verstanden keinen Spaß, wenn sich einer ihrer Bürger ohne offizielle Genehmigung im Ausland aufhielt.
Der VW war startklar. Ferdinand Georg stand vor dem Wagen und schlug die Kofferraumhaube zu. Das Gepäck der beiden Mädchen war verstaut. Die Reise konnte losgehen. Hasso Schützendorf blieb in Castel de Fels. Er wollte sich in den nächsten Tagen auf Mallorca umsehen. Das Geschäftsklima für Investitionen sei auf der Mittelmeerinsel außerordentlich günstig, hatten ihm seine katalanischen Geschäftsfreunde versichert.
»Fahre sofort in die Kantstraße, wenn du in Berlin bist«, schärfte Schützendorf seinem Kompagnon ein. »Sieh nach, wo die Nummer zwölf abgeblieben ist. Sprich mit den Zwischenhändlern und frage die Leute vom Transport. CABOREX will die Ferngläser sehen. Wir können uns keine Verluste leisten.«
»Geht in Ordnung!« versprach Georg.
»Also dann: Gut Holz!«
Sabine Burg und Renate Diebner traten aus dem Haus. Ihr Abschied fiel gedämpft aus. Der Schock, den sie durch die Gefängnishaft erlitten hatten, saß noch tief. »Tut mir ja leid, Mädchen, daß das alles passiert ist«, tröstete Hasso Schützendorf. »Aber es ist ja nochmal gutgegangen. Vergeßt unsere Villa Natalia nicht! Gute Heimfahrt!«
Georg ließ den Motor an. Sie stiegen ein und rollten in einer Staubwolke davon.
Drei Stunden später passierten sie Perpignan. Mittags rasteten sie in Avignon. Gegen Mitternacht setzte Georg die beiden Frauen am Frankfurter Flughafen ab. Auf der Flugroute nach Berlin-Tempelhof entgingen sie den Grenzkontrollen der DDR-Behörden.
Auch Ferdinand Georg, der sich wieder in den Geschäftsreisenden Werner Gottschalk mit westdeutschem Reisepaß verwandelt hatte, gelangte unangefochten in die Charlottenburger Kantstraße. Im Büro herrschte einige Aufregung. Die Zollbehörden der DDR hatten ein weiteres Paket im Interzonenzug Berlin–Frankfurt entdeckt und es als herrenloses Fundgut in Beschlag genommen.
Georg meldete ein Auslandsferngespräch an.
»Verluste! Nichts als Verluste!« schimpfte Schützendorf im fernen Castel de Fels. »Wenn wir keinen Ersatz im Lager haben, dann mußt du selber nochmal auf Tour!«
»Gut, ich fahre nach Rostock!«

»Vielleicht ist es besser, du nimmst die Südtour. – Viel Glück, alter Knabe!«

»Danke. Kann ich gebrauchen.« Georg legte den Hörer auf die Gabel.

Als er am Abend in den Ostsektor fuhr, um seine Verlobte Inga Möllner zu besuchen, wurde er mit einem Hagel von Vorwürfen empfangen. Sie glaubte ihm nicht, daß er ausschließlich in Geschäften im Ausland war.

»Wenigtens eine Karte hättest du mir schreiben können, damit ich weiß, wo du steckst!«

»Du hast ja recht, Liebes«, räumte er zerknirscht ein.

»Aber vielleicht ist es dir mit unserer Verlobung überhaupt nicht ernst«, rief sie unter Tränen, »und ich falle auf einen Schwindler rein. Du, ich gehe zur Polizei!«

Ferdinand Georg hatte alle Mühe, sie davon abzubringen. Um sie zu beruhigen, machte er Inga den Vorschlag, eine Reise nach Bern zu unternehmen. »Meine Mutter freut sich riesig, wenn sie ihre zukünftige Schwiegertochter kennenlernt.«

Vierzehn Tage später reiste Inga Möllner in die Schweiz. Sie fuhr allein. Ihr Verlobter war schon wieder in dringenden Geschäften unterwegs.

Sonnabend, der 15. Juni 1957. Auf der Autobahn herrschte mäßiger Verkehr. Gegen 17 Uhr passierte Ferdinand Georg aus Richtung Dresden kommend das Schönefelder Kreuz. Er nahm den Fuß vom Gaspedal und fuhr jetzt die vorgeschriebenen 100 km/h. Die Reifen wummerten auf dem abgefahrenen grauen Betonband. Das blaue Schild mit der Aufschrift »Königswusterhausen – 1000 Meter« tauchte rechts neben der zweispurigen Fahrbahn auf. Dahinter begann die Geschwindigkeitsbeschränkung. Erst 80 km/h, dann 60, schließlich 40 und zuletzt der Hinweis »ACHTUNG – Kontrollpunkt!«. Dort, wo die Autobahn die Berliner Stadtgrenze bei Bohnsdorf erreichte, versperrte ein Schlagbaum die Weiterfahrt.

Ferdinand Georg brachte den Wagen zum Stehen. Ein Grenzpolizist trat heran, warf aber nur einen flüchtigen Blick auf die Papiere, die Georg ihm durchs geöffnete Wagenfenster reichte.

»Danke! Gute Weiterfahrt!«

Die Schranke hob sich. Georg legte den Gang ein, er nahm den Fuß vom Kupplungspedal und gab allmählich Gas.

Der Wagen war noch in Sichtweite, als die Tür der kleinen Wach-

bude am Kontrollposten aufgestoßen wurde. Ein Oberwachtmeister stürzte heraus. »Hast du dir die Nummer von dem VW gemerkt?«
»Berta Emil Strich drei sechs drei«, wiederholte der Posten automatenhaft.
»Mann! Der Käfer ist zur Fahndung ausgeschrieben!« schrie der Postenführer ärgerlich, rannte in die Bude zurück und griff zum Telefon.
Ferdinand Georg hatte unterdessen das Adlergestell erreicht. Zügig setzte er seine Fahrt in Richtung Stadtkern fort. Am S-Bahnhof Adlershof gewahrte er die Silhouette eines VP-Funkstreifenwagens. Die Männer in den grünen Uniformen und den schwarzglänzenden Tschakos wandten nicht einmal die Köpfe – so erschien es ihm.
Kaum war der Wagen vorbei, drückte der Streifenführer im Funkwagen auf die Sprechtaste.
»Toni 16 – kommen!«
»Toni 16!« reagierte der Diensthabende in der Funkleitstelle.
»Toni 16 an Leitstelle! Gesuchtes Fahrzeug fährt stadteinwärts auf der Höhe Grünauer Straße!«
»Verstanden. Ende!«
Der Lageoffizier im Operativstab des Polizeipräsidiums entschied: »Vorerst keine Festnahme! Fahrtroute überwachen und Fahrtziel feststellen!«
Am Bahnhof Schöneweide plazierte sich Toni 13 hinter Georgs mausgrauem Käfer, ein weiterer Funkwagen übernahm unauffällig an der Elsenbrücke.
»Toni 10 für Leitstelle! – Ihr Standort?«
»Holzmarktstraße, nahe S-Bahnhof Jannowitzbrücke!«
»Übernehmen Sie Observation des gesuchten Fahrzeuges!«
Der dunkelblaue EMW setzte sich in Bewegung. Wenige Sekunden später kam der VW-Käfer in Sicht. Ferdinand Georg überholte. Er fuhr zum Alexanderplatz, bog nach links in die Rathausstraße ein, überquerte den Marx-Engels-Platz und raste dann mit erhöhtem Tempo auf die Schloßbrücke zu.
»Gesuchtes Fahrzeug fährt Unter den Linden. Richtung Sektorengrenze Brandenburger Tor!«
»Auftrag an Toni 10 und Toni 7: Festnahme am Kontrollpunkt absichern!«
Die Streifenführer quittierten.
Ferdinand Georg hielt neben der kleinen Zollbaracke am Brandenburger Tor.

»Führen Sie Gegenstände bei sich, für die Sie einen Warenbegleitschein benötigen?«
»Nö. Höchstens einen Sack voller Gold!« lachte der Schweizer. Bereitwillig stieg er aus und öffnete Motorhaube und Kofferraumklappe für den Zollkontrolleur. Die Fotoapparate, die er in Zwickau und in Karl-Marx-Stadt gekauft hatte, wußte er sicher im Geheimfach, das unter dem Benzintank verborgen lag. Das Lachen verging ihm, als sich zwei Funkwagen vor und neben seinen Wagen stellten.
Der junge Leutnant vom Kriminaldauerdienst der VP-Inspektion Mitte, der mit der Erstbefragung des festgenommenen VW-Fahrers beauftragt war, wirkte ein bißchen unsicher. Georg glaubte, leichtes Spiel mit dem jungen Spund zu haben. Er hatte sich mit einem westdeutschen Reisepaß ausgewiesen. »Sie müssen mir schon glauben,

Festnahme am Brandenburger Tor, Szene aus »Ware für Katalonien«. Quelle: Archiv des Autors

Herr Kommissär. Ich heiße Werner Gottschalk und bin der Inhaber der Papierfabrik Mosimann in der Schweiz.«
»Und der Sitz Ihrer Firma?«
»Bern, Bierhübeliweg 35. Auf meiner Geschäftskarte steht die Telefonnummer. Rufen Sie an und überprüfen Sie meine Angaben.«

»Sie sind aber Schweizer Staatsbürger?«
Ein gelangweilter Blick zur Zimmerdecke. »Das red ich ja die ganze Zeit, Herr Kommissär!«
»Und Ihr Auto ist auf den Namen Ferdinand Georg zugelassen?«
»Ein alter Berner Geschäftsfreund.«
»Beschreiben Sie mir mal den Mann!«
Georg seufzte demonstrativ, kam aber der Forderung nach. Erst als der Leutnant unverhüllt grinste, begriff Georg, daß er einen Fehler begangen hatte. Im Eifer des Gefechtes war ihm die eigene Personenbeschreibung entschlüpft.
Einige Tage später wurde sein Wagen in der Kfz-Werkstatt des Polizeipräsidiums einer gründlichen Untersuchung unterzogen. In einem Hohlraum zwischen Tank und Chassisboden lagen gefälschte Personalausweise der DDR, mehrere westdeutsche und Schweizer Reisepässe, zwei Fläschchen Pelikan-Tintentod und Fotoapparate der Herstellerfirmen Zeiss-Jena und Ihagee Niedersedlitz. Georgs Schicksal war besiegelt. 15 Mitglieder des Käufernetzes flogen in Ostberlin und in der DDR auf.
Inga Möllner wartete nach ihrer Rückkehr aus der Schweiz vergeblich auf den abhandengekommenen Verlobten. Um Gewißheit zu erhalten, nahm sie Kontakt zur Polizei auf.
1994 äußerte Hasso Schützendorf zu den Vorgängen:

> Das war aber meine Braut. Die hatte ich dem Fred Georg – wie im Film an Brandenburger Tor verhaftet – die hatte ich dem übergeben. Die war mir zu gefährlich, die quatschte zuviel und hat am Ende alles verraten und ist dann selber zum Staatssicherheitsdienst gelaufen. Der im Film da bei ihr am Klavier singt, das war ich, denn ich war ja der Sänger.

Die Nachricht vom Zusammenbruch seiner Schmuggelorganisation traf Hasso Schützendorf empfindlich. In Castel de Fels erreichte ihn auch die zweite Hiobsbotschaft. Am 13. Oktober 1957 ließ die DDR-Regierung die Sektorengrenzen zu Westberlin abriegeln und tauschte die seit 1948 in Umlauf befindlichen Geldscheine der Deutschen Notenbank um. Sämtliche Gedanken an eine Reorganisation seiner Ost-West-Geschäfte waren Schützendorf nun vergällt. Die in Westberlin und in der Bundesrepublik lagernden Ostmarkbestände hatten nur noch Papierwert.

Rolf Pfeiffer war siebenundzwanzig Jahre alt. Er arbeitete als Reporter bei der Ostberliner Zeitung »BZ am Abend«. Wie jeder ehrgeizige Journalist war er ständig auf der Suche nach »seiner Story«, der ihn mit einem Schlage bei den Lesern bekannt machen sollte. Aber für einen Mitarbeiter der Lokalredaktion, der nur gelegentlich aus dem Gerichtssaal berichtete, würde sich die Chance wohl niemals ergeben. Als er an einem regnischeren Oktoberabend des Jahres 1957 in der Kneipe in der Neuen Königstraße zum ersten Mal von einem »langen Fred« hörte, erwachte sein Interesse. Was die Kriminalisten beim Bier über den geheimnisumwitterten Optikschieber erzählten, erschien ihm für einen interessanten Artikel geeignet, vielleicht sogar mit Schlagzeile auf der ersten Seite.

In Absprache mit seiner Abteilungsleiterin wandte er sich an die Pressestelle des VP-Präsidiums. Nach einigen Wochen wurde ihm der Bescheid zuteil, daß die Ermittlungen gegen den Optikschieber Werner Gottschalk alias Ferdinand Georg nunmehr abgeschlossen seien und daß man dem Mitarbeiter der »BZ am Abend« Einsicht in die polizeilichen Ermittlungsakten gewähren wolle.

Der zuständige Pressereferent, Oberleutnant Johannes Malik, besaß Gespür für dramatische Geschichten. Seit einiger Zeit selbst als Krimiautor in der Zeitschrift »Die Volkspolizei« gedruckt, erriet er die Nöte des jungen Reporters. Selbstverständlich legte er ihm nicht die gesamte Ermittlungsakte vor, sondern er wählte Auszüge aus verschiedenen Vernehmungen aus. In Pfeiffers Phantasie formte sich so das Bild einer internationalen Schieberbande, an deren Spitze der Schweizer Ferdinand Georg gestanden hatte.

Rolf Pfeiffer sah seine Chance, literarische Ambitionen zu verwirklichen. Mit Feuereifer tippte er den Tatsachenbericht »Schmuggel über die Pyrenäen« und versah ihn mit dem Untertitel »Aus Akten der Berliner Volkspolizei nacherzählt«. Nachdem die Pressestelle ihn ausdrücklich abgesegnet hatte, und der Chefredakteur der »BZ am Abend« seine Zustimmung gab, erschien der Bericht als dreiteilige Serie am 10., 11. und 13. Januar 1958.

Just am Montag, dem 13. Januar, begann auch der Prozeß gegen Ferdinand Georg vor dem Strafsenat 2a des Ostberliner Stadtgerichts. Rolf Pfeiffer saß mit stolzgeschwellter Brust auf der Pressebank. Die Berichterstatter der anderen Blätter hatten ihn kollegial begrüßt. Pfeiffer wertete es als Anerkennung.

Zum ersten Mal sah er nun den Angeklagten, der im Mittelpunkt seiner Fortsetzungsserie stand. Der Reporter war enttäuscht. Der Mann auf der Anklagebank ähnelte keineswegs jener schillernden Persön-

Schmuggel über die Pyrenäen

Aus Akten der Berliner Volkspolizei nacherzählt

Von unserem Mitarbeiter Rolf Pfeiffer (II)

Mitte Januar des Jahres 1957 fährt ein riesiger, knallgelb gestrichener Speditionswagen durch das Inn-Tal in Richtung der Schweizer Grenze. An beiden Flanken des Fahrzeuges prangt die Aufschrift „Spedition ‚Tanzas', Lörrach – In- und Auslandstransporte".

Der Wagen hat einen Teil des Transitverkehrs zwischen der Bundesrepublik, der Schweiz und Frankreich übernommen. Unter der verschiedenartigen Fracht befinden sich einige mittelgroße Pakete, die als Lagergut für Perpignan am Golf von Lion bestimmt sind. Schon seit etwa drei Jahren befördert die Spedition derartige Pakete abwechselnd von Lörrach und Ravensburg nach Foix und Perpignan.

Nie ist jemand auf die Idee gekommen, das Transitgut zu kontrollieren.

Blanke Stiefel – aber die Seele ...! Auch in Barcelona, dem Sitz der Firma „Caborex", sind Beamte (wie überall in Spanien) bestechlich.

Mitte Januar des gleichen Jahres sitzen die beiden Medizinstudentinnen Sabine B[redacted] und Renate D[redacted] in Erwartung eines Spanienaufenthaltes im Flughafenrestaurant von Frankfurt am Main.

„Da ist er ja endlich", seufzt Renate auf und winkt einem etwa 30jährigen zu, der sich suchend am Eingang des Restaurants umschaut. Mit vollendeter Höflichkeit küßt der Neuankömm-

Schwarzer Transit

ling den beiden Mädchen die Hand. „Ich hoffe der Flug war nicht allzu anstrengend, meine Damen. Aber dafür erwartet Sie die Romantik Spaniens", setzt er scherzend im Tonfall eines Fremdenführers hinzu. „Der Wagen ist bereits startklar."

Der spanische Zollbeamte setzt eine diensteifrige Miene auf. Aber er kann kaum schnell genug nach den tausend Peseten (etwa 80 D-Mark) greifen und sie in seiner Tasche verschwinden lassen. „In Ordnung, Senor, Gute Fahrt!" 1384

Nach einem kleinen Imbiß in einer Fonda in Rivas öffnet der Fahrer ein raffiniertes Versteck seines Volkswagens und läßt seine beiden Begleiterinnen einen Blick hineintun. Erschrocken fahren Sabine B[redacted] und Renate D[redacted] zurück. „Das ist doch . . .!" – „. . . nur ein bißchen Schmuggel", ergänzt der Besitzer des Fahrzeugs.

„Und jetzt paßt mal gut auf. Ihr seid quasi schon Mitglieder eines internationalen Schmuggelringes. Das Geschäft lohnt, das werdet ihr später schon an unseren drei Villen merken. Ihr lernt bei mir etwas Autofahren und werdet für uns die in Frankreich lagernden Waren abholen. Keine Sorge, der Zoll ist sicher. Der kleine Beamte freut sich über jede Peseta, der vorgesetzte Agent erhält seinen Teil und selbst in den Taschen des Handels- und Finanzministers dieses Wunderlandes klingelt unser Geld. Na, wie steht's?"

Sabine und Renate sehen sich an. „Fahren Sie uns sofort zurück", fordern beide.

„Jawohl, direkt ins Polizeipräsidium in die Neue Königstraße. Die würden sich mächtig über euch freuen", höhnt der Mann. „Nichts mit den Flausen. Werdet euch schon nicht langweilen. Haben da noch einige nette Täubchen eurer Sorte in Castel de Fels. Und schließlich – so übel von Figur sind mein Freund und ich auch nicht."

Einen Tag später parkt ein mausgrauer Volkswagen vor der Luxusvilla „Natalia", Calle 2, in Castel de Fels, einem kleinen Ort unweit Barcelonas. Und eine Woche danach werden dem Chef der Handelszentrale „Caborex" in Barcelona, Muntaner Straße 121, Sabine B[redacted] und Renate D[redacted] als neue Mitglieder der Schieberbande vorgestellt.

*

Ebenfalls Mitte Januar 1957 entdeckt die Transportpolizei des demokratischen Sektors von Berlin auf dem Westberliner S-Bahnhof Zoo ein Paket mit der Aufschrift: „Flüchtlingsgut der Lisa Nass aus Helbra". Das „Flüchtlingsgut" besteht aus 13 besten Zeiss-Ferngläsern. Das Paket ist ebenso verpackt wie jene, die mit „Tanzas" die Reise nach Südfrankreich antraten. Aber das können weder die Transport- noch die Kriminalpolizei wissen.

»BZ am Abend« vom 11.1.1958. Quelle: Archiv des Autors

lichkeit, die Pfeiffer sich nach den Informationen der Volkspolizei als cleveren Boß des Schieberrings ausgemalt hatte. Blaß und ziemlich nervös versuchte Ferdinand Georg, hinter seinem Verteidiger in Deckung zu gehen.

Oberrichterin Töpfer eröffnete die Verhandlung. Sie erteilte Staatsanwalt Krüger das Wort, der die Anklage vortrug. Danach wurde der Angeklagte zur Person vernommen. Georgs Antworten wirkten konfus. Als er auf Befragen von zwei Kopfverletzungen erzählte, die er in früheren Jahren erlitten hatte, sprang sein Verteidiger auf und beantragte, seinen Mandanten einer gründlichen ärztlichen Untersu-

chung zuzuführen. Für ihn stelle sich die Frage, ob Ferdinand Erik Georg für seine Handlungen überhaupt verantwortlich zu machen sei?
Das Gericht gab dem Antrag statt. Noch vor Mittag vertagte Frau Töpfer den Prozeß.
Rolf Pfeiffer mußte sich mit einer 17-Zeilen-Meldung begnügen. Vier Tage später wurde er unverhofft zum Chefredakteur gerufen. Im Zimmer des »Alten« saßen die ehemalige Verlobte Ferdinand Georgs, ihr Vater und ein Anwalt, der die Interessen der Familie vertrat. Der Tatsachenbericht »Schmuggel über die Pyrenäen« enthalte eine Reihe von Unwahrheiten, die dem Ruf der Familie M. abträglich seien. So habe der Autor Pfeiffer von einer Verlobungsfeier berichtet, bei der ein gewisser Hasso Schützendorf mit Ferdinand Georg über weitere Schiebergeschäfte gesprochen hätte. Familie M. war aber über die Geschäfte des Herrn Georg nicht unterrichtet.
Am 20. Januar 1958 veröffentlichte die »BZ am Abend« auf ihrer Seite 2 eine kursivgesetzte Klarstellung.
Der junge Reporter hatte einen beruflichen Dämpfer erhalten. Er verstand die Welt nicht mehr, war doch sein Bericht von der Pressestelle des Polizeipräsidiums ausdrücklich abgesegnet worden. Viel später erst, nach der zweiten Verhandlung gegen Ferdinand Georg, begriff Rolf Pfeiffer, daß der Polizeiführung daran gelegen war, Georg alias Gottschalk als den Chef der internationalen Schieberbande zu präsentieren. Der tatsächliche Drahtzieher der Organisation, Hasso Schützendorf, hatte ihnen eine Nase gedreht.
Am 1. März berichtete Pfeiffer über den Prozeß:

> Schmuggler hinter Gittern
>
> Zuchthausstrafe für internationalen Optikschieber
>
> Zu der beantragten Gesamtstrafe von sechs Jahren Zuchthaus und Vermögenseinzug verurteilte gestern der Strafsenat 2a des Stadtgerichts von Groß-Berlin den internationalen Optikschieber Ferdinand Erik Georg (32). Das Gericht unter Vorsitz von Oberrichterin Töpfer sprach den Angeklagten des fortgesetzten Verbrechens gegen die Handelsschutzverordnung in Tateinheit mit Wirtschaftsverbrechen sowie der fortgesetzten Urkundenfälschung schuldig.
>
> Georg hatte von 1954 bis 1957 in verschiedenen Orten der DDR mit gefälschten Personalausweisen optische Geräte und andere Industrieerzeugnisse im Wert von etwa 16 000 DM aufgekauft. Diese Waren beförderte er über Westberlin, Westdeutschland, die Schweiz und Frankreich nach Spanien. (Wir berichteten bereits im Januar in unse-

rem Beitrag »Schmuggel über die Pyrenäen« darüber). Allein bei einer dieser Transaktionen wurden etwa 50 Zeiß-Feldstecher nach Spanien verschoben ...

Zu Beginn der Verhandlung hatte die Staatsanwaltschaft den Gerichtspsychiater Dr. Anton aufgerufen. Der kleine quirlige Mann mit dem spärlichen Kopfhaar war von ungeheurer Sprachgewandtheit. Er führte aus, daß bei Ferdinand Georg keinerlei Hinweise auf eine Hirnleistungsschwäche vorlägen, er folglich für seine Straftaten im Sinne der verletzten Gesetze voll verantwortlich sei.

Der Angeklagte nahm das Urteil des Gerichtes nicht an. Eine Geste, die ihm jedoch wenig nützte. Die meiste Zeit seiner sechsjährigen Freiheitsstrafe verbrachte er im Zuchthaus zu Brandenburg.

Nur vierundzwanzig Stunden später, am 2. März 1958, wurde an gleicher Stelle der Eisenbahner Alfred K. wegen seiner Verstrickungen in die Optikschieberszene am Bahnhof Zoo zu einer Freiheitsstrafe von 2 Jahren und 3 Monaten Zuchthaus verurteilt.

Die DDR-Propaganda versuchte zu allen Zeiten den Eindruck zu erwecken, die Westberliner Behörden würden die kriminelle Schieber- und Schmugglerszene schützen, um die Wirtschaft der DDR zu schädigen. Und so war der nicht minder spektakuläre Fall eines Westberliner Rentners der »BZ am Abend« am 3. Mai 1958 nur knappe sechs Zeilen wert:

Der Westberliner Zoll hat einen Rentner aus Schöneberg unter der Beschuldigung festgenommen, Flöten im Wert von 150 000 DM illegal aus der DDR nach Westberlin verbracht und dann nach Hannover verkauft zu haben, meldet die Westpresse.

Pfeiffers Tatsachenbericht war bei dem DEFA-Regisseur Richard Groschopp auf reges Interesse gestoßen. Der im Unterhaltungsgenre spezialisierte Groschopp hatte 1957 mit dem Autorenteam Lothar Creutz und Carl Andrießen den Kriminalfilm »Sie kannten sich alle« gedreht. Er ahnte, daß die Geschichte des internationalen Optikschieberringes um Hasso Schützendorf und Ferdinand Georg ausreichenden Stoff für einen spannenden Spielfilm bot. Im Nachlaß des 1996 verstorbenen Regisseurs, der heute im Archiv des Filmmuseums Potsdam gepflegt wird, befindet sich auch das Originaldrehbuch zu »Ware für Katalonien«, dem eine Kopie des Pfeifferschen Manuskriptes vorangestellt ist. Groschopp recherchierte, daß die Außenhandelsorgane der DDR Fotoapparate zu einem Durchschnittspreis von 50 US-Dollar auf dem internationalen Markt anboten und ließ sich bestätigen, welche Mengen Genußmittel für 100 $ erhandelt werden konnten. Dann ging er mit seinen Co-Autoren ans Werk. Aus dem Namen Schützendorf wurde im Film Teschendorf, Fred Georg wurde in Bob Georgi umgetauft. Die Filmschöpfer hielten sich im wesentlichen an den tatsächlichen Krimi-

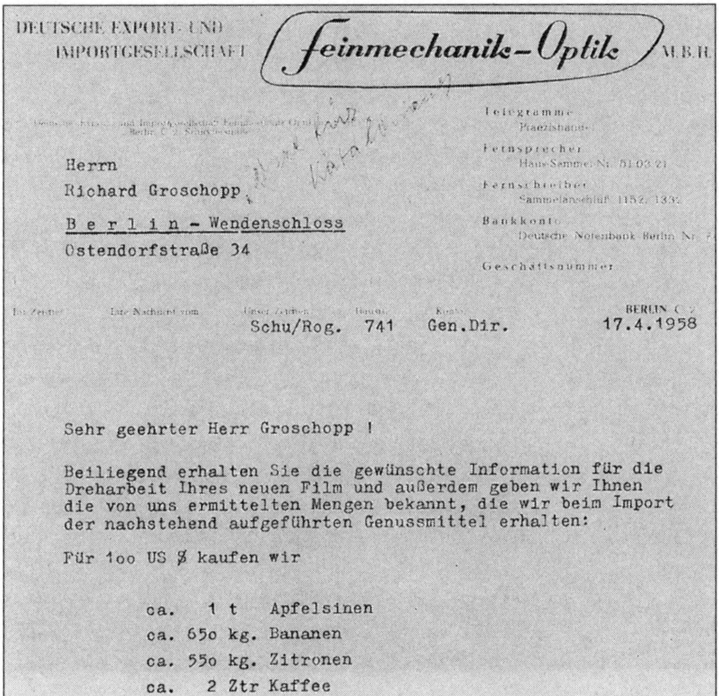

DEUTSCHE EXPORT- UND IMPORTGESELLSCHAFT Feinmechanik-Optik M.B.H.

Telegramme
Praezisband

Fernsprecher
Haus-Sammel-Nr. 51 03 21

Fernschreiber

Bankkonto
Deutsche Notenbank Berlin

Geschäftsnummer

Herrn
Richard Groschopp
B e r l i n - Wendenschloss
Ostendorfstraße 34

Schu/Rog. 741 Gen.Dir. BERLIN C 2 17.4.1958

Sehr geehrter Herr Groschopp !

Beiliegend erhalten Sie die gewünschte Information für die Dreharbeit Ihres neuen Film und außerdem geben wir Ihnen die von uns ermittelten Mengen bekannt, die wir beim Import der nachstehend aufgeführten Genussmittel erhalten:

Für 1oo US $ kaufen wir

ca. 1 t Apfelsinen
ca. 65o kg. Bananen
ca. 55o kg. Zitronen
ca. 2 Ztr Kaffee
ca. 1 1/2 Ztr Zigarettentabak

Wir hoffen, Ihnen mit den oben genannten Mengen gedient zu haben und stehen jederzeit für weitere Auskünfte zur Verfügung.

DEUTSCHE EXPORT- UND IMPORTGESELLSCHAFT
Feinmechanik-Optik
m.b.H.

Chef d. Büros — Schumacher — Hauptdispatcher

1 Anlage

Quelle: Deutsches Filmmuseum Potsdam

nalfall, setzten an den Anfang des Filmes jedoch einen Mord an einem ungehorsamen Optikschieber, für den Teschendorf verantwortlich zeichnet. Aus filmdramaturgischen Gründen wird er am Brandenburger Tor festgenommen. Das flott inszenierte Spektakel avancierte zum Kinorenner des Jahres 1959.

Hasso Schützendorfs Ära als »norddeutscher Schmugglerkönig« ging noch im gleichen Jahr zu Ende. Nach seinem Kinobesuch am Bahnhof Friedrichstraße wurde er unter falschem Namen beim DDR-Außenhandel vorstellig und erwarb eine größere Partie Strickmaschinennadeln, die er in Dollarwährung cash bezahlte. Geschäftsfreunde in der Schweiz hatten ihn um die Abwicklung eben dieses Freundschaftsdienstes gebeten. Mit seinem Einfallsreichtum, mit der Ware und mit aller Welt zufrieden machte Schützendorf sich auf den Weg nach Südeuropa.
An der Schweizer Grenze herrschte mäßiger Betrieb. So hatten die eidgenössischen Grenzbeamten Zeit, sich den deutschen Geschäftsreisenden etwas gründlicher anzusehen. Seitdem eine Serie von Sprengstoffanschlägen das benachbarte Südtirol erschütterte, war der Sicherheitspegel an den Schweizer Grenzen verschärft worden. Der Beamte, der Schützendorfs Paß in den Händen hielt, blätterte gemächlich im Fahndungsbuch. Gegen den Westberliner Handelskaufmann Dr. Klaus Wenner lag nichts vor. Er verglich das Paßbild mit dem im Auto sitzenden Original, blätterte noch einmal im Paß und wollte ihn schon zurückgeben – da stutzte er.
»Herr Doktor Wenner, darf ich Sie einen Augenblick in den Dienstraum bitten?«
»Ja, was ist denn ...?«
»Nur eine Formalität.«
Der Raum, in den der Grenzbeamte ihn führte, war hell und sauber. An der Wand stand ein Schreibtisch, davor ein Tisch mit drei Sesseln, in der Ecke ein Rollschrank mit einer Schreibmaschine.
»Ich verstehe nicht, was das bedeuten soll«, protestierte Schützendorf mit beleidigter Miene.
»Wie gesagt, nur eine Formalität«, erklärte der Beamte erneut und bat ihn mit einer Handbewegung im Sessel Platz zu nehmen. Ein Zivilist betrat den Raum. Er nahm den Paß, blätterte und stellte die Frage: »Sie heißen also Doktor Klaus Wenner und sind in Westberlin wohnhaft?«
»Das steht doch alles in meinem Paß?«

»Dann ist dieser Paß wirklich Ihr Eigentum?«
»Was wollen Sie damit sagen?« fuhr Schützendorf auf.
»Ihr Paß ist falsch. Sehr geschickt gefälscht, das will ich zugeben. Aber wenn der Paß falsch ist, dann ist auch der Name Doktor Klaus Wenner eine Erfindung. Wer sind Sie also wirklich?«
Zu Schützendorfs Pech fanden die Beamten sieben weitere Pässe in seinem Wagen. Er gestand, daß er sie in Westberlin gefälscht hatte, und wurde an die deutschen Behörden abgeschoben. Wenige Wochen später stand er in Moabit vor dem Kadi. Die Richter am Landgericht verhalfen ihm zu einem mehrmonatigen Aufenthalt hinter Gittern.
1994 plauderte er für das Kamerateam der »Sanssouci-Film« aus dem Nähkästchen:

> Ich saß dort mit der Panneberg-Bande, die den Einbruch in Ostberlin gemacht hatten, mit dem Margarinefabikanten Oberjath und dem Vatermörder Derz, der seinen Vater mit Gas vergiftet hatte. Und da sind wir dann in der Runde spazieren gegangen, das war der Prominentenblock. Nach der Haft bin ich dann endgültig nach Mallorca und habe den Autoverleih groß aufgezogen.*

Hasso Schützendorf brachte es auf Mallorca zum Millionär. Seinen Reichtum, den er oft und gern präsentiert, verdankt er vor allem den Touristen, die das Urlaubsparadies der Teutonen Jahr für Jahr überschwemmen. Heute gibt es wohl kaum einen prominenten Inselbesucher, dessen Name nicht in der Kundenkartei von »Hasso's Alquiler De Coches« in Can Pastilla, Telefon 26 02 19, zu finden ist. Den Film »Ware für Katalonien« hat er über all dem nicht vergessen.

> Der Film war natürlich eine herrliche Sache. Normalerweise ist man schon tot, wenn man verfilmt wird. Eine tolle Sache, wenn man noch nicht mal dreißig ist und eine ganze Filmkompanie --damals war die DDR ja noch ein ganzes Land - wenn die eine Schmuggelepisode dreht ... Das war für mich natürlich ein Ereignis. Und die, die diese Sache machten, die habe ich natürlich aufgemuntert und mir den Spaß gemacht, ihnen zu schreiben.

Zunächst Kartengrüße an Richard Groschopp mit beleidigenden In-

* Walter Pannewitz – spiritus rector des 1951 in der Ostberliner Eisenbahnverkehrskasse verübten Tresoreinbruchs, Verurteilung 1954 in Moabit zu 9 Jahren Zuchthaus; Karl Oberjat – Margarinekönig, 1956 wegen Schwarzmarkthandel mit zweieinhalb Jahren Gefängnis bestraft; Diertrich Derz – 1955 als Doppelmörder zu lebenslanger Freiheitsstrafe verurteilt.

halten, später im höflicheren Ton, bis er den Regisseur Ende der 80er Jahre zu einem Besuch auf Mallorca einlud und ihm die Flugkarten schickte. Groschopp lehnte dankend ab. Dafür kamen Hassos Schulkameraden aus dem Putbuser Pädagogicum. Spürt man dem Geheimnis der freigebigen Gastlichkeit nach, so stößt man auf die Sätze:

> Früher haben die Leute, wie ich Schmuggler war, immer auf mich herabgesehen. In der Schule bin ich dreimal sitzengeblieben, da haben sie gesagt, das is'n dummes Schwein, der kommt nie zu was … Allen diesen Leuten, die das mal zu mir gesagt haben, daß ich ein Taugenichts bin, denen habe ich natürlich bewiesen, daß ich tausendmal erfolgreicher bin, als wie sie selbst, die immer über mich gelästert haben. Das hat mir auch immer großen Spaß gemacht. Deshalb bin ich auch immer gern in die Zeitungen gekommen und im Fernsehen, um den Leuten zu beweisen, daß ich erfolgreicher bin als sie.

Bei allem Machogebaren hat der Multimillionär nie versucht, sich als politischer Feind der DDR in Szene zu setzen. Sein perfekt

Der 71jährige Hasso Schützendorf. Quelle: Archiv des Autors

organisierter Schmugglerring hat dem DDR-Außenhandel immensen Schaden zugefügt, exakt errechnet wurde er nie. So nimmt es auch nicht wunder, daß der »norddeutsche Schmugglerkönig« seinen einstigen Verfolgern aus der ehemaligen DDR nicht gram sein kann, er hätte sie nur gern irgendwann kennengelernt. Sie hatten seine Phantasie in Atem gehalten, hatten ihn immer wieder gezwungen, neue Schliche und Tricks zu ersinnen. Und was er keinem Richter gestand: Seine kriminellen Delikte hatten ihm Spaß bereitet, eine geheime Befriedigung, wie Männer sie empfinden, wenn sie ein besonderes Wild erlegt haben oder einen Boxpartner knockout schlagen konnten.

Horst Girra entdeckte seine schriftstellerische Ader. 1958 debütierte er mit dem Hörspiel »Die gläserne Spinne«. Für den Autor eine besondere Genugtuung, daß sein Funkdrama am Abend des ersten Prozeßtages gegen Ferdinand Erik Georg über den Deutschlandsender ausgestrahlt wurde. 1959 publizierte er das Roman-Heft »Begehrte Ware«. Weitere Kriminalhörspiele und Erzählungen folgten. Als der Hauptmann der K 1972 verstarb, steckte er mitten in der Arbeit an dem Kriminalroman »Die gläserne Spinne«. Das Buch ist 1973 unter Mitautorenschaft Hans Siebes im Verlag Neues Leben Berlin erschienen.

Hermann Wagner schied 1970 als Major der K aus dem Polizeidienst aus. Der Autor Gert Prokop veröffentlichte 1965 in der »Neuen Berliner Illustrierten« den Kriminalreport »Verbrechen ohne Chance«, der nach Erinnerungen des Berliner Kriminalisten entstand.

MORDAKTE H.

Es geschah in Eberswalde
1969

Ein leiser Windhauch fuhr über die Oberfläche des Scharmützelsees, er kräuselte flache Wellen auf und trieb sie dem östlichen Ufer zu. Auf dem kleinen Zeltplatz bei Diensdorf erwachte das Leben. Kinder waren wie stets die ersten, die aus den grünen, roten und blauen Tuchhäusern krochen. Mit Wasserspritzen und viel Geschrei begann die Reinigungszeremonie an der Waschrinne.
Heinz Kabel, 38 Jahre alt, mittelgroß und dunkelblond mit einem deutlichen Ansatz zur Stirnglatze, reckte sich auf dem Luftmatratzenlager unter dem orangefarbenen Zeltdach. Ein schönes Fleckchen Erde, das er und seine Frau für den diesjährigen Campingurlaub entdeckt hatten. Geradezu geschaffen, um den Alltagsstreß eines Polizeioffiziers zu vergessen. Kabel war Hauptmann der Kriminalpolizei. Er leitete die Morduntersuchungskommission in der Bezirksbehörde der Deutschen Volkspolizei in Frankfurt/Oder. Jetzt drehte er vorsichtig den Kopf und sah zu Jutta hinüber. Als er merkte, daß sie nicht mehr schlief, tastete seine Hand zum Kofferradio. Er schaltete den Empfänger ein. Radio DDR, Sender Frankfurt/Oder, brachte Regionalnachrichten und den Wetterbericht.
»Heiter und trocken«, verkündete der Sprecher für Donnerstag, den 12. Juni 1969. »Tagestemperaturen um 25 Grad, tiefste Nachttemperaturen um 11 Grad.«
Heinz Kabel schaltete das Radio aus. Jutta blinzelte. »Marsch, Genosse, Hauptmann, höchste Zeit aufzustehen!« befahl sie unter Lachen. Die Kabels krochen aus ihren Schlafsäcken.
Nach der Morgentoilette kümmerte Jutta sich um die Vorbereitungen für den Morgenkaffee, während Heinz mit dem Einkaufsbeutel zum HO-Kiosk trabte, wo er nach geduldigem Anstehen frische Brötchen und eine Zeitung erstand.

Auf der Seite 2 brachte das SED-Bezirksblatt »Neuer Tag« eine Vermißtenmeldung:

Wer kann Angaben machen?
Seit dem 31. Mai 1969 gegen 14 Uhr werden die Kinder
S p e c h t, Henry
geb. 9.2.1960
und L o u i s, Mario
geb. 25.8.1960
aus Eberswalde vermißt.
Sie haben die Wohnung der Eltern unter Mitnahme ihrer Fahrräder verlassen und wurden danach nicht wieder gesehen.
Henry ist etwa 140 cm groß, schlank, hat mittelblondes, kurzgeschnittenes ungescheiteltes Haar, hinter beiden Ohren auffällige Operationsnarben. Er ist mit kurzer graugrüner Rauhlederhose, dunkelblauem Silastikpulli, blauem Pullover mit spitzem Ausschnitt, schwarzen Socken und zerschlissenen Schuhen bekleidet. Er hat das Herrenfahrrad Marke »Elite-Diamant«, Größe 26, Nummer 601 411, mit weißer Bereifung bei sich.
Mario ist etwa 135 cm groß, untersetzt, volles Gesicht, dunkelblondes Haar ohne Scheitel. Bekleidet ist er mit einer schwarzen Trainingshose, rotem Pullover, blauer Strickjacke und braunen Halbschuhen. Er hat bei sich ein Herrenfahrrad Marke »Mifa«, Größe 24 mit 26er Rädern, Nummer 4 436 889.
Die Bevölkerung wird um Mitfahndung gebeten. Sachdienliche Hinweise können allen Dienststellen oder Angehörigen der Deutschen Volkspolizei gegeben werden. Auf Wunsch werden diese vertraulich behandelt.

Heinz Kabel las die Meldung während seiner zweiten Tasse Kaffee. Gedankenversunken starrte er auf die Kinderfotos. Zwei hübsche Jungen, dachte er. Fast vierzehn Tage waren die beiden verschwunden. Kabel weilte in Gedanken bei den Kollegen in Eberswalde. Die mußten ziemlich ratlos sein, wenn sie die Suchmeldung in der Zeitung verbreiteten. Für die Öffentlichkeitsarbeit der Volkspolizei galt eine Richtlinie, die von der Hauptabteilung K in Berlin vorgegeben war. »Wir sind nach wie vor gegen jede Sensationsmacherei in der Öffentlichkeitsarbeit«, hieß es kategorisch in dem Text. »Bei der Auswahl der für die Öffentlichkeit bestimmten Informationen ist eine hohe politische Wachsamkeit zu üben. Es kommt darauf an, bei der Bevölkerung die Überzeugung zu festigen, daß nicht ein einzi-

Wer kann Angaben machen?

Seit Sonnabend, dem 31. 5. 1969, gegen 14.00 Uhr werden die Kinder

Specht, Henry
geb. 9. 2. 1960

und

Louis, Mario
geb. 25. 8. 1960

aus Eberswalde vermißt.

Sie haben die Wohnung der Eltern unter Mitnahme ihrer Fahrräder verlassen und wurden danach nicht wieder gesehen.

Henry ist etwa 140 cm groß, schlank, hat mittelblondes, kurzgeschnittenes, ungescheiteltes Haar, hinter beiden Ohren auffällige Operationsnarben. Er ist mit kurzer graugrüner Rauhlederhose, dunkelblauem Silastikpully, blauem Pullover mit spitzem Ausschnitt, schwarzen Socken und zerschlissenen Schuhen bekleidet. Er hat das Herrenfahrrad Marke „Elite-Diamant", Größe 26, Nummer 601 411 mit weißer Bereifung bei sich.

Mario ist etwa 135 cm groß, untersetzt, volles Gesicht, dunkelblondes Haar ohne Scheitel. Bekleidet ist er mit einer schwarzen Trainingshose, rotem Pullover, blauer Strickjacke und braunen Halbschuhen. Er hat bei sich ein Herrenfahrrad Marke „Mifa", Größe 24 mit 26er Rädern, Nummer 4 486 889.

Die Bevölkerung wird um Mitfahndung gebeten.

Sachdienliche Hinweise können allen Dienststellen oder Angehörigen der Deutschen Volkspolizei gegeben werden. Auf Wunsch werden diese vertraulich behandelt.

»Neuer Tag« vom 12.6.1969. Quelle: Archiv des Autors

ges Verbrechen unaufgedeckt bleibt und jede Straftat die ihr entsprechende staatliche und gesellschaftliche Reaktion nach sich zieht.«
Gerade dieser Satz bereitete Kabel einiges Unbehagen. Wie jeder Polizist wußte er, daß es zu allen Zeiten ungeklärte Straftaten gegeben hatte. Daran würde wohl auch in Zukunft kaum etwas zu ändern sein. Zwar lag die Aufklärungsquote in seinem Spezialgebiet – die Untersuchung von Tötungsdelikten – mit über neunzig Prozent ungewöhnlich hoch, doch die marxistisch-leninistische Theorie von der Aufklärbarkeit jedes Verbrechens hatte ihre Tücken. Bei langgedienten Kriminalpraktikern stieß sie auf Vorbehalte.
Heinz Kabel hob den Blick, er sah über das bunte Treiben auf dem Campingplatz, die herumtobenden Kinder, lachende Eltern, die gelöst vom Alltagstrott mit ihren Sprößlingen spielten. Eine dumpfe Ahnung stieg in ihm auf. »Wenn da mal nicht der Tod im Spiel ist«, sagte Heinz Kabel zu seiner Frau und reichte ihr die Zeitung.

Die DDR-Verwaltungsreform des Jahres 1952 hatte Eberswalde um den Status einer kreisfreien Stadt gebracht. Sie wurde Kreissitz des neu gebildeten Landkreises Eberswalde. Die im neunzehnten Jahrhundert einsetzende Industrialisierung der von Wäldern, Auelandschaften, idyllischen Seen und Hochmooren umkränzten Stadt hatte Eberswalde zu einem industriellen Ballungszentrum anwachsen lassen. Etwa 60 000 Menschen lebten 1969 in ihren Mauern. Sie arbeiteten im Reichsbahnausbesserungswerk »8. Mai«, im »VEB Kranbau Eberswalde«, in den staatlichen Forschungseinrichtungen für die Land- und Forstwirtschaft der DDR, im Guß- und Walzwerk oder in den kleineren Chemieunternehmen. Der anhaltende Zustrom an Arbeitskräften ließ Eberswalde aus allen Nähten platzen. Der Wohnraum wurde knapp. Neue Wohnsiedlungen schossen empor, zum Teil in billiger Plattenbauweise errichtet, wie das Neubaugebiet Westend, das 1965 den Mietern übergeben wurde.
In das Haus Triftstraße Nr. 61 zogen die Familien Louis und Specht ein. Die Kinder Mario und Henry – beide gleichaltrig – fanden rasch Kontakt zueinander. Gemeinsam besuchten sie den Kindergarten und ab 1966 die gleiche Klasse in der gleichen Schule. Henry Specht und Mario Louis wurden unzertrennliche Freunde.
Am Samstag, dem 31. Mai 1969, kurz nach dem Mittagessen rief Henry seinen Eltern ein letztes »Tschüß« zu. Dann lief er die Treppe hinab und klingelte eine Etage tiefer an der Wohnungstür bei Lou-

is. Sein Freund Mario saß schon auf dem Sprung. Auf die Frage seiner Mutter, wohin es denn eigentlich gehe, antwortete Mario lakonisch: »Rumkutschen!« Das hieß, sie würden mit ihren Fahrrädern durch das ausgedehnte Waldgebiet hinter dem Neubauviertel streifen. Die verschlungenen Wege, die über Erdhügel und Bodenwellen, entlang der Drehnitzwiesen bis hin zum Franzosenbunker und weiter in die Barnimer Heide führten, verlockten zum wilden Ritt auf stählernen Rossen, wobei sich die Jungen wie Gojko Mitic in der Rolle des Indianerhäuptlings Weitspähender Falke wähnten.

Um halb sieben gab es bei der Familie Specht Abendbrot. Henry war noch nicht zurück. Als das DDR-Fernsehen um 19.00 Uhr die Werbesendung »Tausend Tele-Tips« ausstrahlte, die der Junge wegen der eingebetteten Trickfilmserien »Arthur, der Engel« oder »Lolek und Bolek« gern sah, fehlte er noch immer. Um 20.00 Uhr wurden die Spechts unruhig. Sie fragten bei der befreundeten Familie Louis nach. Auch hier keine Spur von Henry und Mario.

»Es ist doch ziemlich lange hell«, versuchten die Eltern sich gegenseitig zu beruhigen. »Wer weiß, was die beiden aufgehalten hat.« Trotzdem hielten die Väter erste Umfragen in der Nachbarschaft. Einige Spielkameraden hatten die beiden Radler zuletzt am Franzosenbunker gesehen. »So um vier war das«, erzählten die Kinder.

Die Eltern suchten an den Drehnitzwiesen, eine waldumstandene Aue mit feuchtem, zum Teil sogar morastigem Untergrund. Vielleicht waren die Kinder mit ihren Rädern gestürzt und brauchten Hilfe. Der »Franzosenbunker«, eigentlich die Fundamentreste eines Barackenlagers, in dem 1944/45 französische Kriegsgefangene untergebracht waren, die in den Ardeltwerken, dem späteren Kranbau Eberswalde, arbeiteten, lag im dämmerigen Kiefernforst. Die Rufe der Eltern verhallten ungehört.

Kurz nach 22.00 Uhr klingelten sie am Portal des Volkspolizei-Kreisamtes.

»Unsere Kinder sind verschwunden! Einfach weg!« stieß Renate Specht aufgeregt hervor, noch ehe der Wachposten die Tür richtig geöffnet hatte.

Der Diensthabende hinter dem Tresen des Empfangsraumes, ein älterer, fast grauhaariger Polizist, versuchte beruhigend auf die Eltern einzureden. »Bestimmt haben die Bengel beschlossen, im Wald zu übernachten«, sagte er. »Oder sie wurden von der Dunkelheit überrascht. Sie werden sehen, morgen früh tauchen die wieder auf.«

Der Kriminaldauerdienst des VPKA Eberswalde nahm die Sache

durchaus ernst. Ausführlich ließ er sich von den Eltern ins Bild setzen. Er verstand ihre Ängste und auch ihre Sorgen.
»Geben Sie mir eine kurze Personenbeschreibung. Alter, Größe, Frisur, Haar- und Augenfarbe. Womit waren sie bekleidet?«
Die Angaben wurden auf einer Vermißtenanzeige protokolliert. Auf manche Fragen, die das Formular noch vorsah, verzichtete der Kriminalist. Die immense Spannung und die psychischen Belastungen, unter denen die Eltern jetzt litten, hätte ihre Erörterung unnötig erschwert. »Am besten, Sie fahren jetzt nach Hause«, riet er, nachdem das Protokoll unterschrieben war. »Versuchen Sie, ein wenig zu schlafen. Ich setze unseren Funkstreifenwagen ein. Wir überprüfen die Waldwege. Mehr können wir in der Dunkelheit nicht erreichen. Vielleicht hat sich morgen früh schon alles erledigt.«
Die Familien Specht und Louis verbrachten eine unruhige, von kurzen Schlafphasen unterbrochene Nacht. Gegen Morgen, zwischen vier und fünf, goß es wie aus Kübeln. Als die Eltern sich von den zerwühlten Betten erhoben, begann die Suche erneut.
Gegen sieben Uhr dreißig übernahm der Fahndungsoffizier der Eberswalder Kripo die Vermißtensache. In Begleitung eines jüngeren Kollegen fuhr er zur Triftstraße, um die Lage zu sondieren. »Wir müssen erfahren, warum die Kinder weg sind; und wir müssen herausfinden, wohin sie wollten. Dann erst läßt sich einschätzen, wo wir zu suchen haben.«
Von Henry Specht und Mario Louis gab es noch immer keine Spur. Der Fahndungsoffizier erkundigte sich nach Verwandten. »Vielleicht sind sie dort überraschend aufgetaucht.« – »Dann hätten uns doch die Erwachsenen Bescheid gegeben!« fuhr Herr Louis unwillig dazwischen. Sein Gesicht war von Zorn und Ungeduld gerötet.
Der Oberleutnant überhörte die Grobheit. »Lassen Sie uns gemeinsam überlegen«, schlug er, um Sachlichkeit bemüht, vor. »Und zur Sicherheit noch mal in alle Winkel schauen. Je gründlicher, um so besser. Vielleicht geht uns dabei ein Licht auf.«
Sie blickten in die Zimmer der Kinder. Das übliche Spielzeug, mit dem sich Neunjährige befassen, eine Handvoll Bücher, die Schulmappen. Doch nirgendwo ein Hinweis, der das Ausbleiben der Jungen erklären konnte.
Sie überprüften die Keller des großen Miethauses, die anliegenden Schuppen und Garagen.
Dann fragten die Kriminalisten nach Fotos. Paßbilder seien am besten für die Fahndung geeignet, fügte der Oberleutnant hinzu.

Die Mütter rissen die Fotos aus den Pionierausweisen.
Bei der Übergabe der Bilder verlor Renate Specht ihre Fassung. »Bilder ... Fahndung ...! So tun Sie doch endlich etwas!« schrie sie die beiden Kriminalisten an. »Warum suchen Sie nicht im Wald?«
Das tat die Eberswalder Volkspolizei dann auch. Gegen 9.00 Uhr wurde der Personalbestand des Kreisamtes alarmiert, hinter dem alten Westendstadion in Suchgruppen eingeteilt und in südlicher Richtung durch den Wald geschickt. Bis auf ein einsames Liebespärchen, das sie in einem Gebüsch nahe dem Drehnitzfließ aufstöberten, verlief die Aktion ergebnislos. Dafür erregte die Polizeipräsenz Aufmerksamkeit bei den Spaziergängern in der Unterheide. In Windeseile sprach es sich herum: Im Westend werden zwei Kinder vermißt!
Daß Menschen ihrem gewohnten Lebenskreis für kürzere oder längere Zeit entfliehen, war auch in der DDR kein ungewöhnliches Phänomen. Etwa 78 Prozent aller vermißten Personen waren Kinder und Jugendliche im Alter zwischen 9 und 18 Jahren. Ein Drittel von ihnen galt als Dauerausreißer. Die meisten kamen aus ungünstigen Erziehungsverhältnissen, aus Trinkerhaushalten oder asozial eingefärbten Familien. Erziehungston und -haltung boten aber auch in scheinbar wohlgeordneten Elternhäusern Anlässe für eine Flucht aus dem vertrauten Milieu. Leistungs- und Verhaltensschwierigkeiten in der Schule, Angst vor Strafe, vor Heimeinweisungen, das Gefühl unverstanden zu sein und ungerecht behandelt zu werden, waren neben Abenteuerlust, Einzelgängertum und einem vagen Freiheitsdrang die hauptsächlichen Motive für das Entweichen von Kindern. Jeder Ausbruch aus dem sozialen Beziehungskreis galt als Anomalie im geregelten Sozialverhalten. Die Anzahl der Vermißtenvorgänge, die sich ohne nennenswertes Zutun der Kriminalpolizei erledigten, war relativ hoch, nur 8 bis 10 Prozent aller Fälle endeten tragisch.
Am Sonntagnachmittag tickerte die »Eilfahndung – Vermißt« nach Mario Louis und Henry Specht über die Fernschreibleitungen in alle Bezirke.
Montag, der 2. Juni 1969. Wieder ein Morgen nach durchwachter Nacht. Und noch immer gab es keinen Hinweis auf den Aufenthaltsort der verschwundenen Kinder. Der Leiter des Kreispolizeiamtes ordnete eine stabsmäßig geführte Suche im Westend und in den angrenzenden Wäldern an. Einheiten der Bereitschaftspolizei, freiwillige VP-Helfer, die Feuerwehr und Angehörige der Kampfgruppen aus den Eberswalder Betrieben verstärkten die Suchketten, die sich

sowohl in Richtung Süden als auch west- und nordwärts in Richtung Finowkanal und darüber hinaus entfalteten. Der Tierpark am Zainhammerteich und der Forstbotanische Garten wurden besonders sorgfältig durchsucht.

»Richten Sie Ihre Aufmerksamkeit auf weggeworfene Gegenstände und Spuren aller Art«, belehrte der Kripochef die Suchkräfte. »Und melden Sie dem Stab, wenn Sie auf verdächtige Erdgrabungen stoßen!«

Die Suche nach den vermißten Kindern setzte Prioritäten. Die Bezirksbehörde der Volkspolizei in Frankfurt/Oder entsandte ihren Dezernatsleiter Fahndung in die nachgeordnete Kreisstadt. Am Dienstag kurvten Lautsprecherwagen durch die Eberswalder Straßen. Handzettel wurden gedruckt und in den Betrieben, Schulen und in den Geschäften zum Aushang gebracht, Straßenpassanten und die Kinder auf den Spielplätzen befragt. Kriminalisten kamen zum Einsatz, um die Krankenhäuser der Umgebung zu überprüfen.

Eberswalde war am 25. April 1945 von der Roten Armee besetzt worden und seither sowjetische Garnisonstadt. Drei große Kasernen lagen in den angrenzenden Forstgebieten, jedes Areal gut bewacht. Darüber hinaus am Südwestrand der Stadt ein ausgedehnter Militärflugplatz. Bei so viel militärischer Präsenz konnte es nicht verwundern, daß die Suchkräfte allenthalben auf Sperrschilder stießen, die ein weiteres Vordringen untersagten.

Als der Standortkommandant, ein Gardeoberst, von den Vorgängen in der Stadt Kenntnis erhielt, bot er die Unterstützung durch seine Truppen an. Sowjetische Hubschrauber stiegen in den folgenden Tagen auf und kreisten über den Forsten. Ein Bataillon Soldaten durchkämmte einen Waldstreifen nach dem anderen. So gut gemeint diese Art von Hilfe war – Sprachdefizite bei der Abstimmung der Aktionen führten dazu, daß die Forstjagen 117, 118 und 119 zwischen Schwärzesee, Kalkofenbrück und der Berliner Eisenbahnstrecke bei der Suche ausgelassen wurden.

Die vergebliche Fahndung bestärkte jene Polizisten, die zu der Auffassung neigten, daß die Kinder sich auf Wanderschaft befänden.

Am 5. Juni konsultierte der Eberswalder Einsatzstab den Chef der Fahndung bei der Hauptabteilung K in Berlin. Major Philipp stimmte dem Entwurf einer Suchmeldung zu, die der Presseoffizier der BdVP Frankfurt/Oder für die Medien des Bezirkes vorbereitet hatte. Taucher nahmen den Grund des Schwärzesee in Augenschein.

Am 13. Juni 1969, einem Freitag, lief der Forstarbeiter Günther Brenken aus Spechthausen durch das sogenannte Kesselfenn, einem Waldstück südlich der Bahnstrecke Eberswalde–Berlin. Sein Ziel war ein Forstjagen zwischen Großem und Kleinem Schwärzesee. Brenken arbeitete im Holzeinschlag des Staatlichen Forstwirtschaftsbetriebes.

Am Eisenbahnkilometer 85,2 überquerte Brenken die Gleisanlagen. Das Gebiet nördlich der Bahn trug den Namen Kalkofenbrück. Eine Holzbrücke führte hier über die Schwärze, die aus dem Großen Schwärzesee kommend in Richtung Spechthausen und dann weiter nach Eberswalde floß. Mischwald mit dichtem, fast dschungelartigem Unterholz zu beiden Seiten des Weges. Neben Buchen standen Kiefern, Erlengruppen, Stieleichen und die schlanken Stämme der Moorbirken. Hoher Farn, Brombeerhecken, Vogelbeersträucher bedeckten das zum Bachufer abfallende Bodenrelief. Die Vernässung in den Senken hatte Feuchtbiotope entstehen lassen, über denen Wolken von Insekten schwebten. Holzbruch moderte vor sich hin, und fette Kröten plumpsten vom Schritt des Vorübergehenden aufgeschreckt ins Wasser.

Ein Geruch von Aas hing plötzlich in der Luft. Brenken hob die Nase. Vielleicht ein Stück Wild, das von einem Eisenbahnzug angefahren wurde und erst im Unterholz verendet war. Brenken durchbrach das Weißdorngestrüpp am Wegesrand. Er trat auf eine kleine Lichtung – und erstarrte. Vor ihm lag der Körper eines toten Knaben. Brenken erkannte das Kind. Es handelte sich um Mario Louis. Dessen Bild hatte er vor zwei Tagen in der Zeitung gesehen.

Wie von Furien gehetzt sprang der Waldarbeiter zurück. In der Nähe hörte er das schrille Singen einer Motorkettensäge, mit der seine Kollegen den Kiefernstämmen zu Leibe rückten. Rauschen und Splittern kündete vom Fallen eines Baumes.

Mit aschgrauem Gesicht erreichte Brenken den Einschlagplatz. »Dahinten … Kommt schnell … da liegt ein totes Kind!« keuchte er.

Dann standen sie zu dritt vor dem grausigen Fund. Etwas abseits im Gebüsch entdeckten sie ein »Mifa«-Fahrrad.

»Vorsicht! Nichts anfassen!« warnte der Brigadier. »Günther und ich sperren den Weg ab. Und du«, er wandte sich an den Jüngsten, »läufst zum Forsthaus. Alarmiert die Polizei!«

Etwa dreißig Minuten später erreichte ein Funkstreifenwagen den Forstwirtschaftsweg am Kalkofenbrück. Das Vorauskommando der

Eberswalder Kripo, zu dem der Kriminaltechniker Hans Grunds und der K-Leiter Lungwitz gehörten, arbeitete sich entlang des Bahndammes vor. Der KT (Kriminaltechniker) war hochzufrieden, daß die drei Waldarbeiter nichts verändert hatten. Mit weitaus größerer Sorge äugte er auf das rasche Anwachsen des »Spurenvernichtungskommandos«, einer Gruppe aus leitenden Polizeifunktionären und Vertretern der örtlichen Partei- und Staatsnomenklatura, die von Neugier getrieben durchs Gelände trampelten und zur Gefahr für die letzten Spuren werden konnten, sofern überhaupt noch welche zu erwarten waren. Madenbefall und Fäulnis hatten die Leiche stark angegriffen. Erst als der Kreisstaatsanwalt auf den Plan trat, der die Meute in Schach hielt, atmete Grunds auf.
Während der KT mit kleinen Zahlentafeln Spuren markierte und die ersten Fotoaufnahmen schoß, forderte der amtierende Kripochef eine Hundertschaft der Bereitschaftspolizei aus Basdorf an. Die Einheit, die erst am 14. Juni zur Verfügung stand, erhielt den Befehl, die angrenzenden Jagen 119, 143, 144 und 145 abzusuchen. Noch fehlte jede Spur von Henry Specht. Sie fanden ihn gegen 7.45 Uhr, genauso grausam zugerichtet wie Mario Louis. Der kleine Körper lag in südwestlicher Richtung, etwa zweihundertfünfundsiebzig Meter entfernt, Kopf und Rumpf zum Teil von Laub verdeckt.
Als der Kriminaltechniker der Frankfurter MUK den kleinen Leichnam besichtigte, fiel ihm die geöffnete Hosenklappe an der Kleidung des Jungen auf. Gewissenhaft vermerkte Möncke diesen Umstand im Tatortbefundbericht.

Am Sonntag – der Campingplatz hielt Mittagsruhe – tauchte ein grün Uniformierter zwischen den blauen, gelben und orangefarbenen Leinwandvillen auf. Heinz Kabel beobachtete den Mann aus seinem Liegestuhl heraus.
»Genosse Hauptmann Kabel?« Seufzend nahm der VP-Meister die Mütze vom Kopf und wischte über das Schweißband. »Sie sollen sofort den Urlaub abbrechen und sich bei Ihrer Dienststelle melden!«
Heinz Kabel nickte. Er nahm es gelassen. Bei wem hätte er sich auch beschweren sollen? Als man ihn 1957 nach dem Abschluß des zweijährigen Lehrganges an der VP-Schule für Kriminalistik in Arnsdorf nach seinen Einsatzwünschen befragte, hatte er sich spornstreichs für die Arbeit in der Mordkommission entschieden. Seit 1961 war er ihr Chef und hatte bei jedem Urlaubsantritt die genaue Anschrift

zu hinterlegen. Volkspolizisten mußten jederzeit abrufbar sein. Doch bei den zehn bis zwölf Tötungsdelikten, die sie im Bezirk jährlich zu bearbeiten hatten, kam dies höchst selten vor.
Am nächsten Morgen fuhr Kabel nach Eberswalde. Im Kreisamt traf er auf vertraute Gesichter. Werner Möncke und Konnietzki, die strukturmäßig zu seiner MUK gehörten, Eberswalder Kollegen, die er aus der langjährigen Zusammenarbeit kannte, und einige Mitarbeiter von Morduntersuchungskommissionen aus Cottbus, Potsdam und Neubrandenburg, die man als Verstärkung nach Eberswalde abgeordnet hatte. Horst Popiela, der Stellvertreter des Kripochefs im Bezirk Frankfurt/Oder, koordinierte den Einsatz. Er war erleichtert, Heinz Kabel zu sehen. Sofort drückte er ihm die Akten in die Hand und schob ihn in ein leeres Zimmer. »Mach dich mit der Lage vertraut, Heinz!« befahl er.
Was der Hauptmann lesen konnte, ist später von Herbert Grieschat in einem Auswertungsbericht zusammengefaßt worden. Der Major war für den Arbeitsbereich Tötungsdelikte in der Hauptabteilung K verantwortlich, wenn man so will – der oberste Mordermittler in der DDR.

Im Ergebnis der Tatortuntersuchungen und der gerichtsmedizinischen Obduktion konnten trotz der fortgeschrittenen Leichenfäule folgende Befunde erhoben werden:
1. Die Leiche des einen Jungen wurde mit geordneter vollständiger Bekleidung in Rückenlage aufgefunden. Sie wies eine Stichverletzung in der Brust und eine tiefe Schnittverletzung an der linken Halsseite auf. Der Tod war auf Verbluten infolge des Halsschnittes zurückzuführen. Das Fahrrad lag in unmittelbarer Nähe des toten Kindes.
2. Die Leiche des anderen Jungen wurde in Bauchlage mit abgtrenntem Kopf aufgefunden. Der Brustbereich wies mehrere Stichverletzungen auf. Die infolge starken Madenbefalls und Leichenfäulnis erklärbare vollständige Abtrennung des Kopfes und damit einhergehende Vernichtung eindeutiger Spuren ließen hier nur die Annahme eines tiefen Halsschnittes zu. Auffällig war bei der sonst geordneten Bekleidung die geöffnete Hosenklappe.
Als Tatwerkzeug kam, nach den Stichverletzungen zu urteilen, ein relativ breites, einschneidiges Messer in Betracht.

Kabel las die Akte ein zweites und ein drittes Mal. Er betrachtete die Tatortfotos und er war erschreckt über die Bestialität, die den Tod der Kinder herbeigeführt hatte. Wer ist dazu wohl fähig, grübelte er. Ein Verrückter vielleicht? Unwillkürlich kam ihm die Bezirksner-

venklinik am Nordostrand der Stadt in den Sinn. »Nachprüfen, ob dort Patienten zur Tatzeit abgängig waren«, notierte er für den Untersuchungsplan.
Nächste Frage: Warum sind die Kinder nicht früher gefunden worden?
Der Eberswalder Fahndungsoffizier erklärte es ihm anhand der Lagekarte. »Wir haben uns auf den stadtnahen Bereich konzentriert. Drehnitzwiesen, Unterheide, Oberheide, Schwärzesee, Unteres Schwärzetal und Leuenberger Wiesen. Weiter südlich haben die Freunde* gesucht. Und hier lagen die Leichen.« Er deutete auf einen Punkt, der etwa fünf Kilometer südwestlich vom Neubaugebiet Westend entfernt lag. »Niemand hat in Wahrheit damit gerechnet, daß die Jungen so weit von der Stadt entfernt waren.«
Was wußten sie über die Familienverhältnisse?
Die ersten Protokolle, die darüber Auskunft gaben, lagen vor. Die Eltern Specht und Louis galten als unauffällig. Sie waren gute Nachbarn, nahmen an den NAW-Einsätzen** im Wohngebiet teil. »Hans Specht ist Mitglied der SED«, hieß es im Ermittlungsbericht des Abschnittsbevollmächtigten. »Er hat einen guten Ruf. Kollegen und Nachbarn bezeichnen ihn als prima Kerl und respektablen Burschen.« Nichts deutete darauf hin, daß eine familiäre Konfliktsituation möglicherweise den Nährboden für das blutige Verbrechen geliefert hatte.
»Verwandtenspiegel!« notierte Kabel. Auch hier waren die Verbindungen unter ähnlichen Gesichtspunkten zu durchleuchten. Die Erfahrung lehrte, daß die meisten Verbrechen an Kindern von Beziehungstätern begangen wurden, von Personen also, die aus dem Lebensumkreis der Kinder kamen. Dazu gehörten Verwandte ebenso, wie Nachbarn oder Freunde der Familie. Ein Racheakt war möglich, aber auch die Beseitigung der Kinder, weil sie unter Umständen Zeugen eines Verbrechens geworden waren.
In der Lagebesprechung der erweiterten MUK skizzierte Kabel seine Versionen und die angedachten Ermittlungsrichtungen. Eine Auswertergruppe wurde gebildet, bei der alle Protokolle und Arbeitsdokumente abzurechnen waren. In Anbetracht der Fülle der zu erwartenden Informationen erschien es unmöglich, den Leiter der MUK mit dieser Arbeit zu belasten. Kabel hielt sich ohnehin gern

* umgangssprachliche Bezeichnung für Angehörige der Sowjetarmee
** NAW – Nationales Aufbauwerk

Hauptmann der K Heinz Kabel – Chef der MUK. Quelle: Heinz Kabel

den Rücken frei, um beim Anfall einer heißen Spur sofort in die Ermittlungen vor Ort einzusteigen.
Die übrigen Kräfte wurden zu Ermittlergruppen zusammengefaßt. Während ein Team sich mit der Auswertung der Straftäterkartei befassen sollte, hatten andere Kriminalisten Alibis zu überprüfen. Die Kinder, die am Franzosenbunker gespielt hatten, sollten erneut vernommen werden.

Noch einmal trat der Hauptmann vor die Karte. »Was ist das hier?« Er deutete auf den Bahnübergang am Tierpark, wo ein dünn gezeichnetes Nebengleis in einem fast vierhundertfünfzig Meter langen und etwa achtzig Meter breiten Areal verschwand. Von hier waren es nur drei Kilometer bis zum Fundort der Leichen. Nach dem Westend höchstens zwei.

»Ein Versorgungsdepot der Freunde!« lautete die Antwort seiner Genossen. Er registrierte ihre verlegenen Mienen. Seit Tagen gab es Gerüchte in der Stadt, daß die Russen etwas mit dem Verschwinden der Kinder zu tun haben könnten.

Die Befragung der Kinder hatte Vorrang. In zwei Wochen schlossen die Schulen ihre Pforten. Die meisten Schüler würden nach der Zeugnisausgabe in ein Ferienlager fahren, andere mit ihren Eltern an die Ostsee oder in die DDR-deutschen Mittelgebirge verreisen. Hauptmann Kabel trieb zur Eile.

Ein halbes Hundert Kinder wurde in den nächsten Tagen von den Ermittlern befragt, manche zwei- oder dreimal ausgequetscht. Das Ergebnis blieb mager. Etwa ein Dutzend Mädchen und Jungen hatte sich am 31. Mai im Drehnitzgebiet aufgehalten. Mario und Henry waren an mehreren Punkten des Waldes gesehen worden, zuletzt aber am Franzosenbunker, wo sich auch ein Fremder herumtrieb, über dessen Alter und Bekleidung die befragten Kinder widersprüchliche Aussagen machten. Während die einen ihn für jung hielten, behaupteten andere, er sei schon »ziemlich alt, so um die Fünfzig« gewesen. In der Auswertergruppe, die Major Popiela leitete, entstanden Personenbeschreibungen von mindestens fünf oder sechs Täterphantomen, die sich für die Fahndung nicht verwenden ließen.

»Unser Ansatzpunkt ist der Franzosenbunker«, beharrte Kabel auf seinem Standpunkt. »Specht und Louis wurden hier zum letzten Mal gesehen. Bei dem, was danach passierte, müssen sie ihrem Mörder über den Weg gelaufen sein.«

»Gefahren«, warf Dr. Kuschel, der im Bezirk für Mordsachen zuständige Staatsanwalt, trocken ein.

»Wie?«

»Ich sagte – gefahren. Die Kinder sind doch mit ihren Fahrrädern zum Tatort gelangt. Also liegt es auf der Hand, daß auch der Täter ein Fahrrad benutzte!«

Polizeiposten bezogen auf den Waldwegen Position. Sie registrierten sämtliche Personenbewegungen und befragten alle Passanten,

ob ihnen am Samstagnachmittag im Waldgebiet drei Radfahrer begegnet wären – zwei Jungen und ein Erwachsener.
Die Tage währende Aktion brachte keine neuen Erkenntnisse.
Mit einem Negativergebnis endeten auch die Ermittlungen im Verwandten- und Bekanntenkreis der Familien Specht und Louis. Seitenlange Protokolle wurden getippt, in denen es von Namen und Adressen nur so wimmelte. Reale Verdachtsmomente oder Anhaltspunkte für weitere Ermittlungen enthielten die im typischen Polizeideutsch abgefaßten Elaborate nicht.
Nun nahmen sie sich den Kreis der Personen vor, die wegen Rohheitsdelikten vorbestraft waren. Dann die Sexualtäter. Schließlich alle Homosexuellen, die Entblößer, danach Handtaschendiebe und zuletzt sogar die Einbrecher. Einen nach dem anderen fischten sie routinemäßig aus der Täterlichtbildkartei, aktualisierten die Wohnadressen und gingen auf Alibijagd.
Nach längerem Hin und Her erwirkte Dr. Kuschel eine Zusammenarbeit mit der Militärstaatsanwaltschaft in Wünsdorf, dem Hauptquartier der Gruppe der Sowjetischen Streitkräfte in Deutschland. Wie in jeder Armee der Welt gab es auch bei den Russen Fahnenflüchtige. Und manche scheuten vor einem Verbrechen nicht zurück, weil sie Geld für ihre Flucht brauchten. Angesichts der spartanischen Verhältnisse, unter denen die Soldaten in den Kasernen hausten, kamen Desertationen oder Suizide häufiger vor. Für die Öffentlichkeit in der DDR waren solche Vorkommnisse Staatsgeheimnis. Wie nicht anders zu erwarten, lautete die Auskunft aus Wünsdorf: »Kein Flüchtiger im betreffenden Zeitraum!«

In der letzten Juniwoche fanden Mario Louis und Henry Specht ihre letzte Ruhestätte auf dem Waldfriedhof zu Eberswalde. Die Eltern hatten beschlossen, die im Leben unzertrennlichen Freunde in einem Gemeinschaftsgrab beizusetzen. In ihrem Schmerz baten sie um eine Trauerfeier in aller Stille. Doch die Anteilnahme aus der Bevölkerung trieb Hunderte von Trauergästen an das Doppelgrab. Vertreter der örtlichen Partei- und Staatsmacht durften da nicht fehlen. Auch sie drückten den Eltern am offenen Grab stumm die Hand, unfähig wie die anderen, Worte des Trostes zu finden.
Selbst der abgebrühteste Polizist, der einem kriminalistischen Auftrag folgend, gleich anderen Beamten auf dem Friedhof nach verdächtigen Personen Ausschau hielt, gestand später »ein überaus beschissenes Gefühl« gehabt zu haben.

Eine Woche darauf erschien eine Todesanzeige in der Presse, die den Dank der Eltern für bezeugtes Mitgefühl einschloß.
Ein schwarzer Stein schmückt heute das Grab. Neben den Namen, Geburts- und Sterbedaten der Kinder steht die Inschrift »Kurz war euer Leben und tragisch der Tod«.
Das in der Bundesrepublik bei solchen Gelegenheiten übliche Medienspektakel fand nicht statt. In der DDR gab es keine Regenbogenpresse. Und die Redakteure der parteiengebundenen Tageszeitungen wünschten keinen Zoff mit ihren Zensoren. Dennoch wußte jeder Einwohner von Eberswalde und in der weiteren Umgebung über den Fall Bescheid. Die Angst grassierte in den Straßen. Kinder sah man nur noch in Begleitung von Erwachsenen. Die Spielplätze in den Wohngebieten blieben leer und auf den verschlungenen Pfaden und Wegen der Wälder ertönte kein Kinderlärm.
Was tat die Polizei?

In erster Linie bekämpfte sie den Frust in ihren eigenen Reihen. Kriminalisten wissen: Je mehr Zeit zwischen einer Tat und der Festnahme eines Täters verstreicht, um so größer wird sein Vorsprung und um so schwieriger die Beweisführung. In Eberswalde lieferte die Zeit den Ermittlern ein gnadenloses Rennen. Alle herkömmlichen Mittel und Methoden waren ausgeschöpft.
Oberst Ernst Strauß, der Leiter der Hauptabteilung Kriminalpolizei, befahl den Spezialisten, Major Grieschat, nach Berlin zum Rapport. Der Hauptmann Dieter Lüdicke von der Untersuchungsgruppe des Ministeriums für Staatssicherheit hatte seinem Minister zu berichten. Die Kreisleitung der SED in Eberswalde und der Sicherheitsbeauftragte der Bezirksleitung verlangten Auskünfte über den Stand der Ermittlungen. Nicht zuletzt erwarteten die Menschen in Eberswalde die befreiende Nachricht von der Festnahme des grausamen Mörders.
Statt dessen wurde die Personaldecke in der erweiterten Morduntersuchungskommission verringert. Das V. Deutsche Turn- und Sportfest in Leipzig verlangte einen Massenaufmarsch an Sicherheitskräften aus allen Bezirken der DDR. Die 1. Synodaltagung des neugewählten Bundes der evangelischen Kirchen in der DDR erhielt oberste Priorität im Überwachungsprogramm des MfS. Und der mit aufwendigem Pomp gefeierte 20. Jahrestag der DDR geriet, wie Insider wissen, zu einem Festival kompletter Heerscharen uniformierter und ziviler Waffenträger.

Verärgert packte Heinz Kabel seine Akten unter den Arm und fuhr zur Bezirksstaatsanwaltschaft. Die Majore Grieschat und Popiela begleiteten ihn. Dr. jur. Heinz Kuschel, ein mittelgroßer, untersetzter Mann, der die Abteilung II bei der Bezirksstaatsanwaltschaft leitete, führte die Aufsicht über das Ermittlungsverfahren. Er und Kabel kannten einander aus langjähriger Zusammenarbeit; jeder wußte um die Stärken und Schwächen des anderen.
Während Kuschels Sekretärin, eine dunkelhaarige Schönheit, in deren Adern romanisches Blut floß, den obligatorischen Kaffee servierte, erstattete Kabel Bericht.
»Ihr seid mit eurem Latein am Ende«, faßte Kuschel seinen Eindruck zusammmen. »Das kann uns in Teufels Küche bringen, Genossen!«
Major Popiela raffte sich zu der Bemerkung auf: »Solange ich dabei bin, habe ich einen solchen Fall noch nicht erlebt. So brutal und ohne erkennbares Motiv.« Erst Jahre später sollte sich erweisen, wie recht der Major mit diesem Bekenntnis hatte. Die Eberswalder Knabenmorde gehörten in ihrem Charakter und Ausmaß in eine Verbrechenskategorie, die es bislang in der Kriminalgeschichte der DDR nicht gegeben hatte. Das erklärt in gewisser Weise die Hilflosigkeit der Kriminalbeamten.
»Gewiß gibt es ein Motiv«, konterte Staatsanwalt Kuschel. »Ihr habt es bloß nicht entdeckt! Vielleicht muß man die Lösung doch im Umkreis der Familien suchen?«
Herbert Grieschat schaltete sich ein: »In der Fachliteratur wird ein Liegenlassen des Opfers als relativ lose Täter-Opfer-Beziehung gedeutet. Mit anderen Worten: Der Täter rechnet damit, daß seine Beziehungen zum Opfer der sozialen Umwelt verborgen geblieben sind. Es gibt keinen Zeugen, der ihn mit den Kindern gesehen hat.«
»Für eine Person aus dem Familienkreis kann ich mir das nicht vorstellen«, schob Heinz Kabel nach.
Der Staatsanwalt nickte. »Da ist was dran, Genossen. Was bedeutet das für die Ermittlungen?«
»Wahrscheinlich haben wir es mit einem Sexualmord zu tun, wenn auch nicht im herkömmlichen Sinne.«
Dr. Kuschel bearbeitete mit der rechten Hand seinen schütteren Haarwuchs. »An den Leichen wurden keine Spuren von Vergewaltigungen gefunden. Weder Sperma noch andere Anzeichen.«
»Nicht im herkömmlichen Sinne«, gab Grieschat zu. »Aber da ist die geöffnete Hosenklappe bei Henry Specht. Und da sind die kleinen Stichverletzungen im Brustbereich, die wir als Spuren der rea-

len Bedrohungssituation für den Jungen angesehen haben. Heute würde ich sie als Hinweis auf eine mögliche sadistische Neigung des Täters werten.«

»Was schlagen Sie vor?«

»Wir sollten einen Gutachter zu Rate ziehen.«

»Haben Sie jemand bestimmten im Auge, Genosse Grieschat?«

»Ich habe an einen Dozenten der Humboldt-Universität gedacht. Ist Ihnen der Name Doktor Doktor Hans Szewczyk ein Begriff?«

»Flüchtig, mein Lieber. Nur flüchtig.«

»Szewczyk leitet die Gerichtspsychiatrie der Nervenklinik im Charité-Bereich. Er hat sich mit dem Thema ›Sadismus – eine Form der sexuellen Abnormität‹ auseinandergesetzt. Können Sie übrigens im ›Forum der Kriminalistik‹ nachlesen.« Grieschat deutete auf einen Sammelband der Kripo-Fachzeitschrift in Kuschels Bücherschrank.

»Also gut.« Der Staatsanwalt ließ sich von den Chefermittlern überzeugen. Gemeinsam arbeiteten sie die Fragen aus, die Kuschel samt Ermittlungsakten an die Charité übergab.

Der Dozent Dr. med. habil. Dr. rer. nat. Diplompsychologe Hans Szewczyk benötigte einige Zeit für sein Gutachten. Selbstverständlich wußte er aus der internationalen Fachpresse, daß solche Täterhypothesen, wie man sie von ihm erwartete, in den USA bereits üblich waren, aber hier in der DDR bedeuteten sie absolutes Neuland. Einerseits mußte er vorsichtig formulieren, um seinen Ruf als Koryphäe nicht zu gefährden, und anderseits war das Quellenmaterial, das Polizei und Staatsanwaltschaft ihm zur Verfügung stellten, nur im beschränkten Maße aussagefähig.

»Der Verdacht einer sexuellen Abnormität ergibt sich vielfach bereits aus der Tatortsituation«, führte Szewczyk aus. »Wenn das Vorgehen des Täters nicht mit der Tatversion einer Vergewaltigung übereinstimmt und zum Beispiel die Leiche Verletzungen zeigt, die mit dem Ziel einer Vergewaltigung oder der Tötung des Menschen ebenfalls nicht erklärbar sind.« Er verwies auf die geringfügigen Stichverletzungen. »Einem Sadisten schaffen Quälen und Schmerzenzufügen diejenige Befriedigung, die ein anderer bei der Vollführung des Geschlechtsaktes empfindet. Ziel der Handlung eines solchen Täters ist also nicht die Vollendung des Geschlechtsverkehrs, wohl aber sind fast stets Mißhandlungen sexueller Selbstzweck. Dabei empfindet der Sadist um so größere Befriedigung, je stärker der Widerstand des Opfers schon gebrochen ist.«

Es folgte die allgemein gehaltene Beschreibung: »Ein Sadist ist an seinem Äußeren und an seinem Allgemeinverhalten als solcher nicht zu erkennen. In der Mehrzahl sind sie gehemmte, ängstliche und übergenaue Menschen, die sich sonst nicht in geeigneter Weise durchsetzen können. Sexuell sind sie häufig Spätentwickler, ohne große Triebkraft, vielfach impotent, oder sie kommen auf normale Weise nicht zur geschlechtlichen Befriedigung. Ein großer Teil hat bis zur Tat nie sadistische Handlungen vollführt, aber sie in Tagträumen, vor allem aber bei Onaniephantasien immer wieder durchlebt. Die Zahl ihrer Sexualkontakte vor der Tat ist zumeist gering. Sie bevorzugen häufig ältere Frauen. In der Ehe beugen sie sich der Meinung und dem Willen der Frau.« Für die Person des unbekannten Mörders von Eberswalde folgerte er,

> daß es sich bei dem homophilen Sadisten um eine noch ziemlich jugendliche männliche Person handeln kann, die vermutlich in geordneten, mit hoher Wahrscheinlichkeit nicht asozialen Verhältnissen lebt.
>
> Über die Ursachen des Sadismus gibt es bisher noch keine gesicherten Erkenntnisse. Der Sadismus als sexuelle Perversion ist nicht heilbar, eine Rückfallgefahr ist immer vorhanden.

Der letzte Satz jagte nicht nur Heinz Kabel Schauer über den Rücken.

Ende November 1969 bestätigte Dr. Kuschel die »vorläufige Einstellung des gegen Unbekannt eingeleiteten Ermittlungsverfahrens gem. § 143, Ziff. 1 der Strafprozeßordnung, weil der Täter nicht ermittelt werden konnte«.

Natürlich war das Verfahren mit der vorläufigen Einstellung nicht endgültig vom Tisch. Jeder Straftäter, der 1969 und 1970 in Eberswalde und Umgebung in Erscheinung trat, wurde hochnotpeinlichen Verhören unterzogen, um möglichen Zusammenhängen zur ungeklärten Mordsache doch noch auf die Spur zu kommen. Daß der Aufwand mit fortschreitender Zeit nachließ, ist nachzuvollziehen, obwohl Heinz Kabel Szewczyks unheilvolle Prognose nie ganz aus dem Gedächtnis verlor: »Der Sadismus als sexuelle Perversion ist nicht heilbar, eine Rückfallgefahr ist immer gegeben!«

Freitag, der 9. Oktober 1971. Zwei Jahre und vier Monate waren seit der grausamen Bluttat im Eberswalder Forst vergangen. In Finow-Ost, westlich der Drehnitzwiesen, stampften Bauleute ein weiteres Wohngebiet aus dem märkischen Sand. Kinder bevölkerten wieder

die stadtnahen Waldgebiete, und die Spielplätze waren so belebt, als wären die Erinnerungen an den zweifachen Knabenmörder längst getilgt.
Doch das Raubtier war nicht verstorben, wie manche Ermittler inzwischen glaubten. Niemand ahnte, daß ein neunzehnjähriger Koch, der unauffällig im Westend lebte, dieses furchtbare Doppelleben führte. Da war einerseits die bieder-bürgerliche und an den sozialistischen Staat angepaßte Welt seiner Eltern, in der die Mutter, eine angehende Ingenieur-Ökonomin, dominierte, und andererseits die Phantasiewelt eines Pubertierenden, die sich immer stärker auf abstruse sexuelle Inhalte konzentrierte. Seit er als Vierzehnjähriger ein Mädchen auf dem Schulhof küssen wollte und dafür geohrfeigt worden war, wuchs seine Abneigung zum weiblichen Geschlecht. Und als der dickliche Junge eines Tages seinen Klassenkameraden von einem Huhn »Amanda« erzählte, das auf einem Auge blind im elterlichen Garten lebte, hatte er seinen Spitznamen weg. Das Gefühl, ausgestoßen zu sein, machte ihn zum Einzelgänger. Die allmähliche Veränderung seiner psychischen Strukturen ließ bestimmte sexuelle Triebvorstellungen wachsen. Es zog ihn zu Jungen mit hübschen Gesichtern und zarten Körpern, möglichst blond sollten sie sein, und vor allem schwächer als er. Bilder von wilden Folterszenen begleiteten seine Onaniephasen. Ende 1968 nahmen die Phantasien auch von seinen Träumen Besitz. Im April 1969 verstärkten sie sich derart, daß er Nacht für Nacht von Folter und Tötungen träumte. Sechs Wochen später wurden sie grausame Realität.
Nach den Morden an den beiden Jungen, die ihm höchste Lust verschafft hatten, ließen die Träume nach. Die Gefahr, entdeckt zu werden, dämpfte seinen satanischen Trieb. Doch im Sommer 1971 setzten die Träume mit unverminderter Wucht wieder ein, entbehrten bald nicht mehr einem suchtartigen Zwang. Ruhelos kreisten seine Vorstellungen um ein neues Tötungserlebnis, bis alle inneren Hemmschwellen brachen und das Raubtier erneut in den Forsten spürte.
»Heute muß es klappen«, motivierte sich der Neunzehnjährige, der seit gut zwei Stunden um die Drehnitzwiesen strich. In der Nähe einer Futterstelle für Rehwild vernahm er lärmende Kinderstimmen. Er nahm Witterung auf. Schon das Anschleichen, Beobachten und Absichern bereiteten ihm eine gewisse Art von Genuß. Doch die Situation in der spielenden Gruppe entsprach nicht seinen Erwartungen. In seiner Vernehmung sagte er später aus:

Ich habe die Kinder aus dem Grunde wieder verlassen, einmal weil es zu viele Kinder waren, zum anderen, weil ein Mädchen dabei war und weil ich Mädchen für meine sexuellen Handlungen nicht gebrauchen konnte. Deshalb habe ich die Kinder nach kurzer Zeit wieder verlassen.

Weitergehen, trieb er sich an. Weitersuchen! Gegen 17 Uhr – es dämmerte bereits – gab er seine Hoffnungen endgültig auf. Heute findest du keinen, dachte er enttäuscht und wandte sich dem Waldrand zu. Als er auf den Weg hinaustrat, der das Gelände von den ersten Häusern des Westendgebietes abgrenzte, vernahm er ein klapperndes Geräusch. Sein Blick fiel auf einen Bretterstapel, den man wohl für Reparaturarbeiten an einer Schutzhütte und an den Bänken des Ausflugsgebietes herbeigekarrt hatte. Zwei Jungen kletterten auf dem Stapel herum. Zwischen 11 und 12 Jahren, der eine blond und schmächtig, mit einer pfirsichzarten Haut. Dieser und kein anderer! – schoß es ihm durch den Sinn. Sofort war die Erregung da.

»Was macht ihr denn da auf den Brettern?« schnauzte er im oft gehörten Befehlston. »Das ist verboten! Runter und sofort herkommen!«

Die Kinder spritzten auseinander. Während der größere Junge instinktiv zu den nahen Wohnbauten flüchtete, rannte der kleinere in den Wald hinein, dicht gefolgt von dem unheimlichen Fremden. Sie brachen durch die Büsche. Keuchender Atem. Hastige Schritte. Die Drehnitzwiesen. Am jenseitigen Waldrand eine Sandkuhle. Der Junge stolperte, fiel hinein. Im nächsten Augenblick war der Mörder über ihm.

… und ich denke mir, da wolltest du ihn sowieso hinhaben, und bin gleich hinterher. Er gefiel mir, ich hätte ihn um keinen Preis mehr losgelassen. Ich habe ihm kleine Stiche mit dem Messer versetzt. Er mußte sich ausziehen. Ich befühlte sein Geschlechtsteil, griff so hart zu, daß er wimmerte.

Ein unverhofftes Geräusch in der Nähe zwang das Untier einzuhalten. Vielleicht war es das Klappern eines Fahrrades oder die raschen Schritte eines joggenden Freizeitsportlers. Der Mörder warf sich den Körper des Jungen über die Schulter und schleppte ihn 50 Meter tiefer in den Wald hinein. Er spürte die Todesangst des Kindes, die ihn belustigte. Es war alles so wunderbar arrangiert, wie er es sich besser nicht vorstellen konnte. Ein geiler Kitzel, den er durch weitere Messerstiche stimulierte. Der Junge schrie.

Jetzt war ich auf vollen Touren, habe zugestochen. Mehrmals kleine

Stiche in den Rücken, dann in die Brust, in den Kopf. Kurz vor dem Höhepunkt den ersten Schnitt an der Halsschlagader durchgeführt …
Wie ein elektrischer Stromschlag jagte der Orgasmus über den Rücken des Mörders. Eine Welle der Glückseligkeit schwappte über ihm zusammen. Leicht wie eine Feder fühlte er sich jetzt, beschwingt und beseelt von einer undefinierbaren Euphorie, die in diesem Moment seine Gefühlswelt dominierte.

Als der zwölfjährige Frank Fuhrmann nach Einbruch der Dunkelheit in der elterlichen Wohnung erschien, stand ihm das schlechte Gewissen im Gesicht geschrieben. Es dauerte eine Weile, bis die Mutter seine Bedrücktheit bemerkte. Nach mehrmaligem Fragen erzählte er seinen Eltern von dem Erlebnis am Bretterstapel.
»Und wo ist Ronald jetzt?« wollte der Vater wissen.
»In den Wald gerannt.«
»Und der fremde Mann ist hinter ihm her?«
Die Familie Winkler wohnte im gleichen Haus. So erfuhren die Fuhrmanns, daß Franks gleichaltriger Freund Ronald nicht nach Hause zurückgekehrt war. Panisches Entsetzen flog durch den gesamten Wohnblock. Die Menschen erinnerten sich der tragischen Ereignisse des Jahres 1969. Mit Lampen und handfesten Knütteln bewaffnet zogen die Männer durch den Wald. Erst gegen 23.00 Uhr, die verzweifelte Suche war erfolglos abgebrochen worden, verständigte Herr Winkler die Polizei.
Der Diensthabende Offizier beorderte die beiden Funkstreifenwagen nach Westend. Zwei Einsatzzüge der Feuerwehr rückten zur Unterstützung an. Für den Personalbestand des VPKA wurde Einsatzalarm ausgelöst.
Zwei Stunden später fanden die Suchtrupps den toten Ronald Winkler. Der kleine Leichnam lag rücklings gegen eine Baumwurzel gelehnt, verblutet an einem Halsschnitt.
Verschlüsselte Blitzfernschreiben informierten die Bezirksbehörde in Frankfurt/Oder und den Leitungsdienst der Hauptabteilung Kriminalpolizei in Berlin. Gut zweihundert Polizeibeamte aus den verschiedenen Dienstzweigen der VP, darunter die Spezialisten des Kriminalistischen Institutes, und zahlreiche Mitarbeiter des MfS wurden in Marsch gesetzt.
Der Bericht des DDR-Chefermittlers in Sachen Mord und Totschlag, Major der K Herbert Grieschat, hielt fest:
Bereits die erste Inaugenscheinnahme des Fundortes ließ den Zu-

sammenhang mit den Morden im Jahre 1969 deutlich werden. Die Leiche wies zahlreiche Stichverletzungen und einen klaffenden Halsschnitt auf. Auf Grund der eingetretenen Situation – es mußte mit weiteren Angriffen des sich nun deutlich als Lustmörder manifestierenden Täters gerechnet werden – machten sich außergewöhnliche Maßnahmen erforderlich.
Es wurden mehrere Morduntersuchungskommissionen und zusätzlich eine große Anzahl Kriminalisten eingesetzt.
Einer Spezialistengruppe oblag die Anleitung, Kontrolle und Koordinierung der Untersuchung.

Während die Anleiter und Kontrolleure mit der Unterbringung der aus verschiedenen Bezirken und Dienststellen eintreffenden Einsatzkräfte beschäftigt waren – sowohl Arbeitszimmer als auch Nachtquartiere mußten gefunden werden –, konzentrierten sich die Gerichtsmediziner und die Spezialisten des Kriminalistischen Institutes auf die Tatortuntersuchung.

Waldgebiet, in dem Ronald Winklers Leiche gefunden wurde. Quelle: Archiv des Autors

Mehrere 800 W Halogen-Leuchten stellten sie auf. Um die notwendige Stromzufuhr kümmerte sich die Feuerwehr, die zwei Dieselaggregate herankarrte.
»Die Leiche ist bis auf eine Sandale, die neben den Füßen des To-

ten liegt, vollständig bekleidet«, hielten die Untersucher sodann im Protokoll fest. »Erdverschmutzungen im Unterbauch- und Genitalbereich sowie ein ungeordneter Sitz der Hosen deuten auf sexuelle Manipulationen des Täters hin. Die Todeszeit ist mit dem Zeitpunkt des Vermißtseins gleichzusetzen. Hinsichtlich des Tatwerkzeuges muß an ein relativ breites einschneidiges Messer mit feststehender oder feststellbarer Klinge gedacht werden.«
Major Klaus Schwenzer, ein diplomierter Biologe, und seine Kollegen von der trassologischen Disziplin nahmen sich Zentimeter für Zentimeter des Waldbodens vor. Buchstäblich auf den Knien krochen sie über die Erde, sie drehten jeden Grashalm und jedes vertrocknete Blatt um. An verschiedenen Kiefernzweigen entdeckten sie Faserbüschel, die sich zwischen den zentimeterlangen Baumnadeln verfangen hatten. Im Lichtkegel der Halogen-Scheinwerfer schimmerten sie wie die Fäden des Altweibersommer.

Faserspuren an einem Kiefernzweig. Quelle: Archiv des Autors

»Was hältst du davon?« fragte Schwenzer seinen Assistenten.
»Wenn mich nicht alles täuscht – Kunstfasern. Und wenn wir Glück haben, stammen sie vom Täter.«
Nachdem die Spurenlage fotografiert war, nahm Schwenzer eine Gartenschere zur Hand. Er schnitt die fasertragenden Zweige vom Baum und asservierte sie in geräumigen Plastiktüten.
In einem Zimmer des Volkspolizei-Kreisamtes sortierte Heinz Kabel unterdessen die alten Akten. Das Personalkarussell auf den Leitungsebenen der Kriminalpolizei hatte sich seit 1969 in Berlin und in Frankfurt/Oder mehrfach gedreht. Leiter der Hauptabteilung K war Helmut Nedwig geworden, ein dreiundvierzigjähriger Oberst, der sich mit Vehemenz für die Erneuerung des technischen Ausrüstungsgrades der Kriminalpolizei engagierte. Er entsandte seinen Vertreter Arthur Dietzsch und den Leiter der Abteilung II, Oberstleutnant Eylhauer, nach Eberswalde.
Herbert Grieschat behauptete zwar später, daß die Leitung der komplexen Untersuchung dem Chef der Kripo »des betreffenden Bezirkes« übertragen worden sei, doch die erfahrenen Praktiker der Eberswalder und Frankfurter Kripo haben andere Erinnerungen. 1970 war Major Willi Hoheisel auf den Sessel des K-Leiters im Bezirk Frankfurt/Oder gerückt. Der Major war ein Vorzeigekriminalist aus dem Bezirk Halle. Die Parteiideologen hatten ihn Ende der sechziger Jahre zu einer Art Adolf Hennecke in der Kripo aufgebaut. Altgedienten VP-Kriminalisten entlockt seine »Merseburger Initiative« noch heute ein mitleidiges Lächeln. Hinter dem hochtrabenden Begriff verbarg sich nicht mehr als die straffe Durchsetzung der Führungsprinzipien.
Unter Popielas, Kabels und Grieschats Leitung wurden die in doppelter Kompaniestärke angerückten Kriminalisten in fünf Untersuchungsgruppen aufgeteilt. Jede erhielt ihr konkretes Arbeitsfeld. Während die einen sich mit der Tatortuntersuchung einschließlich Spurensuche, -sicherung und -auswertung befaßten, hatten andere die Personenbewegungen und Zeugen zu ermitteln oder sie gingen Hinweisen und Einzelspuren nach, die sich aus der Bearbeitung aktiver Verdachtsrichtungen ergaben. Angesichts der zu erwartenden unvermeidlichen Papierflut an Berichten, Protokollen, Einschätzungen und Gutachten wurde ein sechstes Team gebildet, das die einlaufenden Informationen zu sichten, zu speichern und für weitere Ermittlungsaufträge aufzuarbeiten hatte. Diese Auswertergruppe unterstellte Popiela seinem unmittelbaren Befehl.

Womit beginnen?
Zunächst versuchten sie es mit der oft erprobten Routine. Noch vor Mittag rollte der Lautsprecherwagen wieder durch Eberswalde und rief die Bevölkerung zur Mitfahndung auf. Erneut wurden Plakate gedruckt und in den Betrieben und Wohngebieten ausgehängt. Bald gab es keinen Menschen in der Stadt, der nicht mit Ronald Winklers Personenbeschreibung und der Frage, wo er zuletzt lebend und in Begleitung anderer Personen gesehen wurde, vertraut war.
Etwas mehr als dreihundert Familien wohnten 1971 im Westendviertel. Vom frühen Morgen bis weit nach zweiundzwanzig Uhr schwärmten hier die Ermittler auf »Klingeltour« aus, um jeden Erwachsenen anhand vorbereiteter Vernehmungsspiegel nach seinem Aufenthaltsort zur Tatzeit und nach Personen, die seine Angaben bestätigen konnten, zu befragen. Die solchermaßen gewonnen Daten wurden der Auswertergruppe zur Verfügung gestellt, die sie auf ein Schaudiagramm übertrug, das alle wichtigen Zeit- und Bewegungsabläufe im Wohnviertel und im Bereich der Drehnitzwiesen grafisch verdeutlichte.
Heinz Kabel und sein neuer Mitarbeiter Erdmann nahmen sich noch einmal Frank Fuhrmann vor. Es stand außer Zweifel, daß der Zwölfjährige den Mörder gesehen hatte, und daß er nur um Haaresbreite einem grausamen Schicksal entronnen war. Doch so sehr sie sich mühten, das Erinnerungsvermögen des Jungen zu aktivieren, der Erfolg blieb aus. Franks Beschreibung zielte auf einen Mann, nicht jung und nicht alt, nicht ganz so groß wie der Herr Kriminalhauptmann. Ob eine helle oder dunkle Stimme – er wußte es nicht zu sagen. Das schreckhafte Erlebnis am Bretterstapel hatte sein Gedächtnis blockiert.
Sie ermittelten auch die Kinder, die an der Drehnitzwiese gespielt hatten. Nur vage erinnerten sie sich an einen »großen Jungen«, der kurzzeitig bei ihrer Gruppe aufgetaucht war. Dieser Begriff, der in den meisten Aussagen vorkam, ließ verschiedene Deutungen zu. Nachdem die Psychologen sich den Wahrheitsgehalt der Aussagen angesehen hatten, einigte man sich auf die Person eines jungen Mannes, der zwischen 15 und 25 Jahren alt sein mochte.

Das rollende Labor des Kriminalistischen Institutes, ein »W-50-Koffer« aus dem IFA-Fahrzeugwerk Ludwigsfelde, war auf dem Hof des Feuerwehrgebäudes in der Weinbergstraße stationiert, neben einer alten Baracke. Elektrokabel führten zu den Kellerfenstern

des Haupthauses hinüber. Sie sicherten die Stromversorgung für den Laborwagen. Als Herbert Grieschat und Heinz Kabel den Spezialisten ihre Aufwartung machten, feilten Schwenzer & Co gerade an den Formulierungen für ihr Fasergutachten.
»Nett, daß ihr mal bei uns reinschaut«, sagte Schwenzer. »Ihr erspart mir einen Weg.«
Kabel, der zum ersten Mal in dem vielgelobten Fahrzeug weilte, sah sich neugierig um. Vor der rechten Fensterfront zog sich ein gekachelter Labortisch hin. Links eine hüfthohe Schrankreihe, darüber festgeschraubte Wandhalter und Regale, in denen die unterschiedlichsten technischen Geräte fixiert waren. Kabels Blick erfaßte die Reagenzgläser, Flüssigkeitsbehälter, Elektroverdampfer, Vergleichsmikroskope und einen Bücherschrank, wohlbestückt mit Katalogen und naturwissenschaftlichen Nachschlagewerken. Irgendwelche Geheimapparaturen entdeckte er nicht.
»Also – wie stehen unsere Chancen?« fragte Grieschat.
»Erstens: die Fasern stammen tatsächlich von der Bekleidung des Täters, und zweitens …«
»Warte mal, warte«, unterbrach Kabel den Biologen. »Wieso seid ihr so sicher, daß es die Fasern des Täters sind? Jeder andere Spaziergänger kann sie doch auch im Wald verloren haben – oder?«
Schwenzer setzte ein überlegenes Lächeln auf. »Wir haben Bruchstücke der gleichen Fasern als Abrieb an der Bekleidung des getöteten Kindes gefunden.«
»Und zweitens?« fragte Grieschat.
»Die Fasern bestehen aus einem Kunststoff, der nicht zum Produktionssortiment in der DDR gehört.«
»Was heißt das?«
»Es sind Kunststoffasern, die in der Textilindustrie des kapitalistischen Auslands, zum Beispiel in der Bundesrepublik, Verwendung finden.«
»Habt ihr keine genauere Vorstellung?«
»Ich denke an eine Art von Webpelz«, erklärte Schwenzer.
Kabel staunte. »Ein Mörder im Pelzmantel?«
»Red keinen Unsinn!« konterte Schwenzer. »Diese Art von Webpelz wird als Futter in der Oberbekleidungsindustrie verarbeitet. Stell dir eine Kutte, einen Anorak oder eine Lederjacke vor.«
Kabel überlegte schon, wie man diese Aussage für die Fahndung nutzen konnte. Ihm fiel nichts Passendes ein. Für die direkte Suche nach dem Tatverdächtigen erwies sich der Hinweis auf den Webpelz

kaum als brauchbar. Sollten sie allerdings einen Verdächtigen an der Angel haben, könnte man sich nach dem entsprechenden Kleidungsstück umsehen, um die Anwesenheit des Trägers am Tatort vermittels Faservergleich nachzuweisen.
»Auf jeden Fall könnt ihr davon ausgehen, daß der Täter Verbindungen in die Bundesrepublik hat, und daß er gelegentlich Bekleidungsstücke von dort bekommt«, machte Schwenzers Assistent, ein Oberleutnant, den Ermittlern Hoffnung.

Der »W-50-Koffer«, das mobile Labor der KI. Quelle: Archiv des Autors

»Oder er hat sie sich im An- und Verkauf geholt!« schloß Kabel unwillig die Debatte ab. Westkontakte – wie die verwandtschaftlichen Beziehungen von DDR-Bürgern in die Bundesrepublik im ostdeutschen Amtsjargon hießen – waren ein rotes Tuch für Heinz Kabel. Jahrelang hatte seine Mutter ihn mit Vorwürfen überhäuft, weil ihre Reiseanträge zu Verwandtenbesuchen in die BRD von den Mitarbeitern der Abteilung Paß- und Meldewesen im VPKA Eberswalde mit steter Regelmäßigkeit abgelehnt wurden, wobei sie sich auf die polizeiinterne »Geheimhaltungsordnung« beriefen, derzufolge Familienangehörige ersten Grades nicht in den Westen reisen durften. Erst die Demarche eines weniger peniblen Vorgesetzten, der darauf verwies, daß die Regelung nur für den Fall gemeinsamer Haushaltungsführung zuträfe, hatte die Eberswalder zum Einlenken bewogen. Den Fleck in Kabels Personalakte konnte der Dezernatsleiter nicht verhindern.

Im Volkspolizei-Kreisamt traten sich die Mitarbeiter der Untersuchungsgruppen inzwischen gegenseitig auf die Füße. Zwar hatten die städtische und die Kreisverwaltung einige Räume zur Verfügung gestellt, die man zu provisorischen Arbeitszimmern für die Kriminalisten umfunktionierte, doch der allgemeine Platzmangel blieb. Mitunter saßen drei, vier oder fünf Polizisten in einem Büro. Sie teilten sich Telefone und Tische und stritten um die wenigen Schreibmaschinen, auf denen sie im Zweifingersuchsystem ihre Protokolle tippten. Die Flut von beschriebenem Papier versiegte in diesen Tagen nicht. Erst als der DDR-Kripo-Chef Nedwig zu einem Kurzbesuch nach Eberswalde kam und einer der Offiziere die Gunst der Stunde nutzte, um den Oberst auf die Mängel aufmerksam zu machen, änderte sich die Situation.
Die Angst vor einem erneuten Zuschlagen des Mörders nistete sich in der Stadt ein, die nicht frei von Hysterie war. Wer als Fremder nach Eberswalde kam und zufällig ein Kind nach dem Weg fragen wollte, geriet in die Gefahr als Kindermörder gelyncht zu werden. Die Stimmung in der Bevölkerung schwankte. Während die einen alle Maßnahmen der Polizei unterstützten, schimpften jene, die – aus welchen Gründen auch immer – ins Fahndungsnetz der Mordkommissare gerieten. Drei oder vier Mal wurden manche, und immer wieder unter anderen Gesichtspunkten, von den Beamten überprüft. Zeitweise war der Kreis kleiner, dann wieder größer, bis das Sieb erneut geschüttelt wurde. Frust staute sich bei den Betroffenen auf, nicht zuletzt auch über die scheinbare Unfähigkeit der Polizei. In dieser Situation quartierte sich ein weiterer Führungsstab im Gebäude der SED-Kreisleitung ein. Die »Bezirkseinsatzkommission«, in der vor allem Parteifunktionäre, MfS-Offiziere und leitende Polizeikommandeure das Sagen hatten, galt als Krisenstab, der nur bei besonderen Lagen zusammentrat. Eine solche war nach Meinung der Funktionäre, die im Grunde wenig von der kriminalistischen Arbeit verstanden, in Eberswalde gegeben. Bei Staatsanwalt Dr. Kuschel sowie den Praktikern Popiela, Kabel und Major Grieschat stießen solche Aktivtäten auf wenig Gegenliebe, wenngleich letzterer auch schrieb:

Es sei besonders hervorgehoben, daß die Volkspolizei bei diesem Einsatz die größte Unterstützung der Bevölkerung sowie von der Kreisleitung der SED, dem Rat der Stadt und den volkseigenen Betrieben erfahren hat.

Die Zahl der Hinweise, denen die Polizei mit aller Akribie nachspürte, überstieg bald die Tausend. Nicht immer bezogen sie sich unmittelbar auf die Knabenmorde, doch die Bereitschaft der Menschen, mit den Ermittlern über Dinge zu reden, die sie irgendwann beobachtet und als merkwürdig empfunden hatten, löste in der Ausnahmesituation die Zungen. Da fühlte sich niemand als Denunziant. Viele Straftaten, darunter Diebstähle und Einbrüche, von denen die Polizei nichts wußte, konnten bei der Gelegenheit aufgeklärt werden. Die Aufklärungsquote in der Kriminalstatistik der Eberswalder Kripo schnellte im Oktober und November 1971 mühelos auf die Hundert-Prozent-Marke.

So befriedigend die kriminalistischen Nebenprodukte für den Eberswalder Polizeichef auch sein mochten, in der dreifachen Mordsache ging es keinen Schritt voran. »Wir trampeln auf der Stelle«, gestand Popiela während einer Stabsbesprechung vor der großen Krisenkommission. »Wir wissen, daß der Täter vermutlich ein junger Mann ist und daß er in Eberswalde wohnt. Und wenn ich auf Doktor Szewczyks Täterbeschreibung aus dem Jahre 1969 zurückgreife, dann muß es sich um einen homophilen Sadisten handeln. Aber wo, um Himmels willen, findet man einen solchen Burschen?«

Staatsanwalt Kuschel stutzte. »Warum fragen wir das den Herrn Doktor nicht selbst? Sie haben doch einen guten Draht zu Szewczyk. Bitten Sie ihn, zu uns nach Eberswalde zu kommen, Genosse Grieschat!«

Szewczyk kam. Doch zunächst weigerte er sich, die ihm gestellte Aufgabe sang- und klanglos zu übernehmen.

»Bitte, verstehen Sie mich nicht falsch, Herr Staatsanwalt. Wir haben es schon mal probiert, und genutzt hat es, wie Sie wissen, nicht viel. Zu viele Unwägbarkeiten stecken in dieser Problematik. Wenn ich Ihnen wirklich helfen soll, dann nicht im Alleingang. Stellen Sie mir die verehrten Kollegen Obermedizinalrat Dr. Barylla von der hiesigen Bezirksnervenklinik und den Herrn Oberstleutnant Ochernal aus Waldheim zur Verfügung. Dann will ich's, bittschön, nochmal versuchen.«

Medizinalrat Dr. Manfred Ochernal leitete als ärztlicher Direktor die

Strafvollzugsanstalt in Waldheim. Seit 1716 wurde die alte Burganlage abwechselnd als Zucht-, Armen- und Waisenhaus genutzt. In aller Welt bekannt geworden ist die Anstalt aber erst durch die »Waldheimer Prozesse« im Jahre 1950. Eines der unseligsten Kapitel in der Justizgeschichte der DDR. Zu Beginn der sechziger Jahre erhielt die Anstalt eine psychiatrische Abteilung, in der Dr. Ochernal das Sagen hatte. Der tägliche Umgang mit den Strafgefangenen wies ihn nach Szweczyks Ansicht als qualifizierten Praktiker aus. Da die Anstalt in Waldheim – wie der gesamte Strafvollzug in der DDR – dem Ministerium des Innern unterstand, veranlaßte Nedwigs Stellvertreter, Arthur Dietzsch, den Marschbefehl für den Waldheimer Medizinalrat im Obristenrang.

Szewczyk war immer noch nicht zufrieden. »Haben Sie schon mal von dem Fall Jürgen Bartsch gehört? Wahrscheinlich nicht, meine Herren. Der sogenannte ›Kirmesmörder‹ hat in einem Zeitraum von nur wenigen Jahren mindestens vier Knaben auf grausame Weise zu Tode gefoltert. Bei der ersten Tat war er fünfzehn Jahre alt, bei der letzten neunzehn.«

»Hier bei uns?« echote ein dabeistehender Funktionär erschreckt.

Szewczyk überhörte den Zwischenruf. »Das Landgericht Wuppertal hatte eine lebenslängliche Zuchthausstrafe verhängt. 1969 hob der Bundesgerichtshof die Entscheidung auf. Bartsch wurde zu zehn Jahren Jugendstrafe und Einweisung in eine Heilanstalt verurteilt. Leider kenne ich den Fall auch nur aus der medizinischen Fachliteratur. Man müßte die Akten sehen. Vielleicht habe ich bei unserem Kölner Kollegen, dem Hauptgutachter Professor Paul Bresser, ein bissel Glück. Wir korrespondieren gelegentlich. Das kann aber dauern, meine Herren.«

»Dann versuchen wir es auf unserer Schiene«, erklärte Hauptmann Lüdecke, der das Gros der MfS-Mannen in der Eberswalder Mordsache kommandierte. Noch am gleichen Tage telefonierte er mit seinem Vorgesetzten, Oberstleutnant Pyka.

Am 15. Oktober, sechs Tage nach Ronald Winklers Tod, nahm die Kommission ihre Arbeit auf. Der »Tscheff«, wie Szewczyks Spitzname an der Charité lautete, schleppte einen kompletten Stab von Assistenten an. Unzählige Akten gingen sie durch, darunter auch das von Mielkes Mannen herbeigeschaffte »Kirmesmörder«-Material. Sie diskutierten das Für und Wider einzelner Krankengeschichten, stellten Thesen auf, verwarfen sie erneut und kamen erst am 18. Oktober zu der einhelligen Auffassung, daß man mit hoher Wahr-

scheinlichkeit nach einem sadistisch veranlagten jüngeren männlichen Triebtäter aus Eberswalde suchen müsse, der homosexuell-pädophil fixiert sei.
»Das heißt, der ist auf kleine Jungen scharf«, erläuterte »Tscheff« vor den Chefs der Ermittlergruppen. »Zartgliederig und vor allem blond.«
Auf der Grundlage dieser Täterhypothese und der in allen drei Mordfällen erhobenen Tatbefunde gelangten folgende Personengruppen ins Visier der Fahnder:

1. wegen Sexualverbrechen vorbestrafte Personen, deren Handlungen homosexuell-pädophile oder sadistische Neigungen erkennen ließen;
2. geistesgestörte Personen, die in den offenen und geschlossenen Häusern der in der Nähe liegenden psychiatrischen Einrichtungen untergebracht bzw. in der psychiatrischen Ambulanz von Eberswalde behandelt wurden;
3. bestimmte, mit den Tatumständen in Zusammenhang zu bringende Personengruppen, wie z. B. Fleischer, Jäger, Forstarbeiter u. a.;
4. alleinwohnende oder zur Tatzeit alleinstehend gewesene männliche Personen des gesamten Ortsteils;
5. männliche Personen, die sich sowohl zu der Tatzeit 1969 als auch zu der Tatzeit 1971 nachweisbar vorübergehend in Eberswalde aufhielten;
6. alle männlichen Jugendlichen und Erwachsenen von Eberswalde, zu denen es einen – wenn auch geringen – Hinweis auf sadistische Neigungen gab.

Als stünde er im Hörsaal vor seinen Studenten dozierte Szewczyk: »Gerade Triebtäter führen nach außen ein normales Leben. Das müssen Sie bei Ihrer Fahndung berücksichtigen. Nicht jeder Sadist wird mit Notwendigkeit kriminell. Die Tötung als sexuelles Äquivalent stellt erst den Endpunkt der Entwicklung einer sadistischen Persönlichkeit dar. Darin liegt übrigens auch der Schlüssel, daß viele Sadisten jahrelang unauffällig leben. Ihre Neigung, die sich mitunter bis zur Kindheit zurückverfolgen läßt, äußert sich nicht immer sexualspezifisch. Mitunter sind es ganz allgemeine Rohheitsakte, Tierquälereien, Sachbeschädigungen, Brandstiftungen oder ähnliches.«
»Eine Art Inkubationszeit, wie bei Masern oder Röteln?«
»Der Vergleich ist gar nicht so schlecht«, meinte Szewczyk. »Der Sadist bedarf in der Tat zur Befriedigung seines Geschlechtstriebs immer intensiverer Reize. Der emotionale Druck nimmt zu, wie in

einem Dampfkessel, bis die realitätsbezogene Triebsteuerung zusammenbricht und eine zerstörerische Dynamik freisetzt.«
»Der Mörder wird also erneut zuschlagen?« fragte Kabel gespannt.
»Auf jeden Fall«, schloß Szewczyk kategorisch. »Ich glaube, Sie müssen sich sogar sehr beeilen.«
Eine Vorstellung von dem Mörder hatten sie nun. Doch bei Licht besehen – nicht mehr als ein Röntgenbild. Aus dem Negativ- mußte ein Positivbild werden. Aber wie?
In der MUK veranstalteten sie eine Art Ideenbörse, zu der jeder Mitarbeiter seine Überlegungen beisteuerte.
»Wir sollten es einmal bei Gericht versuchen«, schlug einer vor. »Unterschiedliche sexuelle Bedürfnisse schlagen sich oft genug in Scheidungsurteilen nieder. Ich weiß das noch von meiner eigenen Scheidung.«
»Das Referat Jugendhilfe hat bestimmt auch einiges in den Akten.«
Sie fügten Sexual- und Eheberatungsstellen hinzu. Selbst fachärztliche Einrichtungen, Ambulatorien und Kliniken konnten unter Umständen Hinweise liefern.
»Und die ärztliche Schweigepflicht?«
Dr. Kuschel wußte Rat. »Sollte einer Ihrer Gesprächspartner die Mitarbeit verweigern, kann er per Gerichtsbeschluß von der Schweigepflicht befreit werden. Aber ich denke, das wird gar nicht nötig sein.«

Der Aktenberg wuchs. Unverdrossen schleppten die Ermittler Erkenntnisse heran, die in die sogenannten Spurenakten Eingang fanden. Zu jedem Hinweis, Sachverhalt oder Verdachtsmoment gab es inzwischen solch einen Hefter; gegen Ende Oktober bereits 1300 Stück. Es sollten noch 57 hinzukommen, bis sie ans Ziel gelangten. Eine Personenkartei gab Auskunft über jede Person, die irgendwann mit den Untersuchern als Verdächtiger, Zeuge, Tipgeber oder sonstige Auskunftsperson in Kontakt geraten war. Die Karteikarte enthielt die kleinen Personalien und die Registriernummer des Komplexes, unter dem die Protokolle zu finden waren. Bei Verdächtigen kam noch der Vermerk hinzu, ob das Alibi zweifelsfrei gesprüft und von wem es geliefert wurde.
In den Kaderabteilungen der Betriebe gaben sich die Polizisten die Klinken in die Hand. Jeder hatte eine Liste mit Fragen, auf die er in den Personalakten oder in den Gesprächen mit den Kaderchefs, Partei- und Gewerkschaftsfunktionären, Brigadieren oder Vorarbeitern nach Antworten suchte.

So stießen sie im VEB Kranbau auf einen debilen Hofarbeiter, der sich vor Kollegen gebrüstet hatte, der »Schlitzer von Eberswalde« zu sein. Nach allen Regeln der Kunst wurde der Mann durch die Vernehmungsmühle gedreht. Im Haushalt seiner Eltern beschlagnahmten sie alle Messer und untersuchten die Schneidwerkzeuge im Labor auf menschliche Blutspuren.

Nicht anders erging es einem Junggesellen, der sich als Pilzsammler häufig in den Wäldern herumtrieb.

Es traf Förster und Waldarbeiter – von einem war über die Scheidungsakten bekannt geworden, daß er masochistische Sexpraktiken favorisierte – und immer wieder die Beschäftigten des Fleischergewerbes oder die Angestellten im Eberswalder Schlachthof.

Das Papier war geduldig. Die Ungeduld der Vorgesetzten in Berlin und Franfurt/Oder, vor allem aber im Parteiapparat stieg. Die SED-Bezirksleitung ließ anfragen, wann man den Normalzustand in der Stadt Eberswalde wieder herzustellen gedenke. Die Bevölkerung der DDR bereite sich auf die in drei Wochen stattfindenden Wahlen zur Volkskammer und zu den Bezirkstagen vor.

Heinz Kabel begann Nerven zu zeigen. Als einige Mitglieder von Jagdkollektiven sich unter Berufung auf ihren Status als Partei- oder Staatsfunktionäre den Unannehmlichkeiten der Überprüfung entziehen wollten, explodierte der Hauptmann. Zwar stand Dr. Kuschel, der Staatsanwalt, hinter ihm, doch Kabel ahnte, daß er nun ein paar Feinde mehr besaß.

Am Freitag war das Reservoir der potentiellen Verdächtigen ausgeschöpft. Da gebar der Stab die Idee, die Suche auch auf andere Bezirke der DDR auszudehnen. Kabel lief vor Ärger rot an. »Verflixt nochmal!« polterte er. »Was sollen wir denn in Rostock, in Magdeburg oder in Suhl suchen? Das ist doch Firlefanz! Der Täter sitzt bestimmt in Eberswalde! Und ich bin überzeugt, daß wir ihn nur über die Kinder finden werden!«

Die Mienen der hohen Vorgesetzten versteinerten.

Dem Oberleutnant Gedath aus der Branduntersuchungskommission, der ihm für den Einsatz unterstellt war und dem er besonders vertraute, schärfte Kabel ein: »Ecki, du gehst mir nicht aus dem Westend weg! Suche immer wieder Kontakt zu den Kindern. Und wenn du sie hundert- oder tausendmal befragst, etwas wird ihnen immer einfallen. Du wirst sehen, am Ende schnappen wir ihn uns!«

Müde und abgespannt verließ Heinz Kabel gegen 19.00 Uhr das Polizeihaus in Eberswalde. Zu allem Überfluß war ihm am Nachmit-

tag zu Ohren gekommen, daß die MfS-Mannen im Eberswalder Postamt die Empfänger von Brief- und Paketsendungen aus der Bundesrepublik registrierten.
Kabel lenkte seine Schritte in die Heinrich-Heine-Straße, zum Wohnhaus seiner Eltern. Sein Blick glitt über die häßlichen Fassaden der Altstadthäuser. Als Eberswalde im April 1945 von den Russen besetzt wurde, hatten abziehende deutsche Fliegerkräfte das Stadtzentrum in Schutt und Asche gelegt. Hier in der Altstadt kannte Kabel jede Straße und jeden Winkel. Er war hier aufgewachsen, nachdem ihm und seiner Mutter noch im letzten Kriegswinter die Flucht über das vereiste Stettiner Haff gelungen war. In Eberswalde ging Heinz Kabel zur Schule, hier hatte er den Beruf eines Maschinenschlossers erlernt und zugleich die erste Liebelei seiner Jugend erlebt. 1952 ließ er sich zur Volkspolizei anwerben. Als er entgegen allen Erwartungen bei der Bereitschaftspolizei in Prenzlau landete, wo der Kasernenhofdrill ihn ansprang, war sein Widerspruchsgeist erwacht. »Entweder zurück zum Volkspolizei-Kreisamt oder die Entlassungspapiere!« forderte er kategorisch. Und er hatte Erfolg. Beim Dienstantritt im Kreisamt bewarb er sich flugs zur Kriminalpolizei. Militärischer Drill und Kadavergehorsam waren Heinz Kabel seit früher Kindheit verhaßt. Dafür hatte sein älterer Bruder gesorgt, ein glühender Nazioffizier, der 1944 »für Führer, Volk und Reich« in Rumänien gefallen war. Wenn der Bruder auf Heimaturlaub kam, hatte er den Jüngeren zum stundenlangen Strammstehen gezwungen.
Heinz Kabel verscheuchte die Erinnerungen. Inzwischen war er Hauptmann der Kriminalpolizei und sollte als Chef einer MUK drei Morde in seiner Heimatstadt aufklären. Leider war ihm der Erfolg bislang versagt geblieben. Irgendwo, in den Mauern dieser Stadt, lebte ein Mann, der unter der Maske eines Biedermannes Tag für Tag zur Arbeit ging, der mit den Kollegen scherzte und lachte, und den beim Anblick hübscher blonder Knaben Mordgelüste plagten. In Augenblicken der Ernüchterung erinnert man sich oft vergangener Enttäuschungen, an Mißerfolge und Niederlagen, selbst die kleinen Mißlichkeiten der Kindheit sind einem wieder gegenwärtig. In seiner vierzehnjährigen Praxis als Morduntersucher hatte Heinz Kabel nur selten danebengegriffen, aber sogenannte »nasse Fische«, unerledigte Fälle, gab es eben auch. Würde er die Eberswalder Kindermordserie eines Tages zu den unerledigten Akten legen müssen?
Kabel betrat das Haus. Er begrüßte die Eltern. Er hörte ihre Klagen

über das marode Dach, das schon wieder geflickt werden müsse, und ob er es sich nicht doch nochmal überlegen wolle, er könne doch mit seiner Familie wieder nach Eberswalde ziehen. Einer müsse ja das Haus übernehmen.

Später lag er auf dem Bett in dem Zimmer, das er immer bewohnte, wenn er dienstlich oder privat nach Eberswalde kam. Er starrte zur Zimmerdecke und seine Gedanken kreisten um die Mahnung der Eltern, sich doch einen ruhigeren Posten in Eberswalde zu suchen. Merkwürdig, dieses Gefühl von Unlust und Verdrossenheit, das sich seit geraumer Zeit immer öfter einstellte. Früher war er jeden Fall mit fieberhafter Entschlossenheit angegangen. Unvorhergesehene Wendungen und Schwierigkeiten hatten seine Sinne geschärft. In letzter Zeit aber überfiel ihn häufig eine seltsame Müdigkeit, ganz so, als widerstrebe es ihm, den unendlich langen und mühsamen Weg zur Wahrheit jedesmal von neuem anzutreten. 1955, auf der Polizeischule in Arnsdorf, hatte er gelernt, daß die Kriminaliät mit fortschreitender Entwicklung der sozialistischen Gesellschaft immer rascher abnehmen werde. Voller Ernsthaftigkeit hatten sie die Frage aufgeworfen, ab wann sie sich dann um einen anderen Beruf kümmern müßten. Heute, zehn Jahre nach dem Mauerbau, der auch die letzten Schlupflöcher von und nach Westberlin verstopfte, sah jeder, daß die Kriminalität keineswegs im Absterben begriffen war. Zwar gab es keine bewaffneten Raubüberfälle oder Rauschgiftdelikte, dafür um so mehr Baustoffdiebe in den VEB, betrunkene Rowdys und räuberische Buchhalter in den sozialistischen Produktionsgenossenschaften. Es schien, als produzierten die veränderten gesellschaftlichen Verhältnisse zugleich neue Formen der Kriminalität. Ein Kreislauf, der einmal in Gang gekommen, nicht mehr aufzuhalten war.

Verärgert ob solcher Gedanken schloß Kabel die Augen. Und dann schoß es ihm durch den Kopf: Ich habe Angst, den Eltern der ermordeten Kinder eines Tages erklären zu müssen, daß wir den Täter nicht gefunden haben!

Aufgekratzt winkte Major Popiela den Hauptmann am nächsten Morgen in den Arbeitsraum der Auswertergruppe. »Setz dich, Heinz, und lies das!« Er reichte ihm ein kurzgefaßtes Protokoll. Einer der Ermittler hatte es tags zuvor im Ergebnis seiner Recherchen in der MITROPA-Gaststätte des Bahnhofes Eberswalde abgeliefert. In dem Text wurde ein Kochlehrling erwähnt, der bis vor kurzem

seine Ausbildung bei der MITROPA erhalten hatte. Dem Personal war er durch sein merkwürdiges Verhalten aufgefallen. Es ging das Gerücht, daß er zu den »Schwulis« gehöre. Auch verstünde er sich darauf, seltsame Tierschreie nachzuahmen. »Wie sterbende Karnickel«, hatte einer die Schreie charakterisiert.
»Scheint ja ein merkwürdiger Kauz zu sein«, sagte Kabel. Als Quelle für die zusammengetragenen Informationen war die »Stellvertreterin des Objektleiters« angeführt. Kabel grinste ob der hochtrabenden Bezeichnung. Dann tippte er auf das Blatt. »Findest du nicht, daß wir da nachhaken sollten? Ich rede nochmal mit der Frau. Wo steckt der Ermittler?«
»Im Moment unterwegs. Sobald er zurück ist, schicke ich ihn zu dir.«
Noch vor Mittag statteten sie der MITROPA-Verwaltung einen neuerlichen Besuch ab. Die »stellvertretende Objektleiterin« erwies sich als eine füllige Mittvierzigerin, die ihr weißblondes Haar zu einem Knoten aufgesteckt trug. Hinter ihrer Funktionsbezeichnung verbarg sich die Verantwortung für den täglichen Frischwareneinkauf und die Lagerwirtschaft in der Bahnhofsgaststätte.
»Unser Erwin interessiert Sie also.« Sie drückte die Zigarette im überfüllten Ascher aus. Die Frau qualmte hemmungslos. »Wenn Sie meine Meinung hören wollen – der Erwin ist ein harmloser Spinner.«
»Eben das wollen wir ja herausfinden«, sagte Kabel. »Seit wann kennen Sie ihn?«
Sie begann in ihrem Schreibtisch zu kramen. »Irgendwo muß hier noch eine alte Karteikarte sein. Ich kassiere nämlich die Gewerkschaftsbeiträge. Ach ja, hier – Erwin Hagedorn, geboren am 30. Januar 1952, wohnhaft in Eberswalde-Finow, Werbelliner Straße 4. Erwin hat vor einem Jahr die Lehre bei uns abgeschlossen. So ein richtiger Koch mit Leib und Seele – Sie verstehen, was ich meine – ist aus ihm nicht geworden. War wohl nicht sein Traumberuf. Ich nehme an, die Eltern haben ihn bedrängt.«
»Eine Freundin? Kontakte zu Mädchen?«
»Ein Küchenmädchen hat ihm bei einer Weihnachtsfeier mal einen Kuß gegeben, da ist er fast in den Boden versunken.« Sie zuckte mit den Achseln. »Erwin ist ein typischer Einzelgänger. Jetzt gehört er zur Belegschaft der Autobahnraststätte in Finowfurt. Die arbeiten dort im Schichtbetrieb.«
»Wie war das eigentlich mit diesen Tierstimmen?«

Die Frau fingerte schon wieder nach einem Glimmstengel. »Der Erwin spielte ganz gerne mal den Clown. Ich selbst habe es ja nie gehört, aber ein Kollege, der inzwischen in Rente ist, hat mir davon erzählt. Wenn Erwin die Fische schlachtete, dann machte er sich diesen Jux.«
»Die Fische werden in der Küche geschlachtet?«
»Nein, nein, im Keller.« Sie schüttelte den Kopf. »Da haben wir so einen speziellen Rost dafür. Muß ja alles ganz sauber sein. Wegen der Hygiene. Ach, wissen Sie, ich zeige Ihnen den Platz gleich. Da können Sie sich selbst ein Bild machen.« Die Frau erhob sich und begleitete die Beamten durch einen dunklen schmalen Hausflur, an dessen Ende eine gewundene Holztreppe in den Keller führte. Muffige Kellerkühle wehte den Männern zwischen den unverputzt gekalkten Wänden entgegen. Rechts unter der Treppe stießen sie auf ein steinernes Becken, dessen Oberfläche ein stählerner Rost bedeckte.
»Das ist der Platz. Forellen, Karpfen oder manchmal auch Aale werden hier geschlachtet. Je nachdem, was im Angebot ist. Mit einem Messerschnitt von Kiemen zu Kiemen, verstehen Sie.«

Noch bevor sie sich den Mitropa-Koch aus der Nähe ansehen konnten, brachte die Szewzcyk-Kommission neue Aspekte in die Fahndung ein.
»Wir haben ein ziemlich genaues Porträt vom Charakter des Täters entworfen«, dozierte der »Tscheff« im Kreis der leitenden Kripo-Offiziere. »Und es gibt eine Reihe von Begleitumständen der Morde, die den Untaten des ›Kirmesmörders‹ Bartsch, ich möchte fast sagen: bis aufs Haar gleichen. Der westdeutsche Autor Friedhelm Werremeier hat übrigens ein Buch über den Fall Jürgen Bartsch geschrieben.« Sein Blick schwenkte in Richtung Grieschat. »Empfehle dringend, es gelegentlich zu lesen.« Er sah wieder in die Runde. »Ein Kollege hat neulich den treffenden Vergleich mit der Inkubationszeit bei Masern oder Röteln benutzt. Genau so war es auch bei Jürgen Bartsch. Der ersten Mordtat gingen eine Vielzahl von Handlungen voraus, bei denen er Kinder in eine Höhle lockte. Wenn wir davon ausgehen, daß unser Mörder in Eberswalde auch auf Knaben, die seinen sexuellen Phantasievorstellungen entsprechen, aus ist, dann halte ich es sogar für höchstwahrscheinlich, daß er nicht zum erstenmal versucht hat, sich solchen zu nähern. Der Bursche durchlebt Entwicklungsphasen, die ihn förmlich zwingen, immer wieder

die Nähe und das Erlebnis mit den Kindern zu suchen. – Bauen wir darauf unsere neue Strategie auf!«

Major Grieschat notierte:

> Von diesen Überlegungen ausgehend, war zu berücksichtigen, daß solche Handlungen des Täters bisher aus den verschiedensten Gründen nicht zur Anzeige gekommen zu sein brauchten. So war es z. B. durchaus möglich, daß Kinder aus Scham Erwachsenen nichts von derartigen Erlebnissen erzählten oder der Täter seine Handlungen als Teilnahme an kindlichen Spielen kaschierte und damit seine sexuellen Absichten für die Kinder nicht erkennbar wurden. Es erschien zweckmäßig, alle Schüler der gefährdetsten Altersgruppe individuell und psychologisch gut vorbereitet anzusprechen.

Rund dreißig Kriminalisten wurden für die Aktion ausgewählt, die Hälfte von ihnen waren Frauen. Alle kamen sie aus der Arbeitsrichtung VII, dem Kripo-Kommissariat, das auf die Kinder- und Jugendkriminalität in der DDR spezialisiert war. Pädagogisches Einfühlungsvermögen wurde von den Beamten verlangt, die als Zweierteams mit den Psychologen der Szewczyk-Kommission zum Einsatz kommen sollten.

Kinderaussagen sind nicht ohne Tücken. Das, was sie erzählen, muß nicht immer der Realität entsprechen. Kinder neigen zu Übertreibungen, tatsächlich Erlebtes wird in der Wiedergabe mit phantastischen Elementen angereichert.

»Achten Sie also darauf, daß Motive wie Eitelkeit, ein gewisser Hang zur Romantik und der Wunsch, sich im Zentrum der Aufmerksamkeit zu sehen, zu falschen Aussagen führen können«, warnte der Einsatzleiter. »Das merkt man aber relativ schnell, weil Kinder Schwierigkeiten haben, ihre Phantasiegebilde nahtlos in das reale Geschehen einzuordnen. Nach meinen Erfahrungen beinhalten derlei Schilderungen aber immer ein Quentchen Wahrheit, und dieses gilt es aufzuspüren.«

1971 gab es neun Schulen in Eberswalde und fast die doppelte Anzahl von Kindergärten. Einige hundert Knaben im Alter von 5 bis 16 Jahren wurden an den ersten Novembertagen befragt. Sie taten es in möglichst kleinen Gruppen und am Ende jeden Gespräches erklärte einer der beiden Interviewer: »Natürlich kann es sein, daß euch später noch ein solches Erlebnis mit einem unbekannten Mann einfällt, oder mit einem großen Jungen, der ein Messer hatte, dann sprecht ruhig mit euren Eltern, oder ihr sagt es einem Lehrer. Wer möchte, kann es natürlich auch auf einen Zettel schreiben.«

Oberleutnant Werner Hempel verabschiedete sich vom Direktor der Karl-Marx-Oberschule. Bei der Sekretärin hinterließ er einen Zettel. »Für den Fall, daß sich doch noch etwas ergeben sollte, lasse ich Ihnen meine Telefonnummer hier«, meinte er, obwohl er keine großen Hoffnungen an seine Worte knüpfte.

Am 10. November nahm eine Ermittlergruppe einen jungen Mann im Wohngebiet Westend unter die Lupe. Die anonyme Aufforderung »dem geheimnisvollen Treiben in der Garage auf dem Grundstück in der Britzer Straße endlich ein Ende zu bereiten!« hatte die Ermittler in die Spur gebracht. Der Garagenbesitzer galt als Einzelgänger. Vom weiblichen Geschlecht hielt er offenbar nichts, dafür tauchten um so häufiger junge Männer bei ihm auf, mit denen er dann in der sonst sorgsam abgeschlossenen Garage verschwand. Den i-Punkt setzte jedoch der Hinweis, daß er ein Fahrtenmesser am Gürtel trage.
Als die Beamten mit staatsanwaltschaftlicher Rückendeckung die Garage öffneten, standen sie zu ihrer Überraschung vor einem Berg Diebesgut. Die Vielfalt der zusammengeschleppten Gegenstände verblüffte. Von Ersatzteilen für Autos und Motorräder bis hin zu Bohrmaschinen oder transportablen Baugeräten war fast alles zu finden. Selbst Haushaltsgeräte schrieben sie ins Beschlagnahmeprotoll, darunter einen Satz Küchenmesser. Sie benötigten einen Lkw, um das Diebesgut abzuholen.
Für die Kriminalisten bestanden keine Zweifel: sie hatten den Brennpunktverursacher gefaßt, der Baustellen, Betriebskantinen und Garagenkomplexe in und um Eberswalde seit längerer Zeit nächtens heimsuchte. Stolz ob des unverhofften Erfolges klopfte man sich gegenseitig auf die Schultern.
In der Garage lag aber auch einen Stapel zerlesener Pornohefte, deren Einfuhr und Verbreitung in der DDR verboten waren. Der pädophile Charakter der meisten Sexfotos war unverkennbar. Die Heftchen, die Messer und eine angedeutete Homosexualität machten den Mann für die Mordkommission interessant. Er wurde in die Untersuchungshaftanstalt nach Frankfurt/Oder übergeführt. Heinz Kabel, dessen Stärke vor allem in einer überlegenen und sachlichen Vernehmungsführung bestand, sollte ihm am Mittwoch die Eberswalder Mordverbrechen nachweisen.
Er ging, wie er später zugab, mit vielen Zweifel in den Vernehmungsraum. Erwin, der MITROPA-Koch, wollte ihm nicht aus dem

Sinn. Nur mit Mühe konzentrierte der Hauptmann seine Gedanken auf die Vernehmung.
Sein Gegenüber war ein schmaler Bursche von 28 Jahren, weißblond und kaum mittelgroß. Die Eindrücke der ersten Nacht hinter Gittern hatten dunkle Ringe um seine Augen gelegt.
Kabel eröffnete das Verhör mit den üblichen Allgemeinplätzen. Sie sprachen über das graue Schmuddelwetter, das vor den Fenstern der Haftanstalt nistete, über Zigarettensorten, die der Delinquent bevorzugte, und kamen schließlich auf sein Hobby zu sprechen.
Der Einbrecher war in der Nachbarschaft als Autonarr bekannt. Jeden Pfennig, so hieß es, stecke er in seinen Oldtimer, den er über alle Maßen hege und pflege. So ein Steckenpferd kostet natürlich eine Stange Geld. Nicht zu unrecht vermutete der Hauptmann, daß man hier nach dem Motiv für die Einbrüche gründeln müsse.
»Wir wissen, daß eine Menge Besucher zu Ihnen in die Garage kamen.«
»Ist das vielleicht verboten?«
»Wer sind diese Leute?«
»Mal der und mal der. So genau erinnere ich mich nicht.«
»Und worüber haben Sie gesprochen?«
»Über Autos und Motorräder. Was sonst?«
»Die Leute waren doch Ihre Kunden!« sagte Kabel überzeugt.
»Welche Kunden?«
»Sie haben Diebesgut an die Leute verhökert! Deshalb die Besuche im Dunkeln und in aller Heimlichkeit.«
Widerspruchslos nahm der Einbrecher die Vorwürfe hin. Aus seiner Sicht war es verständlich, daß er weder Personen noch Fakten preisgeben wollte. Obwohl die Kripo über hinreichende Beweise verfügte, drückte er sich um eine klare Aussage. Die Vernehmung währte Stunden. Längst brannte das Licht im Verhörraum. Zum wiederholten Male kam Kabel auf den Stapel Pornohefte zu sprechen.
»Naja, gefällt mir eben«, warf der Beschuldigte unwillig hin.
»Auch, daß die Fotos Sexpraktiken mit Kindern zeigen?«
»Ergab sich halt so.«
Der Hauptmann erhöhte die Lautstärke: »Und wozu die Messer?«
Wieder saß er wortlos vor dem Hauptmann, minutenlang. Er war blaß, einigermaßen erschöpft und atmete hastig. Bis er sich im plötzlichen Entschluß kerzengerade aufsetzte und mit spröder Stimme erklärte: »Also gut, ich gebe es zu. Ich habe die Kinder umgebracht!«
»Wie?«

»Mit dem Messer natürlich. Ich habe ihnen den Hals aufgeschlitzt.«
Heinz Kabel bewahrte Gleichmut. »Wissen Sie überhaupt, was Sie da sagen?«
»Ja doch. Ja! Ja!« keuchte der andere. »Ich bin der Mörder! Schreiben Sie das endlich auf!«
»Wenn Sie der Mörder sind, dann können Sie mir erklären, wo und wie Sie auf Ronald Winkler getroffen sind?«
»An den Drehnitzwiesen.«
»War er allein?«
»Sonst wäre er nicht mitgegangen.«
»Sie irren. Ein Freund ist bei ihm gewesen und der hat den Täter gesehen. Morgen früh machen wir eine Gegenüberstellung!«
»Wozu denn das? Ich habe doch alles zugegeben!«
Heinz Kabel rief nach der Schreibkraft. Er diktierte das Protokoll, das der Beschuldigte kommentarlos unterschrieb.
Nach der Vernehmung rief der Hauptmann in Eberswalde an. Major Popiela konnte seine Erleichterung kaum verhehlen. »Ach du dicker Vater! Na dann ist ja alles klar, Heinz!«
»Warten wir mal ab. Der Bursche hat ein Motiv für die Einbrüche. Da gefällt er mir ganz gut. Aber bei den Morden habe ich ein dummes Gefühl.«
»Und warum?«
»Vielleicht will er uns bloß hinhalten. Jedenfalls kläre ich morgen früh erst mal die Einbrüche mit ihm!«

Während Heinz Kabel den Vernehmungstrakt der Frankfurter Untersuchungshaftanstalt betrat, um sich erneut mit dem mordgeständigen Einbrecher auseinanderzusetzen, klingelte in der Eberswalder Polizeizentrale das Telefon. Der Anrufer verlangte den Oberleutnant Hempel. Es war die Schulsekretärin. Sie fragte, ob Hempel in der Neun-Uhr-Pause in der Schule vorbeischauen könne. Der Biologielehrer, Herr Kittel, möchte mit ihm sprechen.
Der Lehrer wartete im Zimmer des Direktors. Bei ihm ein Junge von 12 oder 13 Jahren. Strohiges Blondhaar über einem weichen Knabengesicht. Es war genau der Typ, den der Mörder für seine Bluttaten suchte.
»Das ist mein Sohn«, sagte Herr Kittel. »Er heißt Andreas.«
Hempel reichte beiden die Hand. »Tag, Andreas. Geht's gut?«
»Es geht.«
Der Oberleutnant rückte sich einen Stuhl zurecht.

Herr Kittel sagte: »Nachdem Sie in der Schule waren, Herr Hempel, habe ich zu Hause nochmal mit Andreas gesprochen. Zu meiner Überraschung rückte er plötzlich mit einer Geschichte heraus, von der ich selber keine Ahnung hatte. Die Sache liegt mehr als drei Jahre zurück. Ist im Winter 1968 passiert. Aber ich denke, Andreas soll Ihnen das selbst erzählen.«
Hempel nickte. »Einverstanden?« wandte er sich an den strohblonden Jungen.
»Naja, das war im Wald hinter den Drehnitzwiesen. Es lag Schnee. Ich war zum Skilaufen. Und da kam der große Junge. Erst hat er nur zugeguckt, aber dann wollte er mit mir ringen.«
»Ein Ringkampf also? Wer hat denn gewonnen?«
»Der war ja viel stärker als ich. Und als ich unten lag, da hat er ...«
Der Junge stockte. Hempel nickte ihm aufmunternd zu. »Erzähl nur. Brauchst keine Angst zu haben.«
»Er hat mir die Hose runtergezogen und bei mir angefaßt an ... hat er angefaßt. Das tat weh. Ich hab's ihm gesagt. Er hat aber nur gelacht und weitergemacht und so gekeucht und geschnieft.«
»Haben dir denn deine Spielkameraden nicht geholfen?«
»Die sind ja alle weggerannt.«
»Verstehe. Aber war da nicht noch was mit einem Messer?«
»Stimmt. Das ist ihm aus der Tasche gefallen, als wir gekämpft haben. Da hat er gesagt, daß er mich abstechen wird, wenn ich zu Hause was erzähle.«
»Deshalb hast du die Geschichte deinen Eltern verschwiegen. Könntest du den großen Jungen beschreiben? Ich meine, wie alt er war?«
»Naja, so sechzehn oder siebzehn. Ganz früher ist er mal Aufsichtsschüler gewesen in unserer Schule.«
Hempel merkte gespannt auf. »Wie – ganz früher?«
»Da war ich in der dritten Klasse.«
Hempel rechnete schon. Andreas Kittels Antwort wies einen Weg, den unbekannten Jungen zu ermitteln. Der mußte – vorausgesetzt, die Aussage stimmte – 1966 zum Schülerkreis der Karl-Marx-Oberschule gehört haben. Der Biologielehrer erriet Hempels Gedanken. »Ich beschaffe Ihnen eine Namensliste«, versprach er.
Hempel reichte dem Jungen ein Blatt Papier. »Bitte, Andreas, schreib das alles mal auf diesen Zettel! So, wie du es uns erzählt hast.« Das war so üblich. Derlei Schriftstücke konnten, wenn es um die Glaubwürdigkeit von Kindesaussagen ging, eine gewisse Bedeutung erlangen.

Doch es kam noch besser. Andreas räusperte sich und sagte plötzlich: »Ich weiß aber auch, wo der Junge wohnt.«
»Du … du weißt was?«
»Ich hab ihn immer mal in der Stadt gesehen. Und einmal, da guckte er aus dem Fenster eines Hauses in … in …« Er überlegte krampfhaft, kniff dabei sogar die Augen zu. »Ich weiß genau, wo das Haus steht. Ich kann's Ihnen zeigen.«

Andreas Kittel brachte die Kripo auf die Spur. Quelle: Archiv des Autors

Ein paar Minuten später saßen sie im Auto. Andreas Kittel dirigierte das Polizeifahrzeug zur Heegermühler Straße. Sie bogen nach rechts auf die Hauptstraße ein. In Höhe des Westendtheaters befahl er: »Jetzt wieder links!«
Die Straße folgte einer langgestreckten Krümmung. Fast im Scheitel des Bogens deutete Andreas Kittel rechterhand auf ein vierstöckiges Wohnhaus. »Dort! Aus dem Fenster da oben hat er rausgeguckt!«
»Werbelliner Straße 4«, notierte Hempel.
Sie brachten den Jungen zur Schule zurück. »Danke, Andreas, daß du alles erzählt hast. Ich glaube, du hast uns sehr geholfen!«
Im VPKA suchte der Oberleutnant die Kreismeldekartei auf. Er ließ sich aus den langgestreckten Trögen die Karteikarten der Personen

ziehen, die im Haus Werbelliner Straße 4 wohnten. Es gab nur eine männliche Person im vergleichbaren Alter – Erwin Hagedorn, geboren am 30. Januar 1952!

Während Heinz Kabel in der Frankfurter Haftanstalt noch immer den Einbrecher vernahm, bereiteten sie in Eberswalde den entscheidenden Schlag vor. Einer der Auswerter hatte sich sofort erinnert: »Hagedorn, Werbelliner Straße 4 – klar war da was. Ist das nicht der Bengel aus der Mitropa?« Er suchte das Ermittlungsprotokoll heraus und legte es neben Andreas Kittels Zettel, der die »Spur 1357« eröffnete.

In aller Eile trugen sie zusammen, was die Informationsspeicher der VP und des MfS über die Hagedorns hergaben. Vater: Bibliothekar im Reichsbahnausbesserungswerk und Mitglied der SED. Mutter: Schneiderin, die sich im Fernstudium zum Ingenieur-Ökonom qualifiziert, Mitglied der SED. Einziges Kind Erwin: Koch, seit einem Jahr Kandidat der SED. Für DDR-Verhältnisse eine politisch integere Familie. Aber wenn in einer Ermittlungssache gleich zwei heiße Spuren auf ein und dieselbe Person hindeuten, brennt in aller Regel die Luft.

Am Donnerstagmittag, es war der 12. November 1971, wurde Erwin Hagedorn festgenommen. Er war allein zu Hause, als die Oberleutnante Erdmann und Gedath an der Wohnungstür läuteten. Der neunzehnjährige Koch gab sich höflich und zuvorkommend. Selbstverständlich würde er mit zur Dienststelle kommen, wenn man es von ihm verlange. Er verstehe schon, es gehe um die toten Kinder, da müsse jeder helfen, der etwas sagen kann.

»Können Sie denn etwas sagen?« fragte Erdmann noch an der Wohnungstür.

Die Frage ließ Hagedorns Redefluß versiegen. Wortlos stieg er in den Wartburg, der vor dem Haus wartete, und ebenso schweigend folgte er den Polizisten, die ihn durch die Gänge des Volkspolizei-Kreisamtes führten.

Die steinerne, starre Wucht des Treppenhauses, das wie eine Mischung von Bürogebäude und Gotteshaus wirkte, drohte auf ihn herabzustürzen. Die Gesichter der Kinder erstanden vor seinem geistigen Auge auf, jagten wie auf einem Karussell vorbei. Das springende Blut ...

Die Polizisten stießen eine Tür auf. Mit zögernden Schritten trat Erwin Hagedorn über die Schwelle. In der Mitte des Raumes blieb er stehen, als habe er keine Kraft mehr, drehte sich zu Erdmann um und sagte: »Ich bin der Mann, den Sie suchen!«

Eine Stunde später hatten sie schon ein handschriftliches Geständnis. Erdmann fragte sicherheitshalber nach der Jacke mit dem Webpelz. Ja, die hänge zu Hause im Schrank. Eine schicke Lederjacke aus Knautschlack, die habe seine Oma ihm aus dem Rheinland geschickt.

Und das Tatwerkzeug?

»Ein Messer ist zu Hause. Das andere habe ich weggeworfen.«

Heinz Kabel wurde nach Eberswalde zurückgepfiffen. Als Chef der Morduntersuchungskommission war er für die weiteren Verhöre zuständig. Staatsanwalt Dr. Kuschel wollte bei den wichtigsten Vernehmungen dabei sein. Hagedorns Generalgeständnis bedurfte der Präzisierung.

Das »Ungeheuer von Eberswalde« saß in einem kleinkarierten Hemd und in einer grauen Hose vor ihnen. Ein offenes freundliches Kindergesicht. Ein richtig netter Junge, dachte Kabel. Mit dem wirst

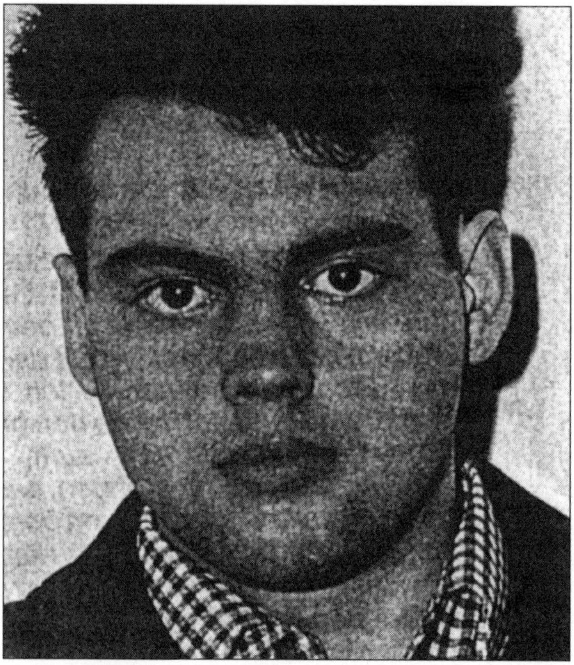

Erwin Hagedorn. Quelle: »Super Illu«, Oktober 1991

du keine Schwierigkeiten haben. Mußt nicht laut werden, der wird alles erzählen. Und so war es dann auch. Hagedorns Geständnisbereitschaft verblüffte Staatsanwalt und Kriminalisten gleichermaßen. Bisweilen überschlug er sich vor purer Hilfsbereitschaft. »Bitte«, sagte er, »Sie können mich ruhig duzen. Da spricht es sich leichter.«

Heinz Kabel erinnerte sich später: »Ich wußte manchmal morgens nicht, was ich sagen sollte, wenn er reinkam und sagte: ›Guten Morgen. Herr Kabel, auf welche Fragen kann ich heute eine Antwort geben?‹«
Auch darin ähnelte Hagedorn seinem westdeutschen Pendant Jürgen Bartsch.
»Na dann los«, sagte Kabel. »Erzähl uns mal, Ewin, wie du die beiden Kinder im Mai 1969 weggelockt hast.«
»Sie meinen den Henry Specht und den Mario Louis? Das war kein großes Kunststück. Die hab ich am Franzosenbunker aufgenommen.« Hagedorn benutzte tatsächlich das Wort »aufgenommen«, als berichte er über eine Wildfährte. »Die haben dort mit anderen Kindern gespielt. Erst habe ich sie eine Weile beobachtet, dann habe ich mich eingemischt. Ich war zu diesem Zeitpunkt sexuell erregt. Ich hatte ein steifes Glied, und ich wollte mit dem einen Jungen sexuelle Handlungen vornehmen. Ich hatte es vor allem auf den größeren Blonden abgesehen. Ich stand nun mal auf blond. Ich sagte zu den beiden, daß ich einen tollen Hochsitz wüßte, von dem man auch bei Tage Tiere beobachten kann. Wir fuhren mit den Fahrrädern bis zum Forst Schwärze, dann weiter in Richtung Spechthausen.«
»Bis zur Eisenbahn seid ihr aber nicht gekommen?«
»Nein. Ich mußte die beiden Jungen trennen, denn ich wollte zum ersten Mal richtig töten. So, wie ich es oft geträumt hatte. Ich versetzte dem kleineren Jungen deshalb einen Messerstich ...«
»Einfach so, aus heiterem Himmel?« unterbrach Dr. Kuschel.
»Ich hatte zu den beiden gesagt, wie alt sie sind und daß ich mal sehen wolle, ob sie zusammen stärker sind als ich. Wir machten einen Ringkampf. Dabei zog ich das Messer und versetzte dem Jungen einen Stich in die Brust. Der kleine Junge wurde durch diesen Messerstich leicht verletzt. Ich sagte: ›Au, verflixt! Das wollte ich nicht! Leg dich ruhig hin. Ich hole mit deinem großen Freund schnell Hilfe!‹«
»Dann seid ihr losgefahren?«
»Ja, aber nur ein Stück. Da war so dichtes Unterholz. Bereits

während der ganzen Zeit war ich sexuell stark erregt und hatte ein steifes Glied. Da mußte ich es endlich tun, verstehen Sie. Ich zog das Messer und stach zu. Meine sexuelle Erregung war auf dem Höhepunkt, als das Blut aus dem Körper des Jungen herausgeschossen kam. Erst nach dem Töten klang diese langsam ab.«
Hagedorn hatte sich in eine hektische Erzählhaltung hineingesteigert, die den Männern seltsam erschien. Dr. Szewczyk erklärte es ihnen später: »Hagedorn durchlebt, während er über seine Mordtaten berichtet, sexuelle Phantasiephasen.«
»Beschreibe uns doch mal, wie du das Messer gehalten hast.«
»Das Messer hielt ich so, daß die Klinge aus der Faust an der Daumenseite herausragte.«
»Du hast aber nicht nur auf ihn eingestochen. Du hast doch noch etwas getan. Überleg mal.«
»Meinen Sie vielleicht, daß ich ihm die Hose aufgemacht habe?«
»Das hast du also getan?«
»Na sicher«, sagte Erwin, und räumte damit sogenanntes Täterwissen ein. Der Umstand der geöffneten Hosenklappe war geheimgehalten worden. Nur die Polizisten und der Mörder konnten davon wissen.
»Den Blonden, den Henry, hast du im Unterholz liegen lassen. Was geschah mit Mario?«

Waldstück am Franzosenbunker. Quelle: Archiv des Autors

Hagedorn besann sich nur kurz. »Für einen Moment tat mir der Junge ja leid. Mir war aber klar, daß ich ihn auch töten mußte. Aus diesem Grund begann wieder eine starke sexuelle Erregung bei mir, wobei mein Glied steif wurde. Ich beugte mich über den Kleinen ... und weil er um Hilfe rief … und ich Angst hatte, stieß ich ihm das Messer in die Brust, und zwar in der Herzgegend.«
Heinz Kabel verlangte es nach einer Pause. Trotz aller Sachlichkeit war ihm kotzübel zumute. Bevor er und Kuschel den Verhörraum verließen, schob er Hagedorn einen Zettel und einen Kugelschreiber hin: »Mal doch mal auf, Erwin, wie du die Kinder am Franzosenbunker gefunden hast.«
Und Erwin tat es. Mit sorgfältig gezeichneten Kreisen und Strichen skizzierte er die Situation und die Bewegungsabläufe und fügte am Schluß die Erklärung hinzu: »Kontaktaufnahme am Franzosenbunker mit den Kindern Specht und Louis am 31.05.1969«.

Nach der Pause wandten sie sich dem Mordkomplex Ronald Winkler zu. Hagedorn erzählte fließend, wie er den Jungen am Bretterstapel »aufgenommen« hatte. Lebhaft schilderte er die Verfolgungsjagd und das grausame Ende des Jungen.

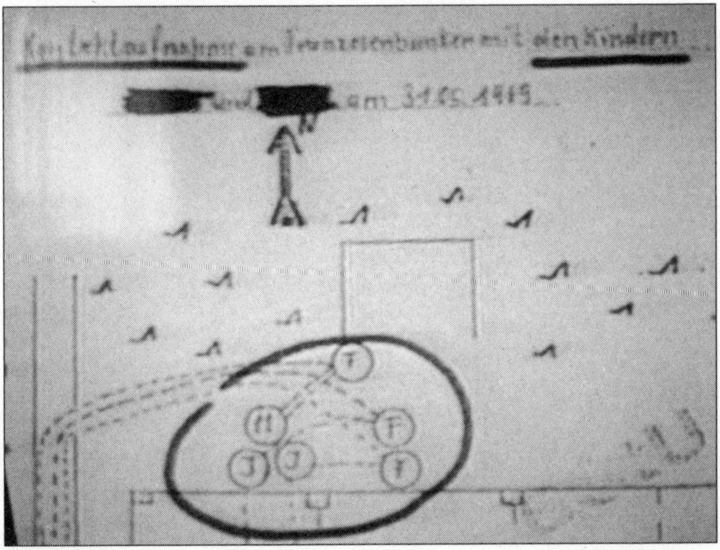

Skizze über die Kontaktaufnahme Hagedorns mit den Kindern. Quelle: Archiv des Autors

»Ich komme mir dabei vor, als ob ich kein Mensch mehr bin, als wenn ich ein Wolf bin, der Blut geleckt hat. Ich muß dann Blut sehen, nicht nur die sexuellen Handlungen vornehmen. Dieses Herausquellen des Blutes aus dem menschlichen Körper, das muß sein. Ohne dem hätte die Tötung keinen Sinn.«
»Wie beim Schlachten der Fische, als du noch Lehrling warst in der Mitropa«, warf Kabel hin.
»Das wissen Sie?« fragte Erwin Hagedorn verwundert. »Dieses Fischeschlachten hatte für mich keine sexuelle Bedeutung, es war eine innerliche Genugtuung zuzusehen, wie die Karpfen oder Aale mit ihrem Tode kämpften, wobei ich großen Aalen besonders gern den Kopf abschlug. Es war die Freude des Tötens, verstehen Sie. Ich hätte am liebsten gar nicht mehr aufgehört zu schlachten.«
»Es stimmt aber nicht, daß du keine Erregung gefühlt hast!«
»Naja, ich habe versprochen, die Wahrheit zu sagen. Es kam vor, daß mein Glied dabei steif wurde. Es machte mir auch nichts aus, wenn das jemand sah.«
Heinz Kabel breitete mehrere Messer auf dem Tisch aus.
»Mit welchem Messer hast du die Kinder getötet?«
Hagedorn zeigte auf ein breites einschneidiges Fahrtenmesser. »Mit diesem hier. Ich habe es mir zur Erinnerung aufgehoben.«
Dann war die Lederjacke dran. »Hast du sie am 9. Oktober getragen, Erwin?«
Hagedorns Hand strich kurz über den glänzenden Knautschlack, er berührte den Webpelzkragen. »Habe ich damit etwa Spuren hinterlassen?« fragte er gespannt.
»Mehr als genug«, knurrte Kabel, und beendete das Verhör.

Der Führungsstab in Eberswalde wurde aufgelöst, die zugeordneten Mitarbeiter der Mordkommission in ihre Heimatdienststellen verabschiedet. Am 14. November 1971 trug jeder mit seiner Stimmabgabe am Wohnsitz dazu bei, den grandiosen Wahlsieg von »99,85 % für den Wahlvorschlag der Nationalen Front« bei den Volkskammerwahlen sicherzustellen.
Eine Pressenotiz im »Neuen Tag« informierte über die Festnahme des Mörders. Bis Mitte Dezember wurde Erwin Hagedorn in der Frankfurter Untersuchungshaftanstalt vernommen. Er erinnerte sich an Andreas Kittel. »Ja, den habe ich in meine Folterhöhle mitgenommen ...«
»In die ... was?«

Verwundert erkundigte sich Hagedorn, ob er ihnen das noch nicht erzählt hätte. Ja, er habe hinter den Häusern ein kleines Versteck hergerichtet. Eine richtige Höhle aus Brettern habe er gebaut. Dorthin habe er die Jungen gelockt, die ihm gefielen, und die er für seine sexuellen Handlungen brauchte.

»Wen zum Beispiel?«

Er beschrieb einen Jungen, den er schon im Brustbereich mit dem Messer geritzt hatte. »So als Mutprobe getarnt, verstehen Sie. Aber plötzlich kam ein anderer Junge gerannt. Ich steckte mein Messer schnell weg. Zu dumm, sagte ich mir.«

»Was noch?«

»Ja, in dem einsamen Jagen bei Spechthausen. Unweit der Stelle, wo ich Specht und Louis umgebracht hatte. Ein süßer blonder Bursche. Vielleicht sieben Jahre alt. Da tauchte ein Forstbeamter auf.«

Mindestens acht solcher Handlungen räumte Erwin Hagedorn vor den Untersuchern ein. Sie protokollierten es gewissenhaft und versuchten die Kinder zu ermitteln. Bis auf den Sohn des Biologielehrers, der sich freiwillig gemeldet hatte, gelang ihnen das nicht.

Das Kriminalistische Institut bestätigte inzwischen die Gleichheit der Kunstfaserspuren, die sie am Tatort gesichert und mit den Proben von der Jacke des Beschuldigten verglichen hatten.

Am Knautschlack wiesen sie geringfügige Spuren von Menschenblut nach. Sie erbrachten sogar den Beweis, daß es von einer männlichen Person stammte. Darüber hinaus entdeckten sie winzige Rückstände von menschlichem Blut am Messergriff. Für eine Blutgruppenbestimmung reichte die Menge leider nicht aus.

Erwin staunte, was sie ihm alles beweisen konnten. »Ich habe mich doch jedesmal gründlich gereinigt«, ließ er sie wissen. »Und das blutige Taschentuch habe ich verbrannt.«

Aus Berlin rückte ein Filmstab der Hauptabteilung Kriminalpolizei an. In Absprache mit dem MfS war die Idee entstanden, eine Filmdokumentation über den »Fall Hagedorn« zu drehen. Die filmische Rekonstruktion sollte als Lehrmaterial bei der Ausbildung kommender Kriminalistengenerationen Verwendung finden.

Ein halbes Hundert Polizisten sicherte die Filmaufnahmen im weiten Umkreis ab. Es hatte sich in der Stadt herumgesprochen, daß sie den Mörder nach Eberswalde bringen würden. Die Menschen, die ihn nur von weitem sahen, hätten ihn am liebsten gelyncht.

Hagedorn war voll und ganz bei der Sache. Er zog seine Lederjacke an, ließ sich das Mikro umhängen und stieg mit unbewegter Miene in die Grube, in der er anhand einer Schaufensterpuppe den Mord an Ronald Winkler demonstrierte.

Hagedorn bei der filmischen Rekonstruktion am Tatort. Quelle: Archiv des Autors

Auf Major Hoheisels Geheiß übernahm Horst Popiela den Part des unsichtbaren Vernehmers für die Filmarbeiten. Kabel zuckte nur mit den Schultern, als er von der Entscheidung des Bezirks-K-Leiters hörte. Er hatte ohnehin den Eindruck, daß sein Stern als Chef der MUK im Sinken begriffen war. »Kritik und Selbstkritik, die unverzichtbaren Führungselemente des sozialistischen Leiters« verlangten nach einem Prügelknaben für die ungwöhnlich lange Zeit bis zur Aufklärung der Mordverbrechen.
Ende Dezember 1971 schrieb Heinz Kabel den Schlußbericht in der Mordsache »Erwin Hagedorn«. Es war tatsächlich seine letzte Amtshandlung als Chef der MUK. Oberleutnant Erdmann trat seine Nachfolge an. Heinz Kabel wurde in ein anderes Dezernat versetzt.

Staatsanwalt Dr. Kuschel beauftragte Szewczyk und Ochernal mit der Begutachtung des Eberswalder Kindermörders. Hagedorn

wurde in der Haftanstalt Berlin-Rummelsburg untergebracht, und von dort fast jeden Morgen zum Hintereingang der Charité gefahren, wo das Mitarbeiterteam der Nervenklinik ihn in Empfang nahm. Dr. Manfred Ochernal, der Zweitgutachter, verlegte seinen Arbeitsplatz tageweise von Waldheim nach Berlin.
In den Gesprächen mit den Gutachtern und deren Assistenten gab Hagedorn sich äußerst aussagewillig. Er genoß es geradezu, Objekt der Aufmerksamkeit des bedeutenden Professors Dr. Dr. Szewczyk zu sein. Mit erstaunlicher Redegewandheit versuchte er seine Taten zu erklären. Er schwelgte geradezu in Details, wobei er offensichtlich noch einmal die Lust auskostete, die seine Verbrechen ihm bereitet hatten.

Ich hätte immer weiter gemordet und vielleicht wären die Abstände immer kürzer geworden. Das war wie auf einem Karussell, das sich immer schneller drehte, und von dem ich nicht mehr abspringen und es auch nicht selber anhalten konnte.

Die Experten explorierten ihn nach allen Regeln und Verfahren ihrer Wissenschaftsdisziplin. Hagedorn wurde internistisch, andrologisch und schließlich auch genetisch untersucht, um den sogenannten »Mörder-Chromosomen« in seinem Körper auf die Spur zu kommen. Forschungsergebnisse aus den USA belegten, daß es Aberrationen von der normalen Chromosomenkonstellation, die sich bei Männern als XY und bei Frauen als XX darstellen, gibt. In diesen Chromosomenanomalien, z. B. XXY oder XYY, vermutete man die Ursachen für eine schwere Aggressivität, die sich u. a. im Sexualverhalten und in der Triebsteuerung äußern sollte. Hagedorns Karyogramm zeigte, daß seine X- und Y-Chromosomen im richtigen Verhältnis angeordnet waren.

Selbstverständlich wurden auch die Eltern in die Ursachenforschung einbezogen. Das Ehepaar galt als ernst und zurückhaltend. In der Wohnung war es blitzsauber, man hätte zu jeder Zeit vom Fußboden essen können. Die Eltern nahmen aktiv am gesellschaftlichen Leben im Wohnbezirk teil, mehrere Ehrenämter hatten sie inne. Auffällig war nur, daß sie Erwin wie ein Sorgenkind behandelten, ihn abschirmten und Kontakte zu anderen Kindern meist unterbanden. Sie wollten aus dem Jungen etwas Besonderes machen.
»Wir wollten, daß er studiert, schnell vorwärtskommt«, erklärte die Mutter auf Szewczyks Befragen.
»Er mußte sich an Sonntagen immer schick anziehen?«

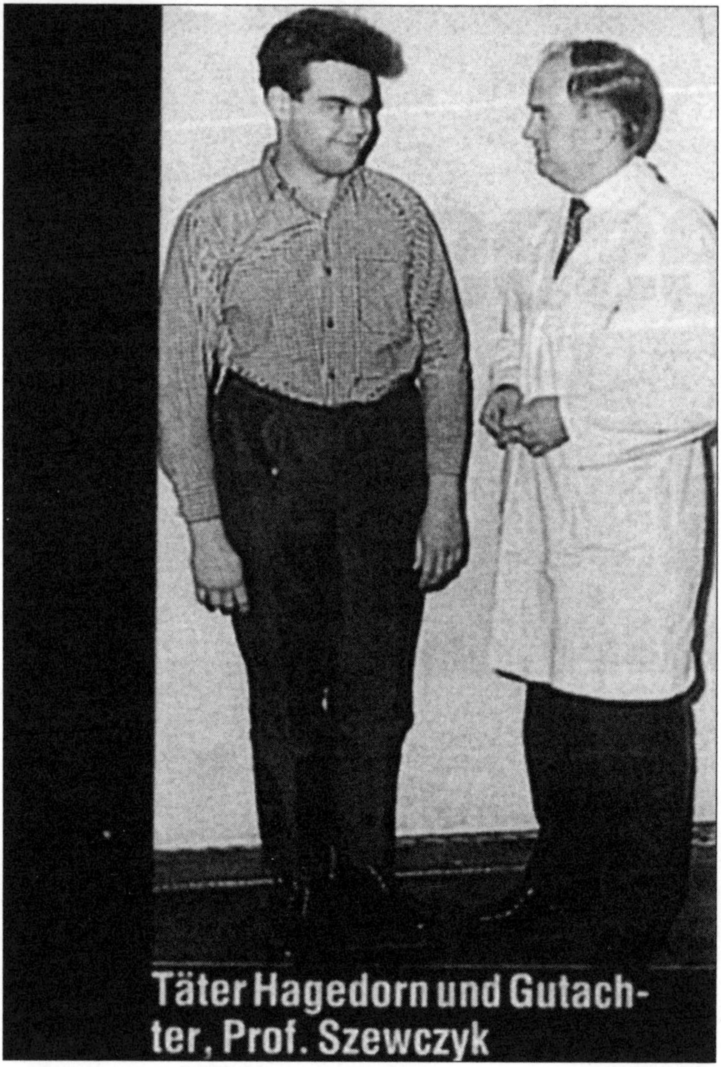

Hagedorn mit dem Gutachter Prof. Szewczyk. Quelle: »Super Illu«, Oktober 1991

»Ja.«
»Haben Sie, als Erwin klein war, mit ihm geschmust?«
»Ich habe ihn sehr lieb, aber schmusen kann ich nicht. Ich habe da Hemmungen.«
»Wie entwickelte sich sein Charakter?«
»Er kommt mehr nach meinem Mann, selbstbewußt, redegewandt und so.«
»Haben Sie ihn sexuell aufgeklärt?«
»Nein, das hat mein Mann gemacht.«
Der aber antwortete: »Nicht direkt.«
Szewczyk: »Sie haben ihn nie gefragt, ob er Probleme mit seiner Sexualität hat?«
»Ich hatte schon den Eindruck, daß an unserer Erziehung vielleicht etwas nicht stimmte. Anfangs dachte ich, es läge nur daran, daß er früher so unsportlich war und weil die anderen Jungen ihn nicht akzeptierten. Aber dann kam mir der Verdacht, daß er so etwas wie ein Homo sei. Ich habe ihn gefragt, ob wir nicht mal zusammen zum Arzt gehen sollten, da hat er nur gesagt, ich solle ihn in Ruhe lassen.«
Ende Januar 1972 – die Frankfurter Bezirksstaatsanwaltschaft hatte schon mehrfach gedrängt – wurde das Gutachten formuliert. Die Befunde lauteten: starkes Geltungsstreben, Minderwertigkeitskomplexe, geringe Fähigkeit, Bindungen einzugehen, flache Gefühlsreaktionen, Mitleid, Liebe, Haß etc. nur in gespielter Form vorhanden, Hagedorn ist extrem gemütslos. Der entscheidende Satz jedoch lautete:

> Hagedorn war fähig, sich willentlich in sadistische Erregung hineinzusteigern und diese zu steuern.

Keiner der gelehrten Gutachter konnte sich entschließen, »eine schwerwiegende abnorme Persönlichkeitsentwicklung mit Krankheitswert« für Erwin Hagedorn zu konstatieren.

Am 9. Mai 1972 wurde Erwin Hagedorn vor dem 1. Strafsenat des Bezirksgerichtes in Frankfurt (Oder) angeklagt. Bezirksgerichtsdirektor Nasarow fungierte während der dreitägigen Verhandlung als Vorsitzender Richter. Die Anklage wurde von Bezirksstaatsanwalt Meckert und Staatsanwalt Dr. Kuschel vertreten. Die Stadtverordnetenversammlung von Eberswalde-Finow hatte einen »gesellschaftlichen Ankläger« benannt, der dem Gericht die Empörung aller anständigen Bürger aus Eberswalde übermitteln und die strengste Bestrafung des Mörders fordern sollte. Als Verteidiger stand der ortsansässige Rechtsanwalt Herbert Wesendorf zur Verfügung, ein älterer Herr mit schütterem grauem Haar und einer dunkelrandigen Brille. Seine stattliche Erscheinung erweckte Vertrauen.

Das Gericht betrat den Saal. Der Vorsitzende überprüfte mit einem Blick das Publikum. Es hatte alles seine Ordnung. Die Zuschauerbänke waren Angehörigen der Volkspolizei, des MfS, Staatsanwälten, Juristen und handverlesenen Parteifunktionären aus Berlin und anderen Bezirken der DDR vorbehalten. Am Eingang wies sich jeder mit einer namensgebundenen Eintrittskarte aus. So hielt man die unberechenbare Öffentlichkeit fern. Die Presse war nicht zugelassen, lediglich der Berliner Filmstab durfte für seine Dokumentation drehen.

Der Vorsitzende erklärte die Verhandlung für eröffnet. Die Personalien des Angeklagten wurden festgestellt, danach die Anklage vorgetragen. Dr. Kuschel warf Hagedorn 3 vollendete und 8 versuchte Mordtaten in Tateinheit mit Nötigung und sexuellem Mißbrauch vor. Das erste Verbrechen, einen zweifachen Mord, habe er 1969 im Alter von 17 Jahren begangen, bei der letzten Mordtat im November 1971 war er 19 Jahre alt. Er sei sowohl als Jugendlicher als auch nach dem Erwachsenenstrafrecht zur Verantwortung zu ziehen.

Hagedorn spielte in den drei Verhandlungstagen die Rolle, die man von ihm erwartete. Er bestritt kein einziges Detail, schilderte seine Verbrechen in aller Ausführlichkeit und bestätigte, daß er nach jeder Tat sehr sorgsam darauf bedacht war, keinerlei Spuren zu hinterlassen. Mit anderen Worten, er redete sich um Kopf und Kragen. Denn wer bei der Spurenbeseitigung so logisch vorging, wie Hagedorn, bewies eigentlich nur, daß er um die Strafwürdigkeit seiner Handlungen wußte und gesellschaftsgemäß denken konnte.

Die Beweisaufnahme wurde mit dem Vortrag des Sachverständigen aus dem Kriminalistischen Institut der Deutschen Volkspolizei fortgesetzt.

Dann kamen die Gutachter, Professor Dr. Dr. Hans Szewczyk und Dr. Manfred Ochernal, zu Wort. Die Herren standen zu ihrem Gutachten. Auf Befragen fügten sie in der mündlichen Verhandlung hinzu, daß die Gefährlichkeit und die Schwere der Handlungen des Angeklagten ohne Zweifel nach seinem 18. Geburtstag, der Erreichung der Volljährigkeit im DDR-Strafgesetz, zugenommen hätten. So müsse man auch das von Hagedorn geprägte Bild vom »Karussell, das sich immer schneller drehte« interpretieren.

Der dritte und letzte Verhandlungstag war den Plädoyers der Staatsanwaltschaft und der Verteidigung vorbehalten. Während der Bezirksstaatsanwalt mit fester Stimme die Todesstrafe als einziges mögliches Strafmaß beantragte, wobei er die Unterstützung des gesellschaftlichen Anklägers erhielt, wies Rechtsanwalt Wesendorf, der sich in einem Psychiatrie-Lehrbuch belesen hatte, darauf hin, daß bei schwer gefühlsgestörten Persönlichkeiten – und um eine solche handele es sich ja unstrittig bei dem Angeklagten – sehr wohl die Voraussetzungen der verminderten Zurechnungsfähigkeit gegeben sein könnten. Er bitte das hohe Gericht, dieses bei der Urteilsfindung zu bedenken.
Als Hagedorn das letzte Wort erhielt, erhob sich nur kurz und erklärte knapp: »Nein, danke!«

Vor unveränderter Kulisse – sogar der Filmstab war wieder zugegen – verkündete der Vorsitzende am 15. Mai 1972:

In Namen des Volkes:
Der Angeklagte wird wegen mehrfachen vollendeten und vorbereiteten Mordes, teilweise in Tatmehrheit mit mehrfacher vollendeter und versuchter Nötigung zu sexuellen Handlungen und mehrfachen vollendeten und versuchten sexuellen Mißbrauchs von Kindern zum Tode verurteilt.

Die Taten, so führte er in der Begründung aus, seien heimtückisch und in besonders brutaler Weise begangen worden. Sie hätten Furcht und Schrecken in der Bevölkerung ausgelöst. Für die Person des Angeklagten sei eine schwere abnorme Entwicklung zu berücksichtigen gewesen, die jedoch keinen Krankheitswert erreicht habe, so daß dem Angeklagten die gesellschaftsschädlichen Auswirkungen seiner schlimmen Verbrechen zu jeder Phase der Begehungsweise dieser Verbrechen voll und ganz bewußt waren.
Hagedorn nahm das Urteil ohne sichtbare Gefühlsregung hin. Es ist überliefert, daß die Gedanken an eine bevorstehende Exekution sexuelle Erregungen bei ihm auslösten.
Am 16. Mai veröffentlichte die Zeitung »Neuer Tag« im Lokalteil für Eberswalde die einspaltige Mitteilung:

Tötungsverbrechen verhandelt
Der 1. Strafsenat des Bezirksgerichtes Frankfurt (Oder) verhandelte unter Vorsitz des Direktors des Bezirkgerichtes Frankfurt (Oder) vom 9. bis 11. Mai 1972 die 1969 und 1971 in Eberswalde an Jungen begangenen Mordverbrechen. Den Anträgen des Staatsanwaltes des Be-

> zirkes Frankfurt (Oder) und des von der Stadtverordnetenversammlung Eberswalde-Finow beauftragten und mitwirkenden gesellschaftlichen Anklägers folgend, verurteilte der Senat am 15. Mai 1972 den Täter Erwin Hagedorn aus Eberswalde wegen mehrfachen vollendeten (in 3 Fällen) und mehrfachen vorbereiteten Mordes zum Tode ...

Noch in der gleichen Woche nahm die bundesdeutsche Presseagentur dpa den Artikel zum Anlaß für die Nachrichtenmeldung, »daß in der Mark Brandenburg ein junger Mann gefaßt wurde, dem mehrere Kindermorde zur Last gelegt werden«.

Die Volksmeinung nahm das Urteil mit Genugtuung auf. Ein eher gemischtes Gefühl beschlich die Gutachter. Aber noch gab es ja die Möglichkeit, das Todesurteil auf dem Berufungswege in eine lebenslängliche Freiheitsstrafe abzuwandeln. Wesendorf legte das Rechtsmittel ein. Doch der 5. Strafsenat des Obersten Gerichtes der DDR bestätigte das in erster Instanz ergangene Urteil. Für den Kindermörder gab es keinen Pardon.

Die allerletzte Chance, Erwin Hagedorns Kopf doch noch vor dem Henker zu retten, war ein Gnadengesuch an den Staatsrat der DDR. Herbert Wesendorf bat »in Anbetracht der großen Jugend des Verurteilten und im Interesse der leidgeprüften Eltern des nunmehr auch letztinstanzlich zum Tode Verurteilten vom Recht der Begnadigung Gebrauch zu machen«. Gerade dieser Fall, in dem das gesetzliche Strafmaß voll ausgeschöpft sei, werde immer ein Grenzfall auch in der sozialistischen Rechtsprechung sein.

Walter Ulbricht, der Vorsitzende des Saatsrates, der gemäß Artikel 74 der Verfassung der DDR das Amnestie- und Begnadigungsrecht ausübte, war im Sommer 1972 ein kränkelnder Greis. Vor reichlich vierzehn Monaten hatte sein Kronsohn Erich Honecker mit Moskauer Rückendeckung die Macht an sich gerissen. Ulbricht verblieben das Ehrenamt eines »Vorsitzenden« der SED und der Vorsitz im Staatsrat. Die Gesundheit des 78jährigen verschlechterte sich rapide. In der Öffentlichkeit war er kaum noch zu sehen. Die Umstände, unter denen er mit dem Gnadengesuch Erwin Hagedorns konfrontiert wurde, sind bis heute nicht hinreichend ausgeleuchtet.

Sowohl Rechtsanwalt Wesendorf als auch die Richter, Anklagevertretung, Gutachter, ja selbst die an der Ermittlung beteiligten Volkspolizisten waren fest davon überzeugt, daß Walter Ulbricht Gnade vor Recht ergehen lassen würde.

Ulbricht lehnte das Gnadengesuch ab. War ihm die Brisanz des Ver-

fahrens nicht mehr bewußt geworden? Oder hatte er in Erinnerung an frühere Glanzzeiten als ZK-Sekretär die Vollstreckung der Todesstrafe mit kurzen Federstrichen in Gang gesetzt?.
Dokumente aus dem ehemaligen Archiv des Zentralkomitees der SED belegen, daß Ulbricht Mitte der fünfziger Jahre in mehreren politischen Schauprozessen gegen Agenten und Spione das Strafmaß bestimmte. So hatte er am 15.6.1955 im Verfahren gegen Joachim Wiebach die vorgesehene lebenslängliche Zuchthausstrafe handschriftlich in »Vorschlag Todesstrafe« abgeändert. Im sogenannten Benkowitz-Prozeß* verfügte er mit vier kleinen Strichelchen – sogenannten Wiederholungszeichen – die Todestrafe für Hans-Dietrich Kogel.
Ulbrichts Wille wurde auch im Fall Hagedorn vollstreckt. Erwin, der »Kinderschlitzer von Eberswalde«, selbst von den Mithäftlingen in der Strafvollzugseinrichtung Cottbus, wo er zwischenzeitlich einsaß, verachtet, ging am 14. September auf Transport in die Haftanstalt Torgau. Tags darauf weckten sie ihn im Morgengrauen und fuhren mit ihm nach Leipzig, in die Alfred-Kästner-Straße. Gegen zehn Uhr wurde Hagedorn in einem abgeschotteten Keller der Strafvollzugsanstalt in den Hinrichtungstrakt geführt. Staatsanwalt Kunze, der Vertreter der Generalstaatsanwaltschaft, eröffnete ihm die Ablehnung des Gnadengesuches, dann schoben sie den Delinquenten in einen Nebenraum. Unbemerkt trat Hauptmann Lorenz hinter den Mann. Er hob seine Pistole in Nackenhöhe und brachte den »unerwarteten Nahschuß« an, so wie es die »Gemeinsame Anweisung über die Vollstreckung der Todestrafe vom Juni 1968« als »Geheime Verschlußsache 02014« des Ministers des Innern, des Generalstaatsanwaltes der DDR und des Ministers für Staatssicherheit vorsah.
Ein dreiviertel Jahr später verstarb Walter Ulbricht. Erich Honecker, der ihn nun auch als Staatsratsvorsitzender beerbte, erwies sich in Gnadensachen moderater. »Der Mann ist doch krank. E.H.«, steht auf einer Gnadenakte, die einem Sittlichkeitsverbrecher das Leben schenkte.

Im Februar 1973 tagte in Berlin das »IX. Internationale Kriminalistische Symposium sozialistischer Länder«. Kriminalisten, Juristen,

* Gerhard Benkowitz – 1955 als Agent der antikommunistischen »Kampfgruppe gegen Unmenschlichkeit« (KGU) hingerichtet

Vertreter aus den Kriminalistischen Instituten und Gerichtsmediziner nahmen an der Tagung teil. Major der K Herbert Grieschat referierte vor international besetztem Auditorium den »Fall Hagedorn«. Noch im gleichen Monat erschien das Referat, das auf einem Auswertungsbericht des Major Horst Popiela beruhte, nach redaktioneller Kürzung im »Forum der Kriminalistik«. Die DDR-Fachzeitschrift wurde im Ministerium des Innern herausgegeben und gelangte auf offiziellen Wegen auch in die wissenschaftlichen Bibliotheken der Bundesrepublik.

In Deutschland Ost und West zeigten zwei Autoren völlig unabhängig voneinander für den Hagedorn-Fall Interesse. In der Bundesrepublik war es Friedhelm Werremeier, ein Gerichtsreporter und Krimiautor, der sich mit der Figur des von ihm für den TV-Bildschirm erfundenen Hamburger Hauptkommissar Trimmel einen erstklassigen Ruf erworben hatte. Zu seinen größten Verdiensten zählt zweifellos das Engagement, das er für den vierfachen Knabenmörder Jürgen Bartsch entwickelte. Aus anfänglicher Entrüstung über die sadistischen Taten des »Kirmesmörders« erwuchs im Verlaufe des Wuppertaler Landgerichtsprozesses ein großes Mitleid. »Bartsch ist krank«, kommentierte er, »und einen Kranken bringt man in eine Heilanstalt!« Die Richter verurteilten Jürgen Bartsch 1967 unter Anwendung des Erwachsenenstrafrechts zu einer lebenslangen Zuchthausstrafe. Werremeier gewann den namhaften Strafverteidiger Bossi für ein Revisionsbegehren. Der Bundesgerichtshof hob Ende November 1969 tatsächlich das Urteil gegen Jürgen Bartsch auf und verwies den Fall zur erneuten Verhandlung an die Jugendstrafkammer beim Landgericht Düsseldorf. Der zweite Prozeß revidierte das Lebenslänglich-Urteil auf eine zehnjährige Jugendstrafe und Einweisung in eine Heilanstalt. War Bartsch im ersten Prozeß noch für schuldfähig befunden worden, erkannten die Düsseldorfer Richter wenigstens auf »verminderte Schuldfähigkeit«. Werremeiers Zivilcourage hatte sich – jedenfalls zu einem gewissen Teil – gelohnt. Bartsch ist 1976 bei einer Kastrationsoperation, der er sich freiwillig unterzog, verstorben.

Werremeier wollte mehr über das Schicksal des Erwin Hagedorn wissen, der allen vorliegenden Informationen zufolge, diesem Jürgen Bartsch vom Charakter und von der Veranlagung her so faszinierend glich. Urplötzlich waren da im gleichen Jahrzehnt in beiden Teilen Deutschlands jugendliche Mörder herangewachsen, deren perverser Sadismus die Menschen aufschreckte.

Er klopfte beim Ostberliner Staranwalt Friedrich Karl Kaul an, wurde in der Charité bei Professsor Szewczyk vorstellig und schrieb einen Brief an den DDR-Generalstaatsanwalt, der erwartungsgemäß nie beantwortet wurde. Die Findigkeit des Reporters brachte dennoch einen Informationsdeal zustande – diesmal von Ost nach West –, bei dem Mielkes Mannen vielleicht unfreiwillig Schützenhilfe geleistet haben. Werremeiers Recherchen und seine Absicht, nun ein Buch über den Fall Hagedorn zu schreiben, blieben nicht unerkannt.

In der DDR recherchierte die Autorin Dorothea Kleine. Am 26. August 1973 war ihr Krimi »Der Ring mit dem blauen Saphir« in der Fernsehreihe »Polizeiruf 110« über den Sender gegangen. Der Erfolg bestärkte die Autorin. Sie wollte einen Stoff über Homosexualität und Triebverbrechen aufgreifen. Fernsehstaatsanwalt Przybilski ermöglichte ihr die Einsichtnahme in die Ermittlungsakten Hagedorn bei der Bezirksstaatsanwaltschaft in Frankfurt (Oder). Anschließend fuhr sie nach Waldheim, um sich mit Hilfe Dr. Manfred Ochernals, Einblicke in die Psyche dort einsitzender Triebtäter zu verschaffen. Dann schrieb sie ihr Szenarium, dessen Handlung nur noch entfernt an die Eberswalder Vorgänge erinnerte, das Täterprofil jedoch sorgfältig im Auge behielt. Das Szenarium wurde angenommen und vom Regisseur Heinz Seibert, der bereits vier »Polizeiruf«-Krimis vorgelegt hatte, unter dem Titel »Am hellerlichten Tag« in Szene gesetzt.

1975 erschien Friedhelm Werremeiers Report »Der Fall Heckenrose«.

»Es sollte kein DDR-feindliches Buch werden«, merkte der Autor an. »Es wurde ein trauriges Buch über eine traurige Wahrheit.«

In den zuständigen DDR-Ministerien verschlang man das Buch geradezu. Es glänzte durch Faktenwissen und Detailtreue, so daß die Fahndung nach den Quellen unverzüglich einsetzte. Eine MfS-Kommission ging auf Jagd. Zu den Hauptverdächtigen gehörten neben Heinz Kabel, die Sekretärin Dr. Kuschels in der Frankfurter Bezirksstaatsanwaltschaft und die Mitarbeiter und Assistenten des Gutachterteams um Szewczyk und Ochernal; vor allem jene, die sich aus verschiedenen Gründen in die Bundesrepublik abgesetzt hatten. Selbst die Cottbuser Autorin Dorothea Kleine bekam Besuch von Mielkes Ermittlern. Sie sollte ihre Quellen für den »Polizeiruf«-Stoff benennen.

Werremeiers Buch wurde in der DDR als Geheimsache behandelt.

Nicht einmal Heinz Kabel, der ja einer der Hauptakteure in der Ermittlungssache war, bekam es zu Gesicht.
An die Chefredaktion »Forum der Kriminalistik« erging das Verdikt, keine Falldarstellungen mehr zu spektakulären Verbrechen zu veröffentlichen. Ab 1976 trug jedes Heft den in einen Kasten gesetzten Hinweis »Zur Beachtung! Diese Zeitschrift trägt den Charakter interner Fachliteratur und ist nur zur Verwendung in der Deutschen Volkspolizei und den anderen Organen des Ministeriums des Innern bestimmt.«
Der »Polizeiruf«-Film »Am hellerlichten Tag« wurde von einer hochrangigen Gutachter-Kommission, an deren Spitze Fernsehchef Heinz Adameck stand, aus dem Programm gekippt. Selbst die Kopien wurden vernichtet, bis auf eine 16mm-Fassung, die ein Arbeiter eher zufällig vor der völligen Zerstörung bewahrte.
Der Film hatte – wie Werremeiers Buch – eine wunde Stelle in der Rechtsgeschichte der DDR berührt. Chronisten, die nach der Wende über den Fall Erwin Hagedorn berichteten, taten dies im Sinne gängiger Medienklischees: »Die vertuschten Verbrechen der DDR – Im real existierenden Sozialismus durfte es keine perversen Triebtäter geben«. Nicht selten wurde Friedrich Engels als »Beweis« zitiert, der gesagt hätte, daß es im Sozialismus gelungen sei, die »Axt an die Wurzel des Verbrechens zu legen«. Die Autoren hätten Engels vorher lesen sollen. Das richtige Zitat lautet: »Die kapitalistische Gesellschaft befindet sich im permanenten sozialen Krieg aller gegen alle. Die Kommunisten heben den Gegensatz des einzelnen Menschen gegen alle anderen auf. Sie beseitigen die soziale Ungerechtigkeit, setzen dem sozialen Krieg den sozialen Frieden entgegen und legen damit ›die Axt an die Wurzel des Verbrechens‹.« (Marx/Engels Werke Bd. 2, S. 541 ff.) Und an anderer Stelle erklärend: »In einer Gesellschaft, wo die Motive zum Stehlen beseitigt sind, wird auf die Dauer nur von ›Geisteskranken gestohlen‹.« (Marx/Engels Werke Bd. 20, S. 87 ff.) Engels erweist sich bei näherer Betrachtung als höchst ungeeigneter Zeuge für die angebliche These, daß geistig verwirrte Triebtäter ausschließlich Produkte der kapitalistischen Gesellschaft seien. Niemand hat dergleichen in der DDR behauptet. Das auffällige Bemühen, den Fall Hagedorn aus dem Gedächtnis der Öffentlichkeit zu streichen, lag in der panischen Furcht der DDR-Führung begründet, auf internationalem Parkett auszugleiten. Im September 1973 war sie Mitglied der UNO geworden, sie hatte die Charta der Vereinten Nationen unterzeichnet

und Menschenrechte anerkannt. Im Vergleich beider deutscher Rechtssysteme hatte die DDR-Justiz im Falle Hagedorn bewiesen, daß sie unfähig war, mit jugendlichen Triebtätern umzugehen. Das vollstreckte Todesurteil hing ihr jetzt wie ein schrundiges Mal an. Spurenbeseitigung lautete die Devise. Die Mitarbeiter des Kreisarchivs Eberswalde wundern sich noch heute, warum in dem sorgfältig geführten Zeitungsbestand Lücken klaffen. Betroffen ist der Zeitraum von Mitte Mai 1969 bis Oktober 1972.

Sechs dicke Ordner umfaßt die Akte, die das Ministerium für Staatssicherheit im Zeitraum von 1969 bis 1973 unter dem Kennwort »Knabenmorde Eberswalde« zusammentrug. Sie erhielten die Registriernummer 436/73 und sind in der Berliner Gauck-Behörde zu finden.

»Erwin war schon ein armes Würstchen«, meint der Kriminalhauptkommissar a. D. Heinz Kabel, wenn er sich an Erwin Hagedorn erinnert. »Einerseits ein grausames Untier und andererseits eine gebrochene und einsame Seele, die sich nach Wärme, Liebe und Freundschaft sehnte. Ich hatte den Eindruck, er war ein kranker Mensch!«

ANMERKUNGEN/QUELLEN

MORDSACHE LEMKE

Brandenburgisches Landeshauptarchiv Potsdam, Ld. Br. Rep. 212, Ministerium der Justiz, 903a und Ld. Br. Rep 203, Ministerium des Innern, LBDVP Nr. 120

Märkische Volksstimme vom 20.10.1948, 1.8.1949 und 5.9.1949

Neue Zeit vom 8.12.1948

Telegraf vom 19.10.1948

Der Tagesspiegel vom 20.10.1948

Hannes Elmen: polizeifunk meldet … mordfall lemke aufgeklärt … Berlin 1949

Heinz Beck: Mordsache Klembke. Berlin 1984

Norbert Steinborn/Hilmar Krüger: Die Berliner Polizei 1945 bis 1992. Berlin 1993

Der Morgen vom 19.8.1948

Berliner Zeitung vom 22.8. bis 25.8.1948

Tribüne vom 3.8.1948, 19.8. bis 21.8.1948

Zeittafel zur Geschichte der Volkspolizei Berlin 1945–1961. Berlin 1985

Helmut Klein: Eine Begründung der Entlassung wurde nicht gegeben. In: In Erfüllung des Klassenauftrages. Berlin 1980

Der Autor dankt Gisela Warsow (Berlin), Dietrich Kukla (Angermünde), Mathias Schalow (Schmökerkiste Berlin), den Mitarbeitern des Stadtarchivs Eberswalde sowie des Brandenburgischen Landeshauptarchivs Potsdam.

TREFFPUNKT SEKTORENGRENZE

Zirkusarchiv Dietmar Winkler, Berlin. Materialsammlungen »Circus Schickler«, »Circus Baruck« und »Circus Barlay«

Dietmar Winkler: Überfall auf einen Zirkus. In: Kassette Nr. 5/1981

Klaus-Dieter Kürschner: Überfall in der Kalkscheunenstraße. In: Sport und Technik Nr. 12/1976

Wolfgang Kohlhaase/Hans Kubisch: Alarm im Zirkus. Berlin 1954

Hanns Krause: Überfall auf den Zirkus. Berlin 1954

Eberhard Richter: ... der polizeibericht meldet ... Leipzig/Jena 1960

BZ am Abend vom 23.4.1953, 27.4. bis 30.4.1953, 8.5.1953, 20.10. bis 27.10.1953

Berliner Zeitung vom 26.4. bis 30.4.1953, 5.5.1953, 23.10.1953

Neues Deutschland vom 28.10. bis 29.10.1953

Der Kurier vom 27.4.1953

Die Volkspolizei. Jahrg. 6, Nr. 22/1953 und Jahrg. 7, Nr. 17/1954

Der Autor dankt Lothar A. (Berlin), Dietmar Winkler (Berlin). Klaus-Dieter Kürschner (Berlin), Markschiess-van Trix (Berlin) sowie der Polizeihistorischen Sammlung Berlin.

BRENNPUNKT OPTIK

Polizeihistorische Sammlung Berlin. Materialsammlung »Optikverschiebungen«

Rolf Pfeiffer: Schmuggel über die Pyrenäen. In: BZ am Abend vom 10.1. bis 13.1.1958

BZ am Abend vom 31.7.1953, 14.1.1958, 20.1.1958, 1.3.1958, 3.3.1958 und 3.5.1958

Die wirren Jahre. Deutschland 1945–1948. TV-Serie und Begleitbuch. Berlin 1996

Frank Grube/Gerhard Richter: Die Schwarzmarktzeit. Hamburg 1979

Paul Berndt: Achtung 2 Peter Einsatz! Hamburg 1997
Der König von Mallorca. Hasso Schützendorf im Interview. Spiegel-TV 1996
Der Schmugglerkönig. TV-Porträt. MDR 1997
Zwei Schicksale oder Eine kleine Königstragödie. TV-Film von Lothar Warneke. Sanssouci-Film. Kleinmachnow 1994
Bild am Sonntag. Serie: Die »deutschen Könige von Mallorca«. 1984
Quick. Jahrgang 1985
Lothar Creutz/Carl Andrießen/Richard Groschopp: Ware für Katalonien. Berlin 1959
Filmmuseum Potsdam. Signatur 116 »Nachlaß Richard Groschopp«
Horst Girra: Optikschmugglern wurde das Handwerk gelegt. In: Forum der Kriminalistik. Jahrg. 6, Nr. 6/1970
Tatsachen über Westberlin. Dokumentation. Berlin 1962
Die Volkspolizei. Jahrg. 7, Nr. 6/1954 und 12/1954; Jahrg. 8, Nr. 7/1955
Zeittafel zur Geschichte der Volkspolizei Berlin 1945–1961. Berlin 1985
Frank Overesch: Das besetzte Deutschland 1945 bis 1949. Augsburg 1992
Günter Prodöhl: Ausweis Nr. XV 0869888. In: Das Magazin. Jahrg. 3, Nr. 2/1956
Günter Prodöhl: Drei gefälschte Ausweise. In: Die im Dunkeln. Berlin 1957
Horst Girra: Begehrte Ware. Berlin 1959
Horst Girra/Hans Siebe: Die gläserne Spinne. Berlin 1973
Gert Prokop: Verbrechen ohne Chance. Erinnerungen eines Berliner Kriminalisten. In: Neue Berliner Illustrierte. Jahrg. 21, Nr. 27 bis 32/1965

Der Autor dankt Lothar Warneke (Kleinmachnow), Rolf Pfeiffer (Berlin), der Polizeihistorischen Sammlung Berlin und dem Archiv des Filmmuseums Potsdam.

MORDAKTE H.

Herbert Grieschat: Die Leitung der kriminalistischen Unterschung zur Aufklärung komplizierter Tötungsverbrechen. In: Forum der Kriminalistik. Jahrg. 9, Nr. 2/1973

Heinz Diedering: Spurensicherung bei Nacht. In: Forum der Kriminalistik. Jahrg. 8, Nr. 7/1972

Neuer Tag vom 12.6.1969 und 16.5.1972

Mordfall Hagedorn. Spiegel TV 1997

SUPER-Illu. Jahrgang 1991, 1. bis 3. Oktoberheft

Verschwiegene Verbrechen. In: FF. Nr. 47/1995 und Nr. 2/1996

Hans Halter: Nahschuß in den Hinterkopf. In: Der Spiegel. Jahrg. 44, Nr. 34/1991

Friedhelm Werremeier: Der Fall Heckenrose. München 1985

Dr. Dr. Hans Szewczyk: Sadismus – eine Form der sexuellen Abnormität. In: Forum der Kriminalistik. Jahrg. 2, Nr. 9/1966

Zum Thema Öffentlichkeitsarbeit. In: Forum der Kriminalistik. Jahrg. 3, Nr. 1/1967

Paul Moor: Jürgen Bartsch: Opfer und Täter. Reinbeck 1991

Gerhard Feix: Der Tod kam mit der Post. Berlin 1979

Hans Pfeiffer: Der Zwang zur Serie. Leipzig 1996

Rudi Beckert: Die erste und letzte Instanz. Goldbach 1995

Der Autor dankt Kriminalhauptkommissar a. D. Heinz Kabel (Frankfurt/Oder), Kriminalhauptkommissar a. D. Karl-Heinz Krause (Eberswalde), Friedhelm Werremeier (Bad Bevensen), Dorothea Kleine (Cottbus) und Dr. Rudi Beckert (Berlin).

ISBN 3-360-00854-5

2. Auflage

Verlagsgesellschaft mbH
Rosa-Luxemburg-Str. 39, 10178 Berlin
Umschagentwurf: Jens Prockat
Druck und Bindung: Ebner Ulm